胡适自述
我的歧路

胡适◎著

北方联合出版传媒(集团)股份有限公司
万卷出版公司

图书在版编目（CIP）数据

我的歧路 / 胡适著. 一沈阳：万卷出版公司，2014.10

（黄金时代的他们 / 王禹翰主编）

ISBN 978-7-5470-3158-2

Ⅰ. ①我… Ⅱ. ①胡… Ⅲ. ①胡适（1891～1962）—自传 Ⅳ. ①K825.4

中国版本图书馆CIP数据核字（2014）第163286号

出版发行：北方联合出版传媒（集团）股份有限公司
万卷出版公司
（地址：沈阳市和平区十一纬路29号 邮编：110003）
印 刷 者：北京盛源印刷有限公司
经 销 者：全国新华书店
幅面尺寸：135mm×190mm
字　　数：240千字
印　　张：9.5
出版时间：2014年10月第1版
印刷时间：2014年10月第1次印刷
策　　划：书灯文化
责任编辑：杨春光
装帧设计：张　莹
责任校对：彭力胜
ISBN 978-7-5470-3158-2
定　　价：24.80元

联系电话：024-23284090
邮购热线：024-23284050
传　　真：024-23244448
腾讯微博：http：//t.qq.com/wjcbgs
E-mail：vpc_tougao@163.com
网　　址：http：//www.chinavpc.com

我的歧路

1891—1910
从绩溪到绮色佳

1911—1917
从绮色佳到北京

1918—1938
从北京到华盛顿

1939—1962
从华盛顿到台北

1891—1910

从绩溪到上海

1891

胡适之宗家，蔡元培先生在《中国哲学史大纲》第一卷的序言中，曾说其与绩溪城内胡氏为同宗，后被胡适指正，据其在《胡适口述自传》中说，其祖先原在上海附近经营一家小茶叶店，太平天国之乱时，小刀会占据上海一年半之久，胡家也遭洗劫，后复振。

清同治四年，胡适之父进学为秀才，时年二十四岁，后屡试不第，乃于1868年春进“龙门书院”，读书到1871年。后于1881年（光绪七年），四十岁时只身到东北，为吴大瀓赏识，为其幕僚，后被吴保举为直隶州候补知州为各省候缺任用。1891年，往上海担任“淞沪厘卡总巡”。胡适就是这期间出生的。

九年的家乡教育

一

我生在光绪十七年十一月十七日（1891年12月17日），那时候我家寄住在上海大东门外。我生后两个月，我父亲被台湾巡抚邵友濂奏调往台湾；江苏巡抚奏请免调，没有效果。我父亲于十八年二月底到台湾，我母亲和我搬到川沙住了一年。十九年（1893年）二月二十六日我们一家（我母，四叔介如，二哥嗣秬，三哥嗣秠）也从上海到台湾。我们在台南住了十个月。十九年六月，我父亲做台东直隶州知州，兼统镇海后军各营。台东是新设的州，一切草创，故我父不带家眷去。到十九年十二月十四日，我们才到台东。我们在台东住了整一年。

甲午（1894年）中日战事开始，台湾也在备战的区域，恰好介如四叔来台湾，我父亲便托他把家眷送回徽州故乡，只留二哥嗣秬，跟着他在台东。我们于乙未年（1895年）正月离开台湾，二月初十日从上海起程回绩溪故乡。

那年四月，中日和议成，把台湾割让给日本。台湾绅民反对割台，要求巡抚唐景崧坚守。唐景崧请西洋各国出来干涉，各国不允。台人公请唐为台湾民主国大总统，帮办军务刘永福为主军大总统。我父亲在台东办后山的防务，电报已不通，饷源已断绝。那时他已经得脚气病，左脚已不能行动。他守到闰五月初三日，始离开后山。到安平时，刘永福苦苦留他帮忙，不肯放行。到六月廿五日，他双脚都不能动了，刘永福始放他行。六月廿八日到厦门，手足俱不能动了。七月初三日他死在厦门，成为东亚第一个民主国的一个牺牲者！

这时候我只有三岁零八个月。我仿佛记得我父死信到家时，我母亲正在家中老屋的前堂，她坐在房门口的椅子上。她听见读信人读到我父亲的死信，身子往后一倒，连椅子倒在房门槛上。东边房门口坐的珍伯母也放声大哭起来，一时满屋都是哭声，我只觉得天地都翻覆了！我只仿佛记得这一点凄惨的情状，其余都不记得了。

二

我父亲死时，我母亲只有二十三岁。我父初娶冯氏，结婚不久便遭太平天国之乱，同治二年（1863年）死在兵乱里。次娶曹氏，生了三个儿子、三个女儿，死于光绪四年（1878年）。我父亲因家贫，又有志远游，故久不续娶。到光绪十五年（1889年），他在江苏候补，生活稍稍安定，他才续娶我的母亲。我母亲结婚后三天，我的大哥嗣稼也娶亲了。那时我的大姊已出嫁生了儿子。大姊比我母亲大七岁。大哥比她大两岁。二姊是从小抱给人家的。三姊比我母亲小三岁，二哥、三哥（孪生的）比她小四岁。这样一个家庭里忽然来了一个十七岁的后母，她的地位自然十分困难，她的生活自然免不了苦痛。

结婚后不久，我父亲把她接到了上海同住。她脱离了大家庭的痛苦，我父又很爱她，每日在百忙中教她认字读书，这几年的生活是很快乐的。我小时也很得我父亲钟爱，不满三岁时，他就把教我母亲的红纸方字教我认。父亲作教师，母亲便在旁作助教。我认的是生字，她便借此温她的熟字。他太忙时，她就是代理教师。我们离开台湾时，她认得了近千字，我也认了七百多字。这些方字都是我父亲亲手写的楷字，我母亲终身保存着，因为这些方块红笺上都是我们三个人的最神圣的团居生活的纪念。

我母亲二十三岁就做了寡妇，从此以后，又过了二十三年。这二十三年的生活真是十分苦痛的生活，只因为还有我这一点骨血，她含辛茹苦，把全副希望寄托在我的渺茫不可知的将来，这一点希望居然使她挣扎着活了二十三年。

我父亲在临死之前两个多月，写了几张遗嘱，我母亲和四个儿子每人各有一张，每张只有几句话。给我母亲的遗嘱上说穈儿（我的名字叫嗣穈，穈字音门）天资颇聪明，应该令他读书。给我的遗嘱也教我努力读书上进。这寥寥几句话在我的一生很有重大的影响。我十一岁的时候，二哥和三哥都在家，有一天我母亲问他们道："穈今年十一岁了。你老子叫他念书。你们看看他念书念得出吗？"二哥不曾开口，三哥冷笑道："哼，念书！"二哥始终没有说什么。我母亲忍气坐了一会儿，回到了房里才敢掉眼泪。她不敢得罪他们，因为一家的财政权全在二哥的手里，我若出门求学是要靠他供给学费的。所以她只能掉眼泪，终不敢哭。

但父亲的遗嘱究竟是父亲的遗嘱，我是应该念书的。况且我小时很聪明，四乡的人都知道三先生的小儿子是能够念书的。所以隔了两年，三哥往上海医肺病，我就跟他出门求学了。

三

我在台湾时，大病了半年，故身体很弱。回家乡时，我号称五岁了，还不能跨一个七八寸高的门槛。但我母亲望我念书的心很切，故到家的时候，我才满三岁零几个月，就在我四叔父介如先生（名玠）的学堂里读书了。我的身体太小，他们抱我坐在一只高凳子上面。我坐上了就爬不下来，还要别人抱下来。但我在学堂并不算最低级的学生，因为我进学堂之前已认得近一千字了。

因为我的程度不算“破蒙”的学生，故我不须念《三字经》《千字文》《百家姓》《神童诗》一类的书。我念的第一部书是我父亲自己编的一部四言韵文，叫作《学为人诗》，他亲笔抄写了给我的。这部书说的是做人的道理。我把开头几行抄在这里：

为人之道，在率其性。
子臣弟友，循理之正；
谨乎庸言，勉乎庸行；
以学为人，以期作圣。
……

以下分说五伦。最后三节，因为可以代表我父亲的思想，我也抄在这里：

五常之中，不幸有变，
名分攸关，不容稍紊。
义之所在，身可以殉。
求仁得仁，无所尤怨。
古之学者，察于人伦，
因亲及亲，九族克敦；
因爱推爱，万物同仁。

能尽其性，斯为圣人。
经籍所载，师儒所述，
为人之道，非有他术；
穷理致知，返躬践实，
黾勉于学，守道勿失。

我念的第二部书也是我父亲编的一部四言韵文，名叫《原学》，是一部略述哲理的书。这两部书虽是韵文，先生仍讲不了，我也懂不了。

我念的第三部书叫作《律诗六钞》，我不记是谁选的了。三十多年来，我不曾重见这部书，故没有机会考出此书的编者；依我的猜测，似是姚鼐的选本，但我不敢坚持此说。这一册诗全是律诗，我读了虽不懂得，却背的很熟。至今回忆，却完全不记得了。

我虽不曾读《三字经》等书，却因为听惯了别的小孩子高声诵读，我也能背这些书的一部分，尤其是那五七言的《神童诗》，我差不多能从头背到底。这本书后面的七言句子，如：

人心曲曲湾湾水，世事重重叠叠山。

我当时虽不懂得其中的意义，却常常嘴上爱念着玩，大概也是因为喜欢那些重字双声的缘故。

我念的第四部书以下，除了《诗经》，就都是散文的了。我依诵读的次序，把这些书名写在下面：

（4）《孝经》

（5）朱子的《小学》，江永集注本。

（6）《论语》以下四书皆用朱子注本。

（7）《孟子》

（8）《大学》与《中庸》（“四书”皆连注文读。）

（9）《诗经》，朱子《集传》本。（注文读一部分。）

（10）《书经》，蔡沈注本。（以下三书不读注文。）

（11）《易经》，朱子《本义》本。

（12）《礼记》，陈澔注本。

读到了《论语》的下半部，我的四叔父介如先生选了颍州府阜阳县的训导，要上任去了，就把家塾移交给族兄禹臣先生（名观象）。四叔是个绅董，常常被本族或外村请出去议事或和案子；他又喜欢打纸牌（徽州纸牌，每副一百五十五张），常常被明达叔公，映基叔，祝封叔，茂张叔等人邀出去打牌。所以我们的功课很松，四叔往往在出门之前，给我们“上一进书”，叫我们自己念；他到天将黑时，回来一趟，把我们的习字纸加了圈，放了学，才又出门去。

四叔的学堂里只有两个学生，一个是我，一个是四叔的儿子嗣秫，比我大几岁。嗣秫承继给瑜婶。（星五伯公的二子，珍伯，瑜叔，皆无子，我家三哥承继珍伯，秫哥承继瑜婶。）她很溺爱他，不肯管束他，故四叔一走开，秫哥就溜到灶下或后堂去玩了。（他们和四叔住一屋，学堂在这屋的东边小屋内。）我的母亲管的严厉，我又不大觉得念书是苦事，故我一个人坐在学堂里温书念书，到天黑才回家。

禹臣先生接收家塾后，学生就增多了。先是五个，后来添到十多个，四叔家的小屋不够用了，就移到一所大屋——名叫来新书屋——里去。最初添的三个学生，有两个是守瓒叔的儿子，嗣昭，嗣逵。嗣昭比我大两三岁。天资不算笨，却不爱读书，最爱“逃学”，我们土话叫作“赖学”。他逃出去，往往躲在麦田或稻田里，宁可睡在田里挨饿，却不愿念书。先生往往差嗣秫去捉；有时候，嗣昭被捉回来了，总得挨一顿毒打；有时候，连嗣秫也不回来了，——乐得不回来了，因为这是“奉命差遣”，不算是逃学！

我常觉得奇怪，为什么嗣昭要逃学？为什么一个人情愿挨饿，挨打，挨大家笑骂，而不情愿念书？后来我稍懂得世事，才明白了。

瓒叔自小在江西做生意，后来在九江开布店，才娶妻生子；一家人都说江西话，回家乡时，嗣昭弟兄都不容易改口音；说话改了，而嗣昭念书常带江西音，常常因此吃戒方或吃“作瘤栗”。（钩起五指，打在头上，常打起瘤子，故叫作“作瘤栗”。）这是先生不原谅，难怪他不愿念书。

还有一个原因。我们家乡的蒙馆学金太轻，每个学生每年只送两块银元。先生对于这一类学生，自然不肯耐心教书，每天只教他们念死书，背死书，从来不肯为他们“讲书”。小学生初念有韵的书，也还不十分叫苦。后来念《幼学琼林》，“四书”一类的散文，他们自然毫不觉得有趣味，因为全不懂得书中说的是什么。因为这个缘故，许多学生常常赖学；先有嗣昭，后来有个士祥，都是有名的“赖学胚”。他们都属于这每年两元钱的阶级。因为逃学，先生生了气，打的更利害。越打的利害，他们越要逃学。

我一个人不属于这“两元”的阶级。我母亲渴望我读书，故学金特别优厚，第一年就送六块钱，以后每年增加，最后一年加到十二元。这样的学金，在家乡要算“打破纪录”的了。我母亲大概是受了我父亲的叮嘱，她嘱托四叔和禹臣先生为我“讲书”：每读一字，须讲一字的意；每读一句，须讲一句的意思。我先已认得了近千个“方字”，每个字都经过父母的讲解，故进学堂之后，不觉得很苦。念的几本书虽然有许多是乡里先生讲不明白的，但每天总遇着几句可懂的话。我最喜欢朱子《小学》里的记述古人行事的部分，因为那些部分最容易懂得，所以比较最有趣味。同学之中有念《幼学琼林》的，我常常帮他们的忙，教他们不认得的生字，因此常常借这些书看；他们念大字，我却最爱看《幼学琼林》的小注，因为注文中有许多神话和故事，比“四书”“五经”有趣味多了。

有一天，一件小事使我忽然明白我母亲增加学金的大恩惠。一个同学的母亲来请禹臣先生代写家信给她的丈夫；信写成了，先生交她的儿子晚上带回家去。一会儿，先生出门去了，这位同学把家信抽出来偷看。他忽然过来问我道：“糜，这信上第一句‘父亲大人膝下’是什么意思？”他比我只小一岁，也念过“四书”，却不懂“父亲大人膝下”是什么！这时候，我才明白我是一个受特别待遇的人，因为别人每年出两块钱，我去年却送十块钱。我一生最得力的是讲书，父亲母亲为我讲方字，两位先生为我讲书。念古文而不讲解，等于念“揭谛揭谛，波罗揭谛”，全无用处。

四

当我九岁时，有一天我在四叔家东边小屋里玩耍。这小屋前面是我们的学堂，后边有一间卧房，有客来便住在这里。这一天没有课，我偶然走进那卧房里去，偶然看见桌子下一只美孚煤油板箱里的废纸堆中露出一本破书。我偶然捡起了这本书，两头都被老鼠咬坏了，书面也扯破了。但这一本破书忽然为我开辟了一个新天地，忽然在我的儿童生活史上打开了一个新鲜的世界！

这本破书原来是一本小字木版的《第五才子》，我记得很清楚，开始便是“李逵打死殷天锡”一回。我在戏台上早已认得李逵是谁了，便站在那只美孚破板箱边，把这本《水浒传》残本一口气看完了。不看尚可，看了之后，我的心里很不好过：这一本的前面是些什么？后面是些什么？这两个问题，我都不能回答，却最急要一个回答。

我拿了这本书去寻我的五叔，因为他最会“说笑话”（“说笑话”就是“讲故事”，小说书叫作“笑话书”），应该有这种笑话书。不料五叔竟没有这书，他叫我去寻守焕哥。守焕哥说，“我没有《第五才子》，我替你去借一部；我家中有部《第一才子》，你先拿去看，好吧？”《第一才子》便是《三国演义》，他很郑重的捧出来，我很高兴的捧回去。

后来我居然得着《水浒传》全部。《三国演义》也看完了。从此以后，我到处去借小说看。五叔，守焕哥，都帮了我不少的忙。三姊夫（周绍瑾）在上海乡间周浦开店，他吸鸦片烟，最爱看小说书，带了不少回家乡；他每到我家来，总带些《正德皇帝下江南》《七剑十三侠》一类的书来送给我。这是我自己收藏小说的起点。我的大哥（嗣稼）最不长进，也是吃鸦片烟的，但鸦片烟灯是和小说书常做伴的，——五叔，守焕哥，三姊夫都是吸鸦片烟的，——所以他也有一些小说书。大嫂认得一些字，嫁妆里带来了好几种弹词小说，如《双珠凤》之类。这些书不久都成了我的藏书的一部分。

三哥在家乡时多；他同二哥都进过梅溪书院，都做过南洋公学的师范生，旧学都有根底，故三哥看小说很有选择。我在他书架上只寻得三部小说：一部《红楼梦》，一部《儒林外史》，一部《聊斋志异》。二哥有一次回家，带了一部新译出的《经国美谈》，讲的是希腊的爱国志士的故事，是日本人做的。这是我读外国小说的第一步。

帮助我借小说最出力的是族叔近仁，就是民国十二年和顾颉刚先生讨论古史的胡堇人。他比我大几岁，已“开笔”做文章了，十几岁就考取了秀才。我同他不同学堂，但常常相见，成了最要好的朋友。他天才很高，也肯用功，读书比我多，家中也颇有藏书。他看过的小说，常借给我看。我借到的小说，也常借给他看。我们两人各有一个小手折，把看过的小说都记在上面，时时交换比较，看谁看的书多。这两个折子后来都不见了，但我记得离开家乡时，我的折子上好像已有了三十多部小说了。

这里所谓“小说”，包括弹词、传奇以及笔记小说在内。《双珠凤》在内，《琵琶记》也在内；《聊斋》《夜雨秋灯录》《夜谭随录》《兰苕馆外史》《寄园寄所寄》《虞初新志》等等也在内。从《薛仁贵征东》《薛丁山征西》《五虎平西》《粉妆楼》一类最无意义的小说，到《红楼梦》和《儒林外史》一类的第一流作品，这里面的程度已是天悬地隔了。我到离开家乡时，还不能了解《红楼梦》和《儒林外史》的好处。但这一大类都是白话小说，我在不知不觉之中得了不少的白话散文的训练，在十几年后于我很有用处。

看小说还有一桩绝大的好处，就是帮助我把文字弄通顺了。那时候正是废八股时文的时代，科举制度本身也动摇了。二哥三哥在上海受了时代思潮的影响，所以不要我“开笔”做八股文，也不要我学做策论经义。他们只要先生给我讲书，教我读书。但学堂里念的书，越到后来，越不好懂了。《诗经》起初还好懂，读到《大雅》，就难懂了；读到《周颂》，更不可懂了。《书经》有几篇，如《五子之歌》，我读的很起劲；但《盘庚》三篇，我总读不熟。我在学堂九年，只有《盘庚》害我挨了一次打。后来隔了十多年，我才知道《尚书》有今文和古文两大类，向来学者都说古文诸篇是假的，今文是真的；《盘庚》属于今文一类，应该是真的。但我研究《盘庚》用的代名词最杂乱不成条理，故我总疑心这三篇书是后人假造的。有时候，我自己想，我的怀疑《盘庚》，也许暗中含有报那一个“作瘤栗”的仇恨的意味罢？

《周颂》《尚书》《周易》等书都是不能帮助我作通顺文字的。但小说书却给了我绝大的帮助。从《三国演义》读到《聊斋志异》和《虞初新志》，这一跳虽然跳的太远，但因为书中的故事实在有趣味，所以我能细细读下去。石印本的《聊斋志异》有圈点，所以更容易读。到我十二三岁时，已能对本家姊妹们讲说“聊斋”故事了。那时候，四叔的女儿巧菊，禹臣先生的妹子广菊、多菊，祝封叔的女儿杏仙，和本家侄女翠苹、定娇等，都在十五六岁之间；她们常常邀我去，请我讲故事。我们平常请五叔讲故事时，忙着替他点火，装旱烟，替他捶背。现在轮到我受人巴结了。我不用人装烟捶背，她们听我说完故事，总去泡炒米，或做蛋炒饭来请我吃。她们绣花做鞋，我讲《凤仙》《莲香》《张鸿渐》《江城》。这样的讲书，逼我把古文的故事翻译成绩溪土话，使我更了解古文的文理。所以我到十四岁来上海开始作古文时，就能做很像样的文字了。

五

我小时身体弱，不能跟着野蛮的孩子们一块儿玩，我母亲也不准我和他们乱跑乱跳。小时不曾养成活泼游戏的习惯，无论在什么地方，我总是文绉绉的。所以家乡老辈都说我“像个先生样子”，遂叫我作“穈先生”。这个绰号叫出去之后，人都知道三先生的小儿子叫作穈先生了。既有“先生”之名，我不能不装出点“先生”样子，更不能跟着顽童们“野”了。

有一天，我在我家八字门口和一班孩子“掷铜钱”，一位老辈走过，见了我，笑道：“穈先生也掷铜钱吗？”我听了羞愧的面红耳热，觉得大失了“先生”的身份！

人们鼓励我装先生样子，我也没有嬉戏的能力和习惯，又因为我确是喜欢看书，所以我一生可算是不曾享过儿童游戏的生活。每年秋天，我的庶祖母同我到田里去“监割”（顶好的田，水旱无忧，收成最好，佃户每约田主来监割，打下谷子，两家平分），我总是坐在小树下看小说。十一二岁时，我稍活泼一点，居然和一群同学组织了一个戏剧班，做了一些木刀竹枪，借得了几副假胡须，就在村口田里做戏。我做的往往是诸葛亮、刘备一类的文角儿；只有一次我做史文恭，被花荣一箭从椅子上射倒下去，这算是我最活泼的玩意儿了。

我在这九年（1895年—1904年）之中，只学得了读书写字两件事。在文字和思想（看下章）的方面，不能不算是打了一点底子。但别的方面都没有发展的机会。有一次我们村里“当朋”（八都凡五村，称为“五朋”，每年一村轮着做太子会，名为“当朋”），筹备太子会，有人提议要派我加入前村的昆腔队里学习吹笙或吹笛。族里长辈反对，说我年纪太小，不能跟着太子会走遍五朋。于是我失掉了这学习音乐的唯一机会。三十年来，我不曾拿过乐器，也全不懂音乐；究竟我有没有一点学音乐的天资，我至今还不知道。至于学图画，更是不可能的事。我常常用竹纸蒙在小说书的石印绘像上，摹画书上的英雄美人。有一天，被先生看见了，挨了一顿大骂，抽屉里的图画都被搜出撕毁了。于是我又失掉了学做画家的机会。

但这九年的生活，除了读书看书之外，究竟给了我一点做人的训练。在这一点上，我的恩师就是我的慈母。

每天天刚亮时，我母亲就把我喊醒，叫我披衣坐起。我从不知道她醒来坐了多久了。她看我清醒了，才对我说昨天我做错了什么事，说错了什么话，要我认错，要我用功读书。有时候她对我说父亲的种种好处，她说："你总要踏上你老子的脚步。我一生只晓得这一个完全的人，你要学他，不要跌他的股。"（跌股便是丢脸，出丑。）她说到伤心处，往往掉下泪来。到天大明时，她才把我的衣服穿好，催我去上早学。学堂门上的锁匙放在先生家里；我先到学堂门口一望，便跑到先生家里去敲门。先生家里有人把锁匙从门缝里递出来，我拿了跑回去，开了门，坐下念生书。十天之中，总有八九天我是第一个去开学堂门的。等到先生来了，我背了生书，才回家吃早饭。

我母亲管束我最严，她是慈母兼任严父。但她从来不在别人面前骂我一句，打我一下。我做错了事，她只对我一望，我看见了她的严厉眼光，就吓住了。犯的事小，她等到第二天早晨我睡醒时才教训我。犯的事大，她等到晚上人静时，关了房门，先责备我，然后行罚，或罚跪，或拧我的肉。无论怎样重罚，总不许我哭出声音来。她教训儿子不是借此出气叫别人听的。

有一个初秋的傍晚，我吃了晚饭，在门口玩，身上只穿着一件单背心。这时候我母亲的妹子玉英姨母在我家住，她怕我冷了，拿了一件小衫出来叫我穿上。我不肯穿，她说："穿上吧，凉了。"我随口回答："娘（凉）什么！老子都不老子呀。"我刚说了这句话，一抬头，看见母亲从家里走出，我赶快把小衫穿上。但她已听见这句轻薄的话了。晚上人静后，她罚我跪下，重重的责罚了一顿。她说："你没了老子，是多么得意的事！好用来说嘴！"她气的坐着发抖，也不许我上床去睡。我跪着哭，用手擦眼泪，不知擦进了什么微菌，后来足足害了一年多的眼翳病。医来医去，总医不好。我母亲心里又悔又急，听说眼翳可以用舌头舔去，有一夜她把我叫醒，她真用舌头舔我的病眼。这是我的严师，我的慈母。

我母亲二十三岁做了寡妇，又是当家的后母。这种生活的痛苦，我的笨笔写不出一万分之一二。家中财政本不宽裕，全靠二哥在上海经营调度。大哥从小就是败子，吸鸦片烟，赌博，钱到手就光，光了就回家打主意，见了香炉就拿出去卖，捞着锡茶壶就拿出去押。我母亲几次邀了本家长辈来，给他定下每月用费的数目。但他总不够用，到处都欠下烟债赌债。每年除夕我家中总有一大群讨债的，每人一盏灯笼，坐在大厅上不肯去。大哥早已避出去了。大厅的两排椅子上满满的都是灯笼和债主。我母亲走进走出，料理年夜饭，谢灶神，压岁钱等事，只当作不曾看见这一群人。到了近半夜，快要"封门"了，我母亲才走后门出去。央一位邻舍本家到我家来，每一家债户开发一点钱。做好做歹的，这一群讨债的才一个一个提着灯笼走出去。一会儿，大哥敲门回来了。我母亲从不骂他一句。并且因为是新年，她脸上从不露出一点怒。这样的过年，我过了六七次。

大嫂是个最无能而又最不懂事的人，二嫂是个很能干而气理很窄小的人。她们常常闹意见，只因为我母亲的和气榜样，她们还不曾有公然相骂相打的事。她们闹气时，只是不说话，不答话，把脸放下来，叫人难看；二嫂生气时，脸色变青，更是怕人。她们对我母亲闹气时，也是如此。我起初全不懂得这一套，后来也渐渐懂得看人的脸色了。我渐渐明白，世间最可厌恶的事莫如一张生气的脸；世间最下流的事莫如把生气的脸摆给旁人看，这比打骂还难受。

我母亲的气量大，性子好，又因为做了后母后婆，她更事事留心，事事格外容忍。大哥的女儿比我只小一岁，她的饮食衣料总是和我的一样。我和她有小争执，总是我吃亏，母亲总是责备我，要我事事让她。后来大嫂、二嫂都生了儿子了，她们生气时便打骂孩子来出气，一面打，一面用尖刻有刺的话骂给别人听。我母亲只装做不听见。有时候，她实在忍不住了，便悄悄走出门去，或到左邻立大嫂家去坐一会儿，或走后门到后邻度嫂家去闲谈。她从不和两个嫂子吵一句嘴。

每个嫂子一生气，往往十天半个月不歇，天天走进走出，板着脸，咬着嘴，打骂小孩子出气。我母亲只忍耐着，忍到实在不可再忍的一天，她也有她的法子。这一天的天明时，她就不起床，轻轻的哭一场。她不骂一个人，只哭她的丈夫，哭她自己苦命，留不住她丈夫来照管她。她先哭时，声音很低。渐渐哭出声来。我醒了起来劝她，她不肯住。这时候，我总听得见前堂（二嫂住前堂东房）或后堂（大嫂住后堂西房）有一扇房门开了，一个嫂子走出房向厨房走去。不多一会儿，那位嫂子来敲我们的房门了。我开了房门，她走进来，捧着一碗热茶，送到我母亲床前，劝她止哭，请她喝口热茶。我母亲慢慢停住哭声，伸手接了茶碗。那位嫂子站着劝一会儿，才退出去。没有一句话提到什么人，也没有一个字提到这十天半个月来的气脸，然而各人心里明白，泡茶进来的嫂子总是那十天半个月来闹气的人。奇怪得很，这一哭之后，至少有一两个月的太平清静日子。

我母亲待人最仁慈，最温和，从来没有一句伤人感情的话。但她有时候也很有刚气，不受一点人格上的侮辱。我家五叔是个无正业的浪人，有一天在烟馆里发牢骚，说我母亲家中有事总请某人帮忙，大概总有什么好处给他。这句话传到了我母亲耳朵里，她气的大哭，请了几位本家来，把五叔喊来，她当面质问他她给了某人什么好处。直到五叔当众认错赔罪，她才罢休。

我在我母亲的教训之下住了九年，受了她的极大极深的影响。我十四岁（其实只有十二岁零两三个月）就离开她了，在这广漠的人海里独自混了二十多年，没有一个人管束过我。如果我学得了一丝一毫的好脾气，如果我学得了一点点待人接物的和气，如果我能宽恕人，体谅人，——我都得感谢我的慈母。

十九，十一，二十一夜。

（载1931年5月10日《新月》第3卷第3号）

胡铁花（1841年—1895年），胡适之父，官至台东直隶州知州。甲午战争期间，应刘永福之托留台抗日，因脚气病严重离台，于厦门病逝。

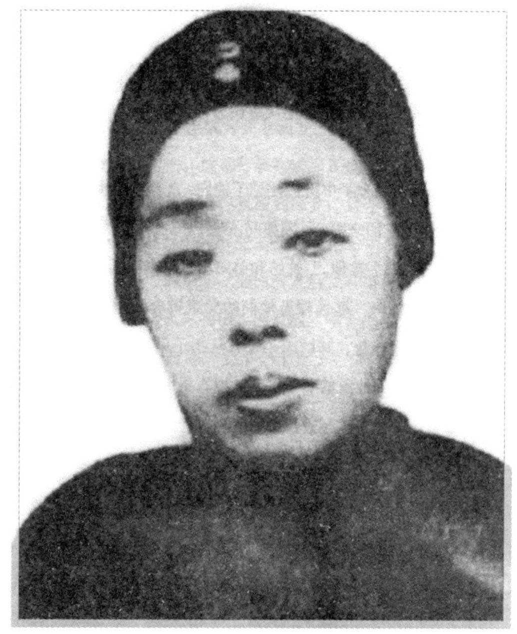

冯顺弟（1873年—1918年），胡适之母，胡铁花第三任妻子。个性仁慈质朴，对胡适一生影响深远。

1895

从拜神到无神

一

纷纷歌舞赛蛇虫，酒醴牲牢告洁丰。

果有神灵来护佑，天寒何故不临工？

这是我父亲在郑州办河工时（光绪十四年，1888年）作的十首《郑工合龙纪事诗》的一首。他自己有注道：

霜雪既降，凡俗所谓“大王”、“将军”化身临工者，皆绝迹不复见矣。

“大王”“将军”都是祀典里的河神；河工区域内的水蛇虾蟆往往被认为大王或将军的化身，往往享受最隆重的祀祭礼拜。河工是何等大事，而国家的治河官吏不能不向水蛇虾蟆磕头乞怜，真是一个民族的最大耻辱。我父亲这首诗不但公然指斥这种迷信，并且用了一个很浅近的证据，证明这种迷信的荒诞可笑。这一点最可表现我父亲的思想的倾向。

我父亲不曾受过近世自然科学的洗礼，但他很受了程颐、朱熹一系的理学的影响。理学家因袭了古代的自然主义的宇宙观，用“气”和“理”两个基本观念来解释宇宙，敢说“天即理也”“鬼神者，二气（阴阳）之良能也”。这种思想，虽有不彻底的地方，很可以破除不少的迷信。况且程朱一系极力提倡“格物穷理”，教人“即物而穷其理”，这就是近世科学的态度。我父亲做的《原学》，开端便说：

天地氤氲，万物化生。

这是采纳了理学家的自然主义的宇宙观。他做的《学为人诗》的结论是：

为人之道，非有他术；
穷理致知，反躬践实，
黾勉于学，守道勿失。

这是接受了程、朱一系格物穷理的治学态度。

这些话都是我四五岁时就念熟了的。先生怎样讲解，我记不得了；我当时大概完全不懂得这些话的意义。我父亲死的太早，我离开他时，还只是三岁小孩，所以我完全不曾受着他的思想的直接影响。他留给我的，大概有两方面：一方面是遗传，因为我是“我父亲的儿子”。一方面是他留下了一点程、朱理学的遗风；我小时跟着四叔念朱子的《小学》，就是理学的遗风；四叔家和我家的大门上都贴着“僧道无缘”的条子，也就是理学家庭的一个招牌。

我记得我家新屋大门上的“僧道无缘”条子，从大红色褪到粉红，又渐渐变成了淡白色，后来竟完全剥落了。我家中的女眷都是深信神佛的。我父亲死后，四叔又上任做学官去了，家中的女眷就自由拜神佛了。女眷的宗教领袖是星五伯娘，她到了晚年，吃了长斋，拜佛念经，四叔和三哥（是她过继的孙子）都不能劝阻她，后来又添上了二哥的丈母，也是吃长斋念佛的，她常来我家中住。这两位老太婆做了好朋友，常劝诱家中的几房女眷信佛。家中人有病痛，往往请她们念经许愿还愿。

二哥的丈母颇认得字，带来了《玉历钞传》《妙庄王经》一类的善书，常给我们讲说目连救母游地府，妙庄王的公主（观音）出家修行等等故事。我把她带来的书都看了，又在戏台上看了《观音娘娘出家》全本连台戏，所以脑子里装满了地狱的惨酷景象。

后来三哥得了肺痨病，生了几个孩子都不曾养大。星五伯娘常为三哥拜神佛，许愿，甚至于招集和尚在家中放焰口超度冤魂。三哥自己不肯参加行礼，伯娘常叫我去代替三哥跪拜行礼。我自己幼年身体也很虚弱，多病痛，所以我母亲也常请伯娘带我去烧香拜佛。依家乡的风俗，我母亲也曾把我许在观音菩萨座下做弟子，还给我取了个佛名，上一字是个“观”字，下一字我忘了。我母亲爱我心切，时时教我拜佛拜神总须诚心敬礼。每年她同我上外婆家去，十里路上所过庙宇路亭，凡有神佛之处，她总教我拜揖。有一年我害肚痛，眼睛里又起翳，她代我许愿：病好之后亲自到古塘山观音菩萨座前烧香还愿。后来我病好了，她亲自跟伯娘带了我去朝拜古塘山。山路很难走，她的脚是终年疼的，但她为了儿子，步行朝山，上山时走几步便须坐下歇息，却总不说一声苦痛。我这时候自然也是很诚心的跟着她们礼拜。

我母亲盼望我读书成名，所以常常叮嘱我每天要拜孔夫子：禹臣先生学堂壁上挂着一幅硃印石刻的吴道子画的孔子像，我们每晚放学时总得对他拜一个揖。我到大姊家去拜年，看见了外甥章砚香（比我大几岁）供着一个孔夫子神龛，是用大纸匣子做的，用红纸剪的神位，用火柴盒子做的祭桌，桌子上贴着金纸剪的香炉烛台和供献，神龛外边贴着许多红纸金纸的圣庙匾额对联，写着“德配天地，道冠古今”一类的句子。我看了这神龛，心里好生羡慕，回到家里，也造了一座小圣庙。我在家中寻到了一只燕窝匣子，做了圣庙大庭；又把匣子中间挖空一方块，用一只午时茶小匣子糊上去，做了圣庙的内堂，堂上也设了祭桌、神位、香炉、烛台等等。我在两厢又添设了颜渊子路一班圣门弟子的神位，也都有小祭桌。我借得了一部《联语类编》，抄出了许多圣庙联匾句子，都用金银锡箔做成匾对，请近仁叔写了贴上。这一座孔庙很费了我不少的心思。我母亲见我这样敬礼孔夫子，她十分高兴，给我一张小桌子专供这神龛，并且给我一个铜香炉；每逢初一和十五，她总教我焚香敬礼。

这座小圣庙，因为我母亲的加意保存，到我二十七岁从外国回家时，还不曾毁坏。但我的宗教虔诚却早已摧毁破坏了。我在十一二岁时便已变成了一个无神论者。

二

有一天，我正在温习朱子的《小学》，念到了一段司马温公的家训，其中有论地狱的话，说：

> 形既朽灭，神亦飘散，虽有剉烧舂磨，亦无所施。……

我重读了这几句话，忽然高兴的直跳起来。《目连救母》《玉历钞传》等书里的地狱惨状，都呈现在我眼前，但我觉得都不怕了。放焰口的和尚陈设在祭坛上的十殿阎王的画像，和十八层地狱的种种牛头马面用钢叉把罪人叉上刀山，叉下油锅，抛下奈何桥下去喂饿狗毒蛇，——这种种惨状也都呈现在我眼前，但我现在觉得都不怕了。我再三念这句话："形既朽灭，神亦飘散，虽有剉烧舂磨，亦无所施。"我心里很高兴，真像地藏王菩萨把锡杖一指，打开地狱门了。

这件事我记不清在那一年了，大概在十一岁时。这时候，我已能够自己看古文书了。禹臣先生教我看《纲鉴易知录》，后来又教我改看《御批通鉴辑览》。"易知录"有句读，故我不觉吃力。"通鉴辑览"须我自己用朱笔点读，故读的很迟缓。有一次二哥从上海回来，见我看《御批通鉴辑览》，他不赞成；他对禹臣先生说，不如看《资治通鉴》。于是我就点读《资治通鉴》了。这是我研究中国史的第一步。我不久便很喜欢这一类的历史书，并且感觉朝代帝王年号的难记，就想编一部《历代帝王年号歌诀》！近仁叔很鼓励我做此事，我真动手编这部七字句的历史歌诀了。此稿已遗失了，我已不记得这件野心工作编到了那一朝代。但这也可算是我的"整理国故"的破土工作。可是谁也想不到司马光的《资治通鉴》竟会大大的影响我的宗教信仰，竟会使我变成一个无神论者。

有一天，我读到《资治通鉴》第一百三十六卷，中有一段记范缜（齐梁时代人，死时约在西历五一〇年）反对佛教的故事，说：

缜著《神灭论》，以为"形者神之质，神者形之用也。神之于形，犹利之于刀。未闻刀没而利存，岂容形亡而神在哉？"此论出，朝野喧哗，难之，终不能屈。

我先已读司马光论地狱的话了，所以我读了这一段议论，觉得非常明白，非常有理。司马光的话教我不信地狱，范缜的话使我更进一步，就走上了无鬼神的路。范缜用了一个譬喻，说形和神的关系就像刀子和刀口的锋利一样；没有刀子，便没有刀子的“快”了；那么，没有形体，还能有神魂吗？这个譬喻是很浅显的，恰恰合一个初开知识的小孩子的程度，所以我越想越觉得范缜说的有道理。司马光引了这三十五个字的《神灭论》，居然把我脑子里的无数鬼神都赶跑了。从此以后，我不知不觉的成了一个无鬼无神的人。

我那时并不知道范缜的《神灭论》全文载在《梁书》（卷四八）里，也不知道当时许多人驳他的文章保存在《弘明集》里。我只读了这三十五个字，就换了一个人。大概司马光也受了范缜的影响，所以有“形既朽灭，神亦飘散”的议论；大概他感谢范缜，故他编《通鉴》时，硬把《神灭论》摘了最精彩的一段，插入他的不朽的历史里。他决想不到，八百年后这三十五个字竟感悟了一个十一二岁的小孩子，竟影响了他一生的思想。

《通鉴》又记述范缜和竟陵王萧子良讨论“因果”的事，这一段在我的思想上也发生了很大的影响。原文如下：

子良笃好释氏，招致名僧，讲论佛法。道俗之盛，江左未有。或亲为众僧赋食行水，世颇以为失宰相体。

范缜盛称无佛。子良曰，“君不信因果，何得有富贵贫贱？”缜曰，“人生如树花同发，随风而散，或拂帘幌，坠茵席之上；或关篱墙，落粪溷之中。坠茵席者，殿下是也。落粪溷者，下官是也。贵贱虽复殊途，因果竟在何处？”子良无以难。

这一段议论也只是一个譬喻，但我当时读了只觉得他说的明白有理，就熟读了记在心里。我当时实在还不能了解范缜的议论的哲学意义。他主张一种“偶然论”，用来破坏佛教的果报轮回说。我小时听惯了佛家果报轮回的教训，最怕来世变猪变狗，忽然看见了范缜不信因果的譬喻，我心里非常高兴，胆子就大的多了。他和司马光的神灭论教我不怕地狱；他的无因果论教我不怕轮回。我喜欢他们的话，因为他们教我不怕。我信服他们的话，因为他们教我不怕。

三

我的思想经过了这回解放之后，就不能虔诚拜神拜佛了。但我在我母亲面前，还不敢公然说出不信鬼神的议论。她叫我上分祠里去拜祖宗，或去烧香还愿，我总不敢不去，满心里的不愿意，我终不敢让她知道。

我十三岁的正月里，我到大姊家去拜年，住了几天，到十五日早晨，才和外甥砚香同回我家去看灯。他家的一个长工挑着新年糕饼等物事，跟着我们走。

半路上到了中屯外婆家，我们进去歇脚，吃了点心，又继续前进。中屯村口有个三门亭，供着几个神像。我们走进亭子，我指着神像对砚香说，“这里没有人看见，我们来把这几个烂泥菩萨拆下来抛到茅厕里去，好吗？”

这样突然主张毁坏神像，把我的外甥吓住了。他虽然听我说过无鬼无神的话，却不曾想到我会在这路亭里提议实行捣毁神像。他的长工忙劝阻我道：“糜舅，菩萨是不好得罪的。”我听了这话，更不高兴，偏要拾石子去掷神像。恰好村子里有人下来了，砚香和那长工就把我劝走了。

我们到了我家中，我母亲煮面给我们吃，我刚吃了几筷子，听见门外锣鼓响，便放下面，跑出去看舞狮子了。这一天来看灯的客多，家中人都忙着照料客人，谁也不来管我吃了多少面。我陪着客人出去玩，也就忘了肚子饿了。

晚上陪客人吃饭，我也喝了一两杯烧酒。酒到了饿肚子里，有点作怪。晚饭后，我跑出大门外，被风一吹，我有点醉了，便喊道："月亮，月亮，下来看灯！"别人家的孩子也跟着喊，"月亮，月亮，下来看灯！"

门外的喊声被屋里人听见了，我母亲叫人来唤我回去。我怕她责怪，就跑出去了。来人追上去，我跑的更快。有人对我母亲说，我今晚喝了烧酒，怕是醉了。我母亲自己出来唤我，这时候我已被人追回来了。但跑多了，我真有点醉了，就和他们抵抗，不肯回家。母亲抱住我，我仍喊着要月亮下来看灯。许多人围拢来看，我仗着人多，嘴里仍旧乱喊。母亲把我拖进房里，一群人拥进房来看。

这时候，那位跟我们来的章家长工走到我母亲身边，低低的说："外婆（他跟着我的外甥称呼），穈舅今夜怕不是吃醉了罢？今天我们从中屯出来，路过三门亭，穈舅要把那几个菩萨拖下来丢到茅厕里去。他今夜嘴里乱说话，怕是得罪了神道，神道怪下来了。"

这几句话，他低低的说，我靠在母亲怀里，全听见了。我心里正怕喝醉了酒，母亲要责罚我；现在我听了长工的话，忽然想出了一条妙计。我想："我胡闹，母亲要打我；菩萨胡闹，她不会责怪菩萨。"于是我就闹的更凶，说了许多疯话，好像真有鬼神附在我身上一样！

我母亲着急了，叫砚香来问，砚香也说我日里的确得罪了神道。母亲就叫别人来抱住我，她自己去洗手焚香，向空中祷告三门亭的神道，说我年小无知，触犯了神道，但求神道宽宏大量，不计较小孩的罪过，宽恕了我。我们将来一定亲到三门亭去烧香还愿。

这时候，邻舍都来看我，挤满了一屋子的人，有些妇女还提着“火筒”（徽州人冬天用瓦炉装炭火，外面用篾丝作篮子，可以随身携带，名为火筒），房间里闷热的很。我热的脸都红了，真有点像醉人。

忽然门外有人报信，说，“龙灯来了，龙灯来了！”男男女女都往外跑，都想赶到十字街口去等候看灯。一会儿，一屋子的人都散完了，只剩下我和母亲两个人。房里的闷热也消除了，我也疲倦了，就不知不觉的睡着了。

母亲许的愿好像是灵应了。第二天，她教训了我一场，说我不应该瞎说，更不应该在神道面前瞎说。但她不曾责罚我，我心里高兴，万想不到我的责罚却在一个月之后。

过了一个月，母亲同我上中屯外婆家去。她拿出钱来，在外婆家办了猪头供献，备了香烛纸钱，她请我母舅领我到三门亭里去谢神还愿。我母舅是个虔诚的人，他恭恭敬敬的摆好供献，点起香烛，陪着我跪拜谢神。我忍住笑，恭恭敬敬的行了礼，——心里只怪我自己当日扯谎时不曾想到这样比挨打还更难为情的责罚！

直到我二十七岁回家时，我才敢对母亲说那一年元宵节附在我身上胡闹的不是三门亭的神道，只是我自己。母亲也笑了。

十九，十二，二十五，在北京。

1904

胡适在上海时期，最重要的经历就是在中国公学读书，然而胡适并未把全部的精力用在学习上，或许是胡适认为公学的课程极其简单，“公学的英文、数学都很浅，我在甲班里很不费气力。”可通过《中国公学年终试验成绩表》查考，胡适该班21位同学，仅有三人成绩不及格。在这不及格的三人中，胡适位于中间，也就是说在该班21位同学中，胡适成绩为倒数第二。

这则成绩单说明，胡适当时在功课方面，并没有太用心，学业之外的活动可能花费了他更多的时间。这些情形正契合他在回忆中所讲的：“在中国公学住了两年多，在功课上的进步不算怎样快，但我却在课外学得了几件东西。”胡适这里所说的学得的东西，包括学会了普通话、认识了许多年龄比他大的朋友，学会了做中国诗词，学会了做白话文，更重要的是胡适开始在《竞业旬报》上发表白话文。少年胡适雄心勃勃，他要以“新思想灌输于未受教育的民众”，当然这更是胡适日后能在“五四”新文化运动时期就“暴得大名”的主要原因。

在上海（一）

光绪甲辰年（1904年）的春天，三哥的肺病已到了很危险的时期，他决定到上海去医治。我母亲也决定叫我跟他到上海去上学。那时我名为十四岁，其实只有十二岁有零。这一次我和母亲分别之后，十四年之中，我只回家三次，和她在一块的时候还不满六个月。她只有我一个人，只因为爱我太深，望我太切，所以她硬起心肠，送我向远地去求学。临别的时候，她装出很高兴的样子，不曾掉一滴眼泪。我就这样出门去了，向那不可知的人海里去寻求我自己的教育和生活，——孤零零的一个小孩子，所有的防身之具只是一个慈母的爱，一点点用功的习惯，和一点点怀疑的倾向。

我在上海住了六年（1904年—1910年），换了四个学校（梅溪学堂，澄衷学堂，中国公学，中国新公学）。这是我一生的第二个段落。

我父亲生平最佩服一个朋友——上海张焕纶先生。张先生是提倡新教育最早的人，他自己办了一个梅溪书院，后来改为梅溪学堂。二哥三哥都在梅溪书院住过，所以我到了上海也就进了梅溪学堂。我只见过张焕纶先生一次，不久他就死了。现在谈中国教育史的人，很少能知道这一位新教育的老先锋了。他死了二十二年之后，我在巴黎见着赵诒璹先生（字颂南，无锡人），他是张先生的得意学生，他说他在梅溪书院很久，最佩服张先生的人格，受他的感化最深。他说，张先生教人的宗旨只是一句话："千万不要仅仅做个自了汉。”我坐在巴黎乡间的草地上，听着赵先生说话，想着赵先生夫妇的刻苦生活和奋斗精神，——这时候，我心里想：张先生的一句话影响了他的一个学生的一生，张先生的教育事业不算是失败。

梅溪学堂的课程是很不完备的，只有国文、算学、英文三项。分班的标准是国文程度。英文、算学的程度虽好，国文不到头班，仍不能毕业。国文到了头班，英文、算学还很幼稚，却可以毕业。这个办法虽然不算顶好，但这和当时教会学堂的偏重英文，都是过渡时代的特别情形。

我初到上海的时候，全不懂得上海话。进学堂拜见张先生时，我穿着蓝呢的夹袍，绛色呢大袖马褂，完全是个乡下人。许多小学生围拢来看我这乡下人。因为我不懂话，又不曾“开笔”做文章，所以暂时编在第五班，差不多是最低的一班。班上读的是文明书局的《蒙学读本》，英文班上用《华英初阶》，算学班上用《笔算数学》。

我是读了许多古书的，现在读《蒙学读本》，自然毫不费力，所以有工夫专读英文、算学。这样过了六个星期。到了第四十二天，我的机会来了。教《蒙学读本》的沈先生大概也瞧不起这样浅近的书，更料不到这班小孩子里面有人站起来驳正他的错误。这一天，他讲的一课书里有这样一段引语：

传曰，二人同心，其利断金。同心之言，其臭如兰。

沈先生随口说这是《左传》上的话。我那时已勉强能说几句上海话了，等他讲完之后，我拿着书，走到他的桌边，低声对他说：

"这个'传曰'是《易经》的《系辞传》，不是《左传》。"先生脸红了，说，"侬读过《易经》？"我说读过。他又问，"阿曾读过别样经书？"我说读过《诗经》《书经》《礼记》。他问我做过文章没有，我说没有做过。他说，"我出个题目，拨侬做做试试看。"他出了"孝弟说"三个字，我回到座位上，勉强写了一百多字，交给先生看。他看了对我说，"侬跟我来。"我卷了书包，跟他下楼走到前厅。前厅上东面是头班，西面是二班。沈先生到二班课堂上，对教员顾先生说了一些话，顾先生就叫我坐在末一排的桌子上。我才知道我一天之中升了四班，居然做第二班的学生了。

可是我正在欢喜的时候，抬头一看，就得发愁了。这一天是星期四，是作文的日子。黑板上写着两个题目：

论题：原日本之所由强

经义题：古之为关也将以御暴，今之为关也将以为暴

我从来不知道"经义"是怎样做的，所以想都不敢去想他。可是日本在天南地北，我还不很清楚，这个"原日本之所由强"又从哪里说起呢？既不敢去问先生，班上同学又没有一个熟人，我心里颇怪沈先生太鲁莽，不应该把我升的这么高，这么快。

忽然学堂的茶房走到厅上来，对先生说了几句话，呈上一张字条，先生看了字条，对我说，我家中有要紧事，派了人来领我回家，卷子可以带回去做，下星期四交卷。我正在着急，听了先生的话，抄了题目，逃出课堂，赶到门房，才知道三哥病危，二哥在汉口没有回来，店里（我家那时在上海南市开一个公义油栈）的管事慌了，所以赶人来领我回去。

我赶到店里，三哥还能说话。但不到几个钟头，他就死了，死时他的头还靠在我手腕上。第三天，二哥从汉口赶到。丧事办了之后，我把升班的事告诉二哥，并且问他“原日本之所由强”一个题目应该参考一些什么书。二哥检了《明治维新三十年史》，壬寅《新民丛报汇编》……一类的书，装了一大篮，叫我带回学堂去翻看。费了几天的工夫，才勉强凑了一篇论说交进去。不久我也会做“经义”了。几个月之后，我居然算是头班学生了，但英文还不曾读完《华英初阶》，算学还只做到《利息》。

这一年梅溪学堂改为梅溪小学，年底要办毕业第一班。我们听说学堂里要送张在贞、王言、郑璋和我四个人到上海道衙门去考试。我和王、郑二人都不愿意去考试，都不等到考试日期，就离开学堂了。

为什么我们不愿受上海道的考试呢？这一年之中，我们都经过了思想上的一种激烈变动，都自命为“新人物”了。二哥给我的一大篮子的“新书”，其中很多是梁启超先生一派人的著述；这时代是梁先生的文章最有势力的时代，他虽不曾明白提倡种族革命，却在一班少年人的脑海里种下了不少革命种子。有一天，王言君借来了一本邹容的《革命军》，我们几个人传观，都很受感动。借来的书是要还人的，所以我们到了晚上，等舍监查夜过去之后，偷偷起来点着蜡烛，轮流抄了一本《革命军》。正在传抄《革命军》的少年，怎肯投到官厅去考试呢？

这一年是日俄战争的第一年，上海的报纸上每天登着很详细的战事新闻，爱看报的少年学生都感觉绝大的兴奋。这时候中国的舆论和民众心理都表同情于日本，都痛恨俄国，又都痛恨清政府的宣告中立。仇俄的心理增加了不少排满的心理。这一年，上海发生了几件刺激人心的案子。一件是革命党万福华在租界内枪击前广西巡抚王之春，因为王之春从前是个联俄派。一件是上海黄浦滩上一个宁波木匠周生有被一个俄国水兵无故砍杀。这两件事都引起上海报纸的注意；尤其是那年新出现的《时报》，天天用简短沉痛的时评替周生有喊冤，攻击上海的官厅。我们少年人初读这种短评，没有一个不受刺激的。周生有案的判决使许多人失望。我和王言、郑璋三个人都恨极了上海道袁海观，所以联合写了一封长信去痛骂他。这封信是匿名的，但我们总觉得不愿意去受他的考试。所以我们三个人都离开梅溪学堂了。（王言是黟县人，后来不知下落了；郑璋是潮阳人，后改名仲诚，毕业于复旦，不久病死。）

二

我进的第二个学堂是澄衷学堂。这学堂是宁波富商叶成忠先生创办的，原来的目的是教育宁波的贫寒子弟；后来规模稍大，渐渐成了上海一个有名的私立学校，来学的人便不限止于宁波人了。这时候的监督是章一山先生，总教是白振民先生。白先生和我二哥是同学，他看见了我在梅溪作的文字，劝我进澄衷学堂。光绪乙巳年（1905年），我就进了澄衷学堂。

澄衷共有十二班，课堂分东西两排，最高一班称为东一斋，第二班为西一斋，以下直到西六斋。这时候还没有严格规定的学制，也没有什么中学小学的分别。用现在的名称来分，可说前六班为中学，其余六班为小学。澄衷的学科比较完全多了，国文、英文、算学之外，还有物理、化学、博物、图画诸科。分班略依各科的平均程度，但英文算学程度过低的都不能入高班。

我初进澄衷时，因英文、算学太低，被编在东三斋（第五班）。下半年便升入东二斋（第三班），第二年（丙午，1906年）又升入西一斋（第二班）。澄衷管理很严，每月有月考，每半年有大考，月考大考都出榜公布，考前三名的有奖品。我的考试成绩常常在第一，故一年升了四班。我在这一年半之中，最有进步的是英文、算学。教英文的谢昌熙先生、陈诗豪先生、张镜人先生，教算学的郁耀卿先生，都给了我很多的益处。

我这时候对于算学最感觉兴趣，常常在宿舍熄灯之后，起来演习算学问题。卧房里没有桌子，我想出一个法子来，把蜡烛放在帐子外床架上，我伏在被窝里，仰起头来，把石板放在枕头上做算题。因为下半年要跳过一班，所以我须要自己补习代数。我买了一部丁福保先生编的代数书，在一个夏天把初等代数习完了，下半年安然升班。

这样的用功，睡眠不够，就影响到身体的健康。有一个时期，我的两只耳朵几乎全聋了。但后来身体渐渐复原，耳朵也不聋了。我小时身体多病，出门之后，逐渐强健。重要的原因我想是因为我在梅溪和澄衷两年半之中从来不曾缺一点钟体操的功课。我从没有加入竞赛的运动，但我上体操的课，总很用气力做种种体操。

澄衷的教员之中，我受杨千里先生（天骥）的影响最大。我在东三斋时，他是西二斋的国文教员，人都说他思想很新。我去看他，他很鼓励我，在我的作文稿本上题了“言论自由”四个字。后来我在东二斋和西一斋，他都做过国文教员。有一次，他教我们班上买吴汝纶删节的严复译本《天演论》来做读本，这是我第一次读《天演论》，高兴的很。他出的作文题目也很特别，有一次的题目是“物竞天择，适者生存，试申其义”。（我的一篇，前几年澄衷校长曹锡爵先生和现在的校长葛祖兰先生曾在旧课卷内寻出，至今还保存在校内。）这种题目自然不是我们十几岁小孩子能发挥的，但读《天演论》，做“物竞天择”的文章，都可以代表那个时代的风气。

《天演论》出版之后，不上几年，便风行到全国，竟做了中学生的读物了。读这书的人，很少能了解赫胥黎在科学史和思想史上的贡献。他们能了解的只是那“优胜劣败”的公式在国际政治上的意义。在中国屡次战败之后，在庚子、辛丑大耻辱之后，这个“优胜劣败，适者生存”的公式确是一种当头棒喝，给了无数人一种绝大的刺激。几年之中，这种思想像野火一样，延烧着许多少年人的心和血。“天演”“物竞”“淘汰”“天择”等等术语都渐渐成了报纸文章的熟语，渐渐成了一班爱国志士的“口头禅”。还有许多人爱用这种名词做自己或儿女的名字。陈炯明不是号竞存吗？我有两个同学，一个叫作孙竞存，一个叫作杨天择。我自己的名字也是这种风气底下的纪念品。我在学堂里的名字是胡洪骍。有一天的早晨，我请我二哥代我想一个表字，二哥一面洗脸，一面说：“就用‘物竞天择适者生存’的‘适’字，好不好？”我很高兴，就用“适之”二字。（二哥字绍之，三哥字振之。）后来我发表文字，偶然用“胡适”作笔名，直到考试留美官费时（1910年）我才正式用“胡适”的名字。

我在澄衷一年半，看了一些课外的书籍。严复译的《群己权界论》，像是在这时代读的。严先生的文字太古雅，所以少年人受他的影响没有梁启超的影响大。梁先生的文章，明白晓畅之中，带着浓挚的热情，使读的人不能不跟着他走，不能不跟着他想。有时候，我们跟他走到一点上，还想往前走，他倒打住了，或是换了方向走了。在这种时候，我们不免感觉一点失望。但这种失望也正是他的大恩惠。因为他尽了他的能力，把我们带到了一个境界，原指望我们感觉不满足，原指望我们更朝前走。跟着他走，我们固然得感谢他；引起了我们的好奇心，指着一个未知的世界叫我们自己去探寻，我们更得感谢他。

我个人受了梁先生无穷的恩惠。现在追想起来，有两点最分明。第一是他的《新民说》，第二是他的《中国学术思想变迁之大势》。梁先生自号“中国之新民”，又号“新民子”，他的杂志也叫作《新民丛报》，可见他的全副心思贯注在这一点。“新民”的意义是要改造中国的民族，要把这老大的病夫民族改造成一个新鲜活泼的民族。他说：

> 未有四肢已断，五脏已瘵，筋脉已伤，血轮已涸，而身犹能存者；则亦未有其民愚陋怯弱涣散混浊而国犹能立者。……苟有新民，何患无新制度，无新政府，无新国家！（《新民说·叙论》）

他的根本主张是：

> 吾思之，吾重思之，今日中国群治之现象殆无一不当从根柢处摧陷廓清，除旧而布新者也。（《新民议》）

说的更沉痛一点：

> 然则救危亡求进步之道将奈何？曰，必取数千年横暴混浊之政体，破碎而齑粉之，使数千万如虎如狼如蝗如蝻如蜮如蛆之官吏失其社鼠城狐之凭藉，然后能涤荡肠胃以上于进步之途也！必取数

千年腐败柔媚之学说，廓清而辞辟之，使数百万如蠹鱼如鹦鹉如水母如畜犬之学子毋得摇笔弄舌舞文嚼字，为民贼之后援，然后能一新耳目以行进步之实也！而其所以达此目的之方有二：一曰无血之破坏，二曰有血之破坏。……中国如能为无血之破坏乎？吾馨香而祝之。中国如不得不为有血之破坏乎？吾衰绖而哀之。（《新民说·论进步》）

我们在那个时代读这样的文字，没有一个人不受他的震荡感动的。他在那时代（我那时读的是他在壬寅癸卯做的文字）主张最激烈，态度最鲜明，感人的力量也最深刻。他很明白的提出一个革命的口号：

破坏亦破坏，不破坏亦破坏！（同上）

后来他虽然不坚持这个态度了，而许多少年人冲上前去，可不肯缩回来了。《新民说》的最大贡献在于指出中国民族缺乏西洋民族的许多美德。梁先生很不客气的说：

五色人相比较，白人最优。以白人相比较，条顿人最优。以条顿人相比较，盎格鲁撒逊人最优。（《叙论》）

他指出我们所最缺乏而最须采补的是公德，是国家思想，是进取冒险，是权利思想，是自由，是自治，是进步，是自尊，是合群，是生利的能力，是毅力，是义务思想，是尚武，是私德，是政治能力。他在这十几篇文字里，抱着满腔的血诚，怀着无限的信心，用他那支“笔锋常带情感”的健笔，指挥那无数的历史例证，组织成那些能使人鼓舞，使人掉泪，使人感激奋发的文章。其中如《论毅力》等篇，我在二十五年后重读，还感觉到他的魔力，何况在我十几岁最容易受感动的时期呢？

《新民说》诸篇给我开辟了一个新世界，使我彻底相信中国之外还有很高等的民族，很高等的文化；《中国学术思想变迁之大势》也给我开辟了一个新世界，使我知道“四书”“五经”之外中国还有学术思想。梁先生分中国学术思想史为七个时代：

（1）胚胎时代春秋以前

（2）全盛时代春秋末及战国

（3）儒学统一时代两汉

（4）老学时代魏晋

（5）佛学时代南北朝，唐

（6）儒佛混合时代宋，元，明

（7）衰落时代近二百五十年

我们现在看这个分段，也许不能满意。（梁先生自己后来也不满意，他在《清代学术概论》里已不认近二百五十年为衰落时代了。）但在二十五年前，这是第一次用历史眼光来整理中国旧学术思想，第一次给我们一个“学术史”的见解。所以我最爱读这篇文章。不幸梁先生做了几章之后，忽然停止了，使我大失望。甲辰以后，我在《新民丛报》上见他续作此篇，我高兴极了。但我读了这篇长文，终感觉不少的失望。第一，他论“全盛时代”，说了几万字的绪论，却把“本论”（论诸家学说之根据及其长短得失）全搁下了，只注了一个“阙”字。他后来只补作了“子墨子学说”一篇，其余各家始终没有补。第二，“佛学时代”一章的本论一节也全没有做。第三，他把第六个时代（宋、元、明）整个搁起不提。这一部学术思想史中间缺了三个最要紧的部分，使我眼巴巴的望了几年。我在那失望的时期，自己忽发野心，心想：“我将来若能替梁任公先生补作这几章缺了的中国学术思想史，岂不是很光荣的事业？”我越想越高兴，虽然不敢告诉人，却真打定主意做这件事了。

这一点野心就是我后来做《中国哲学史》的种子。我从那时候起，就留心读周秦诸子的书。我二哥劝我读朱子的《近思录》，这是我读理学书的第一部。梁先生的《德育鉴》和《节本明儒学案》，也是这个时期出来的。这些书引我去读宋明理学书，但我读的并不多，只读了王守仁的《传习录》和《正谊堂丛书》内的程朱语录。

我在澄衷的第二年，发起各斋组织“自治会”。有一次，我在自治会演说，题目是《论性》。我驳孟子性善的主张，也不赞成荀子的性恶说，我承认王阳明的性“无善无恶，可善可恶”是对的。我那时正读英文的《格致读本》（*The Science Readers*），懂得了一点最浅近的科学知识，就搬出来应用了！孟子曾说：

> 人性之善也，犹水之就下也。人无有不善，水无有不下。

我说：孟子不懂得科学，——我们在那时候还叫作“格致”，——不知道水有保持水平的道理，又不知道地心吸力的道理。“水无有不下”，并非水性向下，而是地心吸力引他向下。吸力可以引他向下，高地的蓄水塔也可以使自来水管里的水向上。水无上无下，只保持他的水平，却又可上可下，正像人性本无善无恶，却又可善可恶！

我这篇性论很受同学的欢迎，我也很得意，以为我真用科学证明了王阳明的性论了。

我在澄衷只住了一年半，但英文和算学的基础都是在这里打下的。澄衷的好处在于管理的严肃，考试的认真。还有一桩好处，就是学校办事人真能注意到每个学生的功课和品行。白振民先生自己虽不教书，却认得个个学生，时时叫学生去问话。因为考试的成绩都有很详细的记录，故每个学生的能力都容易知道。天资高的学生，可以越级升两班；中等的可以半年升一班；下等的不升班，不升班就等于降半年了。这种编制和管理，是很可以供现在办中学的人参考的。

我在西一斋做了班长，不免有时和学校办事人冲突。有一次，为了班上一个同学被开除的事，我向白先生抗议无效，又写了一封长信去抗议。白先生悬牌责备我，记我大过一次。我虽知道白先生很爱护我，但我当时心里颇感觉不平，不愿继续在澄衷了。恰好夏间中国公学招考，有朋友劝我去考；考取之后，我就在暑假后（1906年）搬进中国公学去了。

二十，三，十八，北京。

（原载1931年9月10日《新月》第3卷第7号）

14岁的胡适。这是胡适现存最早的照片。

1905年，胡适（右一）与澄衷学堂同学合影。

1905

在上海（二）

一

中国公学是因为光绪乙巳年（1905年）日本文部省颁布取缔中国留学生规则，我国的留日学生认为侮辱中国，其中一部分愤慨回国的人在上海创办的。当风潮最烈的时候，湖南陈天华投海自杀，勉励国人努力救国，一时人心大震动，所以回国的很多。回国之后，大家主张在国内办一个公立的大学。乙巳十二月中，十三省的代表全体会决议，定名为“中国公学”。次年（丙午，1906年）春天在上海新靶子路黄板桥北租屋开学。但这时候反对取缔规则的风潮已渐渐松懈了，许多官费生多回去复学了。上海那时还是一个眼界很小的商埠，看见中国公学里许多剪发洋装的少年人自己办学堂，都认为奇怪的事。政府官吏疑心他们是革命党，社会叫他们做怪物。所以赞助捐钱的人很少，学堂开门不到一个半月，就陷入了绝境。公学的干事姚弘业先生（湖南益阳人）激于义愤，遂于三月十三日投江自杀，遗书几千字，说，“我之死，为中国公学死也。”遗书发表之后，舆论都对他表敬意，社会受了一大震动，赞助的人稍多，公学才稍稍站得住。

我也是当时读了姚烈士的遗书大受感动的一个小孩子。夏天我去投考，监试的是总教习马君武先生。国文题目是《言志》，我不记得说了一些什么，后来君武先生告诉我，他看了我的卷子，拿去给谭心休、彭施涤先生传观，都说是为公学得了一个好学生。

我搬进公学之后，见许多同学都是剪了辫子，穿着和服，拖着木屐的；又有一些是内地刚出来的老先生，戴着老花眼镜，捧着水烟袋的。他们的年纪都比我大的多；我是做惯班长的人，到这里才感觉我是个小孩子。不久我已感得公学的英文、数学都很浅，我在甲班里很不费气力。那时候，中国教育界的科学程度太浅，中国公学至多不过可比现在的两级中学程度，然而有好几门功课都不能不请日本教员来教。如高等代数、解析几何、博物学，最初都是日本人教授，由懂日语的同学翻译。甲班的同学有朱经农、李琴鹤等，都曾担任翻译。又有几位同学还兼任学校的职员或教员，如但懋辛便是我们的体操教员。当时的同学和我年纪不相上下的，只有周烈忠、李骏、孙粹存、孙竞存等几个人。教员和年长的同学都把我们看作小弟弟，特别爱护我们，鼓励我们。我和这一班年事稍长，阅历较深的师友们往来，受他们的影响最大。我从小本来就没有过小孩子的生活，现在天天和这班年长的人在一块，更觉得自己不是个小孩子了。

中国公学的教职员和同学之中，有不少的革命党人。所以在这里要看东京出版的《民报》，是最方便的。暑假年假中，许多同学把《民报》缝在枕头里带回内地去传观。还有一些激烈的同学往往强迫有辫子的同学剪去辫子。但我在公学三年多，始终没有人强迫我剪辫，也没有人劝我加入同盟会。直到二十年后，但懋辛先生才告诉我，当时校里的同盟会员曾商量过，大家都认我将来可以做学问，他们要爱护我，所以不劝我参加革命的事。但在当时，他们有些活动也并不瞒我。有一晚十点钟的时候，我快睡了，但君来找我，说，有个女学生从日本回国，替朋友带了一只手提小皮箱，江海关上要检查，她说没有钥匙，海关上不放行。但君因为我可以说几句英国话，要我到海关上去办交涉。我知道箱子里是危险的违禁品，就跟了他到海关码头，这时候已过十一点钟，谁都不在了。我们只好怏怏回去。第二天，那位女学生也走了，箱子她丢在关上不要了。

我们现在看见上海各学校都用国语讲授，绝不能想象二十年前的上海还完全是上海话的世界，各学校全用上海话教书。学生全得学上海话。中国公学是第一个用“普通话”教授的学校。学校里的学生，四川、湖南、河南、广东的人最多，其余各省的人也差不多全有。大家都说“普通话”，教员也用“普通话”。江浙的教员，如宋耀如、王仙华、沈翔云诸先生，在讲堂上也都得勉强说官话。我初入学时，只会说徽州话和上海话；但在学校不久也就会说“普通话”了。我的同学中四川人最多；四川话清楚干净，我最爱学他，所以我说的普通话最近于四川话。二三年后，我到四川客栈（元记、厚记等）去看朋友，四川人只问，“贵府是川东？是川南？”他们都把我看作四川人了。

中国公学创办的时候，同学都是创办人，职员都是同学中举出来的，所以没有职员和学生的界限。当初创办的人都有革命思想，想在这学校里试行一种民主政治的制度。姚弘业烈士遗书中所谓“以大公无我之心，行共和之法”，即是此意。全校的组织分为“执行”与“评议”两部。执行部的职员（教务干事、庶务干事、斋务干事）都是评议部举出来的，有一定的任期，并且对于评议部要负责任。评议部是班长和室长组织成的，有监督和弹劾职员之权。评议部开会时，往往有激烈的辩论，有时直到点名熄灯时方才散会。评议员之中，最出名的是四川人龚从龙，口齿清楚，态度从容，是一个好议长。这种训练是很有益的。我年纪太小，第一年不够当评议员，有时在门外听听他们的辩论，不禁感觉我们在澄衷学堂的自治会真是儿戏。

二

我第一学期住的房间里有好几位同学都是江西萍乡和湖南醴陵人，他们是邻县人，说的话我听不大懂。但不到一个月，我们很相熟了。他们都是二三十岁的人了；有一位钟文恢（号古愚）已有胡子，人叫他做钟胡子。他告诉我，他们现在组织了一个学会，叫作竞业学会，目的是“对于社会，竞与改良；对于个人，争自濯磨”，所以定了这个名字。他介绍我进这个会，我答应了。钟君是会长，他带我到会所里去，给我介绍了一些人。会所在校外北四川路厚福里。会中住的人大概多是革命党。有个杨卓林，还有个廖德璠，后来是都因谋革命被杀的。会中办事最热心的人，钟君之外，有谢寅杰和丁洪海两君，他两人维持会务最久。

竞业学会的第一件事业就是创办一个白话的旬报，就叫作《竞业旬报》。他们请了一位傅君剑先生（号钝根）来做编辑。《旬报》的宗旨，傅君说，共有四项：一振兴教育，二提倡民气，三改良社会，四主张自治。其实这都是门面语，骨子里是要鼓吹革命。他们的意思是要“传布于小学校之青年国民”，所以决定用白话文。胡梓方先生（后来的诗人胡诗庐）作《发刊辞》，其中有一段说：

> 今世号通人者，务为艰深之文，陈过高之义，以为士大夫劝，而独不为彼什伯千万倍里巷乡闾之子计，则是智益智，愚益愚，智

日少，愚日多也。顾可为治乎哉？

又有一位会员署名“大武”作文《论学官话的好处》，说：

诸位呀，要救中国，先要联合中国的人心，要联合中国的人心，先要统一中国的言语……但现在中国的语言也不知有多少种，如何叫他们合而为一呢？……除了通用官话，更别无法子了。但是官话的种类也很不少，有南方官话，有北方官话，有北京官话。现在中国全国通行官话，只须摹仿北京官话，自成一种普通国语哩。

这班人都到过日本，又多数是中国公学的学生，所以都感觉“普通国语”的需要。“国语”一个目标，屡见于《竞业旬报》的第一期，可算是提倡最早的了。

《竞业旬报》第一期是丙午年（1906年）九月十一日出版的。同住的钟君看见我常看小说，又能作古文，就劝我为《旬报》作白话文。第一期里有我的一篇通俗“地理学”，署名“期自胜生”。那时候我正读《老子》，爱上了“自胜自强”一句话，所以取了个别号叫“希强”，又自称“期自胜生”。这篇文字是我的第一篇白话文字，所以我抄其中说“地球是圆的”一段在这里做一个纪念：

譬如一个人立在海边，远远的望这来往的船只。那来的船呢，一定是先看见他的桅杆顶，以后方能够看见他的风帆，他的船身一定在最后方可看见。那去的船呢，却恰恰与来的相反，他的船身一定先看不见，然后看不见他的风帆，直到后来方才看不见他的桅杆顶。这是什么缘故呢？因为那地是圆的，所以来的船在那地的低处慢慢行上来，我们看去自然先看见那桅杆顶了。那去的船也是这个道理，不过同这个相反罢了……诸君们如再不相信，可捉一只苍蝇摆在一只苹果上，叫他从下面爬到上面来，可不是先看见他的头然后再看见他的脚么？……

这段文字已充分表现出我的文章的长处和短处了。我的长处是明白清楚，短处是浅显。这时候我还不满十五岁。二十五年来，我抱定一个宗旨，做文字必须要叫人懂得，所以我从来不怕人笑我的文字浅显。

我做了一个月的白话文，胆子大起来了。忽然决心做一部长篇的章回小说。小说的题目叫作《真如岛》，用意是“破除迷信，开通民智”。我拟了四十回的回目，便开始写下去了。第一回就在《旬报》第三期上发表（丙午十月初一日），回目是：

虞善仁疑心致疾　孙绍武正论祛迷

这小说的开场一段是：

话说江西广信府贵溪县城外有一个热闹的市镇叫作神权镇，镇上有一条街叫作福儿街。这街尽头的地方有一所高大的房子。有一天下午的时候，这屋的楼上有二人在那里说话。一个是一位老人，年纪大约五十以外的光景，鬓发已略有些花白了，躺在一张床上，把头靠近床沿，身上盖了一条厚被，面上甚是消瘦，好像是重病的模样。一个是一位十八九岁的后生，生得仪容端整，气概轩昂，坐在床前一只椅子上，听那个老人说话……

我小时最痛恨道教，所以这部小说的开场就放在张天师的家乡。但我实在不知道贵溪县的地理风俗，所以不久我就把书中的主人翁孙绍武搬到我们徽州去了。

《竞业旬报》出到第十期，便停办了。我的小说续到第六回，也停止了。直到戊申年（1908年）三月十一日，《旬报》复活，第十一期才出世。但傅君剑已不来了，编辑无人负责，我也不大高兴投稿了。到了戊申七月，《旬报》第二十四期以下就归我编辑。从第二十四期到第三十八期，我做了不少的文字，有时候全期文字，从论说到时闻，差不多都是我做的。《真如岛》也从第二十四期上续作下去，续到第十一回，《旬报》停刊了，我的小说也从此停止了。这时期我改用了“铁儿”的笔名。

这几十期的《竞业旬报》给了我一个绝好的自由发表思想的机会，使我可以把在家乡和在学校得着的一点点知识和见解，整理一番，用明白清楚的文字叙述出来。《旬报》的办事人从来没有干涉我的言论，所以我能充分发挥我的思想，尤其是我对于宗教迷信的思想。例如《真如岛》小说第八回里，孙绍武这样讨论“因果”的问题：

这“因果”二字，很难说的。从前有人说，“譬如窗外这一树花儿，枝枝朵朵都是一样，何曾有什么好歹善恶的分别？不多一会，起了一阵狂风，把一树花吹一个‘花落花飞飞满天’，那许多花朵，有的吹上帘栊，落在锦茵之上；有的吹出墙外，落在粪溷之中。这落花的好歹不同，难道好说是这几枝花的善恶报应不成？”这话很是，但是我的意思却还不止此。大约这“因果”二字是有的。有了一个因，必收一个果。譬如吃饭自然会饱，吃酒自然会醉。有了吃饭吃酒两件原因，自然会生出醉饱两个结果来。但是吃饭是饭的作用生出饱来，种瓜是瓜的作用生出新瓜来。其中并没有什么人为之主宰。如果有什么人为主宰，什么上帝哪，菩萨哪，既能罚恶人于既作孽之后，为什么不能禁之于未作孽之前呢？……“天”要是真有这么大的能力，何不把天下的人个个都成了善人呢？……“天”既生了恶人，让他在世间作恶，后来又叫他受许多报应，这可不是书上说的“出尔反尔”么？……总而言之，“天”既不能使人不作恶，便不能罚那恶人……

落花一段引的是范缜的话，后半是我自己的议论。这是很不迟疑的无神论。这时候我另在《旬报》上发表了一些“无鬼丛话”，第一条就引司马温公“形既朽灭，神亦飘散，虽有剉烧舂磨，亦无所施”的话，和范缜“神之于形，犹利之于刀”的话（参看第二章）。第二条引苏东坡的诗“耕田欲雨刈欲晴，去得顺风来者怨。若使人人祷辄遂，造物应须日千变”。第三条痛骂《西游记》和《封神榜》，其中有这样的话：

夫士君子处颓敝之世，不能摩顶放踵敝口焦舌以挽滔滔之狂澜，曷若隐遁穷邃，与木石终其身！更安忍随波逐流，阿谀取容于当世，用自私利其身？（本条前面说《封神榜》的作者把书稿送给他的女儿作嫁资，其婿果然因此发财。所以此处有“自私利”的话。）天壤间果有鬼神者，则地狱之设正为此辈！此其人更安有著书资格耶！（《丛话》原是用文言作的。）

这是戊申年（1908年）八月发表的。谁也梦想不到说这话的小孩在十五年后（1923年）居然很热心地替《西游记》作两万字的考证！如果他有好材料，也许他将来还替《封神榜》作考证哩！

在《无鬼丛话》的第三条里，我还接着说：

《王制》有之："托于鬼神时日卜筮以乱众者，诛。"吾独怪夫数千年来之掌治权者，之以济世明道自期者，乃懵然不之注意，惑世诬民之学说得以大行，遂举我神州民族投诸极黑暗之世界！嗟夫，吾昔谓"数千年来仅得许多脓包皇帝，混账圣贤"，吾岂好詈人哉？吾岂好詈人哉？

这里很有"卫道"的臭味，但也可以表现我在不满十七岁时的思想路子。《丛话》第四条说：

吾尝持无鬼之说，论者或咎余，谓举一切地狱因果之说而摧陷之，使人人敢于为恶，殊悖先王神道设教之旨。此言余不能受也。今日地狱因果之说盛行，而恶人益多，民德日落，神道设教之成效果何如者！且处兹思想竞争时代，不去此种种魔障，思想又乌从而生耶？

这种夸大的口气，出于一个十七岁孩子的笔下，未免叫人读了冷笑。但我现在回看我在那时代的见解，总算是自己独立想过几年的结果，比起现今一班在几个抽象名词里翻筋斗的少年人们，我还不感觉惭愧。

《竞业旬报》上的一些文字，我早已完全忘记了。前年中国国民党的中央宣传部曾登报征求全份的《竞业旬报》，——大概他们不知道这里面一大半的文字是胡适作的，——似乎也没有效果。我靠几个老朋友的帮忙，搜求了几年，至今还不曾凑成全份。今年回头看看这些文字，真有如同隔世之感。但我很诧异的是有一些思想后来成为我的重要的出发点的，在那十七八岁的时期已有了很明白的倾向了。例如我在《旬报》第三十六期上发表一篇《苟且》，痛论随便省事不肯彻底思想的毛病，说“苟且”二字是中国历史上的一场大瘟疫，把几千年的民族精神都瘟死了。我在《真如岛》小说第十一回（《旬报》三十七期）论扶乩的迷信，也说：

程正翁，你想罢。别说没有鬼神，即使有鬼神，那关帝吕祖何等尊严，岂肯听那一二张符诀的号召？这种道理总算浅极了，稍微想一想，便可懂得。只可怜我们中国人总不肯想，只晓得随波逐流，随声附和。国民愚到这步田地，照我的眼光看来，这都是不肯思想之故。所以宋朝大儒程伊川说“学原于思”，这区区四个字简直是千古至言。——郑先生说到这里，回过头来，对翼华翼璜道：“程子这句话，你们都可写作座右铭。”

“学原于思”一句话是我在澄衷学堂读朱子《近思录》时注意到的。我后来的思想走上了赫胥黎和杜威的路上去，也正是因为我从十几岁时就那样十分看重思想的方法了。

又如那时代我在李莘伯办的《安徽白话报》上发表的一篇《论承继之不近人情》（转载在《旬报》廿九期），我不但反对承继儿子，并且根本疑问“为什么一定要儿子？”此文的末尾有一段说：

我如今要荐一个极孝顺永远孝顺的儿子给我们中国四万万同

胞。这个儿子是谁呢，便是“社会”。……

你看那些英雄豪杰仁人义士的名誉：万古流传，永不湮没；全社会都崇拜他们，纪念他们；无论他们有子孙没有子孙，我们纪念着他们，总不少减；也只为他们有功于社会，所以社会永永感谢他们，纪念他们。阿唅唅，这些英雄豪杰仁人义士的孝子贤孙多极了，多极了！……一个人能做许多有益于大众有功于大众的事业，便可以把全社会都成了他的孝子贤孙。列位要记得：儿子孙子，亲生的，承继的，都靠不住。只有我所荐的孝子顺孙是万无一失的。

这些意思，最初起于我小时看见我的三哥出继珍伯父家的痛苦情形，是从一个真问题上慢慢想出来的一些结论。这一点种子，在四五年后，我因读培根（Bacon）的论文有点感触，在日记里写成我的“无后主义”。在十年以后，又因为我母亲之死引起了一些感想，我才写成《不朽：我的宗教》一文，发挥“社会不朽”的思想。

这几十期的《竞业旬报》，不但给了我一个发表思想和整理思想的机会，还给了我一年多作白话文的训练。清朝末年出了不少的白话报，如《中国白话报》《杭州白话报》《安徽俗话报》《宁波白话报》《潮州白话报》，都没有长久的寿命。光绪宣统之间，范鸿仙等办《国民白话日报》，李莘伯办《安徽白话报》，都有我的文字，但这两个报都只有几个月的寿命。《竞业旬报》出到四十期，要算最长寿的白话报了。我从第一期投稿起，直到他停办时止，中间不过有短时期没有我的文字。和《竞业旬报》有编辑关系的人，如傅君剑，如张丹斧，如叶德争，都没有我的长久关系，也没有我的长期训练。我不知道我那几十篇文字在当时有什么影响，但我知道这一年多的训练给了我自己绝大的好处，白话文从此成了我的一种工具。七八年之后，这件工具使我能够在中国文学革命的运动里做了一个开路的工人。

三

我进中国公学不到半年，就得了脚气病，不能不告假医病。住在上海南市瑞兴泰茶叶店里养病，偶然翻读吴汝纶选的一种古文读本，其中第四册全是古诗歌。这是我第一次读古体诗歌，我忽然感觉很大的兴趣。病中每天读熟几首。不久就把这一册古诗读完了。我小时曾读一本律诗，毫不觉得有兴味；这回看了这些乐府歌辞和五七言诗歌，才知道诗歌原来是这样自由的，知道做诗原来不必先学对仗。我背熟的第一首诗是《木兰辞》，第二首是《饮马长城窟行》，第三是《古诗十九首》，一路下去，直到陶潜、杜甫，我都喜欢读。读完了吴汝纶的选本，我又在二哥的藏书里寻得了《陶渊明集》和《白香山诗选》，后来又买了一部《杜诗镜诠》。这时代我专读古体歌行，不肯再读律诗；偶然也读一些五七言绝句。

有一天，我回学堂去，路过竞业旬报社，我进去看傅君剑，他说不久就要回湖南去了。我回到了宿舍，写了一首送别诗，自己带给君剑，问他像不像诗。这诗我记不得了，只记得开端是“我以何因缘，得交傅君剑”。君剑很夸奖我的送别诗，但我终有点不自信。过了一天，他送了一首《留别适之即和赠别之作》来，用日本卷笺写好，我打开一看，真吓了一跳。他诗中有“天下英雄君与我，文章知己友兼师”两句，在我这刚满十五岁的小孩子的眼里，这真是受宠若惊了！“难道他是说谎话哄小孩子吗？”我忍不住这样想。君剑这幅诗笺，我赶快藏了，不敢给人看。然而他这两句鼓励小孩子的话可害苦我了！从此以后，我就发愤读诗，想要做个诗人了。有时候，我在课堂上，先生在黑板上解高等代数的算式，我却在斯密司的《大代数学》底下翻《诗韵合璧》，练习簿上写的不是算式，是一首未完的纪游诗。一两年前我半夜里偷点着蜡烛，伏在枕头上演习代数问题，那种算学兴趣现在都被做诗的新兴趣赶跑了！我在病脚气的几个月之中发现了一个新世界，同时也决定了我一生的命运。我从此走上了文学史学的路，后来几次想矫正回来，想走到自然科学的路上去，但兴趣已深，习惯已成，终无法挽回了。

丁未正月（1907年）我游苏州，三月与中国公学全体同学旅行到杭州，我都有诗纪游。我那时全不知道"诗韵"是什么，只依家乡的方音，念起来同韵便算同韵，在西湖上写了一首绝句，只押了两个韵脚，杨千里先生看了大笑，说，一个字在"尤"韵，一个字在"萧"韵。他替我改了两句，意思全不是我的了。我才知道做诗要硬记《诗韵》，并且不妨牺牲诗的意思来迁就诗的韵脚。

丁未五月，我因脚气病又发了，遂回家乡养病。（我们徽州人在上海得了脚气病，必须赶紧回家乡，行到钱塘江的上游，脚肿便渐渐退了。）我在家中住了两个多月，母亲很高兴。从此以后，我十年不归家（1907年—1917年），那是母亲和我都没有料到的。那一次在家，和近仁叔相聚甚久，他很鼓励我作诗。在家中和路上我都有诗。这时候我读了不少白居易的诗，所以我这时期的诗，如在家乡做的《弃父行》，很表现《长庆集》的影响。

丁未以后，我在学校里颇有少年诗人之名，常常和同学们唱和。有一次我做了一首五言律诗，押了一个"赖"字韵，同学和教员和作的诗有十几首之多。同学中如汤昭（保民）、朱经（经农）、任鸿隽（叔永）、沈翼孙（燕谋）等，都能作诗；教员中如胡梓方先生、石一参先生等，也都爱提倡诗词。梓方先生即是后来出名的诗人胡诗庐，这时候他教我们的英文，英文教员能作中国诗词，这是当日中国公学的一种特色。还有一位英文教员姚康侯先生，是辜鸿铭先生的学生，也是很讲究中国文学的。辜先生译的《痴汉骑马歌》，其实是姚康侯先生和几位同门修改润色的。姚先生在课堂上常教我们翻译，从英文译汉文，或从汉文译英文。有时候，我们自己从读本里挑出爱读的英文诗，邀几个能诗的同学分头翻译成中国诗，拿去给姚先生和胡先生评改。姚先生常劝我们看辜鸿铭译的《论语》，他说这是翻译的模范。但五六年后，我得读辜先生译的《中庸》，感觉很大的失望。大概当时所谓翻译，都侧重自由的意译，务必要“典雅”“而不妨变动原文的意义与文字”。这种训练也有他的用处，可以使学生时时想到中西文字异同之处，时时想某一句话应该怎样翻译，才可算“达”与“雅”。我记得我们试译一首英文诗，中有Scarecrow一个字，我们大家想了几天，想不出一个典雅的译法。但是这种功夫，现在回想起来，不算是浪费了的。

我初学作诗，不敢作律诗，因为我不曾学过对对子，觉得那是很难的事。戊申（1908年）以后，我偶然试作一两首五言律诗来送朋友，觉得并不很难，后来我也常常作五七言律诗了。作惯律诗之后，我才明白这种体裁是似难而实易的把戏；不必有内容，不必有情绪，不必有意思，只要会变戏法，会搬运典故，会调音节，会对对子，就可以诌成一首律诗。这种体裁最宜于作没有内容的应酬诗，无论是殿廷上应酬皇帝，或寄宿舍里送别朋友，把头摇几摇，出了中间两联，凑上一头一尾，就是一首诗了；如果是限韵或和韵的诗，只消从韵脚上去着想，那就更容易了。大概律诗的体裁和步韵的方法所以不能废除，正因为这都是最方便的戏法。我那时读杜甫的五言律诗最多，所以我作的五律颇受他的影响。七言律诗，我觉得没有一首能满意的，所以我作了几首之后就不作了。

现在我把我在那时作的诗抄几首在这里，也算一个时期的纪念：

秋日梦返故居（戊申八月）

秋高风怒号，客子中怀乱。抚枕一太息，悠悠归里闬。

入门拜慈母，母方抚孙玩。齐儿见叔来，牙牙似相唤。

拜母复入室，诸嫂同炊爨。问答乃未已，举头日已旰。

方期长聚首，岂复疑梦幻？年来历世故，遭际多忧患。

耿耿苦思家，听入讥斥鷃。（玩字原作弄，是误用方音，前年改玩字。）

军人梦

（译Thomas Campbell's A Soldier's Dream）（戊申）

笳声销歇幕云沉，耿耿天河灿列星。

战士创痍横满地，倦者酣眠创者逝。

枕戈藉草亦蘧然，时见刍人影摇曳。

长夜沉沉夜未央，陶然入梦已三次。

梦中忽自顾，身已离行伍，秋风拂襟袖，独行殊踽踽，

惟见日东出，迎我归乡土。纵横阡陌间，尽是钓游迹，

时闻老农刈稻歌，又听牛羊嗥山脊。

归来戚友成燕集，誓言不复相离别。

娇儿数数亲吾额，少妇情深自呜咽。

举室争言君已倦，幸得归休免征战。

惊回好梦日熹微，梦魂渺渺成虚愿。（刍人原作刍灵，今年改。）

酒醒（己酉）

酒能销万虑，已分醉如泥。烛泪流干后，更声断续时。

醒来还苦忆，起坐一沉思。窗外东风峭，星光淡欲垂。

女优陆菊芬演《纺棉花》（己酉）

永夜亲机杼，悠悠念远人。朱弦纤指弄，一曲翠眉颦。

满座天涯客，无端旅思新。未应儿女语，争奈不胜春！

秋柳有序（己酉）

秋日适野，见万木皆有衰意。而柳以弱质，际兹高秋，独能迎风而舞，意态自如。岂老氏所谓能以弱者存耶？感而赋之。

但见萧飕万木摧，尚余垂柳拂人来。

西风莫笑长条弱，也向西风舞一回。

（西风莫笑，原作“凭君漫说”，民国五年改。长条原作“柔条”，十八年改。）

（原载1931年12月10日《新月》第3卷第10号）

中国公学，1906年4月10日建校，坐落于北四川路横滨侨民房，后迁至吴淞炮台湾。胡适于1906年至1909年在这里读书。

1909年，18岁的胡适已经担任《竞业旬报》的主编，
并任中国新公学教员。

1910

我怎样到外国去

一

戊申（1908年）九月间，中国公学闹出了一次大风潮，结果是大多数学生退学出来，另组织一个中国新公学。这一次的风潮为的是一个宪法的问题。

中国公学在最初的时代，纯然是一个共和国家，评议部为最高立法机关，执行部的干事即由公选产生出来。不幸这种共和制度实行了九个月（丙午二月至十一月），就修改了。修改的原因约有几种：一是因为发起的留日学生逐渐减少，而新招来的学生逐渐加多，已不是当初发起时学生与办事人完全不分界限的情形了。二是因为社会和政府对于这种共和制度都很疑忌。三是因为公学既无校舍，又无基金，有请求官款补助的必要，所以不能避免外界对于公学内部的疑忌。

为了这种种原因，公学的办事人就在丙午年（1906年）的冬天，请了郑孝胥、张謇、熊希龄等几十人作中国公学的董事，修改章程，于是学生主体的制度就变成了董事会主体的制度。董事会根据新章程，公举郑孝胥为监督。一年后，郑孝胥辞职，董事会又举夏敬观为监督。这两位都是有名的诗人，他们都不常到学校，所以我们也不大觉得监督制的可畏。可是在董事会与监督之下，公学的干事就不能由同学公选了。评议部是新章所没有的。选举的干事改为学校聘任的教务长，庶务长，斋务长了。这几位办事人，外面要四出募捐，里面要担负维持学校的责任，自然感觉他们的地位有稳定的必要。况且前面已说过，校章的修改也不是完全没有理由的。但我们少年人可不能那样想。中国公学的校章上明明载着"非经全体三分之二承认，不得修改"。这是我们的宪法上载着的唯一的修正方法。三位干事私自修改校章，是非法的。评议部的取消也是非法的。这里面也还有个人的问题。当家日子久了，总难免"猫狗皆嫌"。何况同学之中有许多本是干事诸君的旧日同辈的朋友呢？在校上课的同学自然在学业上日日有长进，而干事诸君办事久了，学问上没有进境，却当着教务长一类的学术任务，自然有时难免受旧同学的轻视。法的问题和这种人的问题混合在一块，风潮就不容易避免了。

代议制的评议部取消之后，全体同学就组织了一个"校友会"，其实就等于今日各校的学生会。校友会和三干事争了几个月，干事答应了校章可由全体学生修改。又费了几个月的时间，校友会把许多修正案整理成一个草案，又开了几次会，才议定了一本校章。一年多的争执，经过了多少度的磋商，新监督夏先生与干事诸君均不肯承认这新改的校章。

到了戊申（1908年）九月初三日，校友会开大会报告校章交涉的经过，会尚未散，监督忽出布告，完全否认学生有订改校章之权，这竟是完全取消干事承认全体修改校章的布告了。接着又出了两道布告，一道说"集会演说，学堂悬为厉禁……校友会以后不准再行开会"。一道说学生代表朱经、朱绂华"倡首煽众，私发传单，侮辱职员，要挟发布所自改印章程，屡诫不悛，纯用意气，实属有意破坏公学。照章应即斥退，限一日内搬移出校"。

初四日，全体学生签名停课，在操场上开大会。下午干事又出布告，开除学生罗君毅、周烈忠、文之孝等七人，并且说“如仍附从停课，即当将停课学生全行解散，另行组织”。初五日，教员出来调停，想请董事会出来挽救。但董事会不肯开会。初七日学生大会遂决议筹备万一学校解散后的办法。

初八日，董事陈三立先生出来调停，但全校人心已到了很激昂的程度，不容易挽回了。初九日，校中布告：“今定于星期日暂停膳食，所有被胁诸生可先行退出校外，暂住数日。准于今日午后一时起，在寰球中国学生会发给旅膳费。俟本公学将此案办绍后，再行布告来校上课。”

这样的压迫手段激起了校中绝大多数同学的公愤。他们决定退学，遂推举干事筹备另创新校的事。退学的那一天，秋雨淋漓，大家冒雨搬到爱尔近路庆祥里新租的校舍里。厨房虽然寻来了一家，饭厅上桌凳都不够，碗碟也不够。大家都知道这是我们自己创立的学校，所以不但不叫苦，还要各自掏腰包，捐出钱来作学校的开办费。有些学生把绸衣、金表，都拿去当了钱来捐给学堂作开办费。

十天之内，新学校筹备完成了，居然聘教员，排功课，正式开课了。校名定为“中国新公学”；学生有一百六七十人。在这风潮之中，最初的一年因为我是新学生，又因为我告了长时期的病假，所以没有参与同学和干事的争执；到了风潮正激烈的时期，我被举为大会书记，许多记录和宣言都是我做的，虽然不在被开除之列，也在退学之中。朱经、李琴鹤、罗君毅被举作干事。有许多旧教员都肯来担任教课。学校虽然得着社会上一部分人的同情，捐款究竟很少，经费很感觉困难。李琴鹤君担任教务干事，有一天他邀我到他房里谈话，他要我担任低级各班的英文，每星期教课三十点钟，月薪八十元；但他声明，自家同学作教员，薪俸是不能全领的，总得欠着一部分。

我这时候还不满十七岁，虽然换了三个学堂，始终没有得着一张毕业证书。我若继续上课，明年可以毕业了。但我那时确有不能继续求学的情形。我家本没有钱。父亲死后，只剩几千两的存款，存在同乡店里生息，一家人全靠这点出息过日子。后来存款的店家倒账了，分摊起来，我家分得一点小店业。我的二哥是个有干才的人，他往来汉口上海两处，把这点小店业变来变去，又靠他的同学朋友把他们的积蓄寄存在他的店里，所以他能在几年之中合伙撑起一个规模较大的瑞兴泰茶叶店。但近几年之中，他的性情变了，一个拘谨的人变成了放浪的人；他的费用变大了，精力又不能贯注到店事，店中所托的人又不很可靠，所以店业一年不如一年。后来我家的亏空太大了，上海的店业不能不让给债权人。当戊申的下半年，我家只剩汉口一所无利可图的酒栈（两仪栈）了。这几个月以来，我没有钱住宿舍，就寄居在《竞业旬报》社里（也在庆祥里）。从七月起，我担任《旬报》的编辑，每出一期报，社中送我十块钱的编辑费。住宿和饭食都归社中担负。我家中还有母亲，眼前就得要我寄钱赡养了。母亲也知道家中破产就在眼前，所以寄信来要我今年回家去把婚事办了。我斩钉截铁的阻止了这件事，名义上是说求学要紧，其实是我知道家中没有余钱给我办婚事，我也没有钱养家。

正在这个时候，李琴鹤君来劝我在新公学作教员。我想了一会，就答应了。从此以后，我每天教六点钟的英文，还要改作文卷子。十七八岁的少年人，精力正强，所以还能够勉强支持下去，直教到第二年（1909年）冬天中国新公学解散时为止。

以学问论，我那时怎配教英文？但我是个肯负责任的人，肯下苦功去预备功课，所以这一年之中还不曾有受窘的时候。我教的两班后来居然出了几个有名的人物：饶毓泰（树人）、杨铨（杏佛）、严庄（敬斋），都做过我的英文学生。后来我还在校外收了几个英文学生，其中有一个就是张奚若。可惜他们后来都不是专习英国文学；不然，我可真“抖”了。

《竞业旬报》停刊之后，我搬进新公学去住。这一年的教书生活虽然很苦，于我自己却有很大的益处。我在中国公学两年，受姚康侯和王云五两先生的影响很大，他们都最注重文法上的分析，所以我那时虽不大能说英国话，却喜欢分析文法的结构，尤其喜欢拿中国文法来做比较。现在做了英文教师，我更不能不把字字句句的文法弄的清楚。所以这一年之中，我虽没有多读英国文学书，却在文法方面得着很好的练习。

中国新公学在最困苦的情形之下支持一年多，这段历史是很悲壮的。那时候的学堂多不讲究图书仪器的设备，只求做到教员好，功课紧，管理严，就算好学堂了。新公学的同学因为要争一口气，所以成绩很好，管理也不算坏。但经费实在太穷，教员只能拿一部分的薪俸，干事处常常受收房捐和收巡捕捐的人的恶气；往往因为学校不能付房捐与巡捕捐，同学们大家凑出钱来，借给干事处。有一次干事朱经农君（即朱经）感觉学校经费困难已到了绝地，他忧愁过度，神经错乱，出门乱走，走到了徐家汇的一条小河边，跳下河去，幸遇人救起，不曾丧命。

这时候，中国公学的吴淞新校舍已开始建筑了，但学生很少。内地来的学生，到了上海，知道了两个中国公学的争持，大都表同情于新公学，所以新公学的学生总比老公学多。例如张奚若（原名耘）等一些陕西学生，到了上海，赶不上招考时期，他们宁可在新公学附近租屋补习，却不肯去老公学报名。所以“中国新公学”的招牌一天不去，“中国公学”是一天不得安稳发展的。老公学的职员万不料我们能支持这么久。他们也知道我们派出去各省募捐的代表，如朱绂华、朱经农、薛传斌等，都有有力的介绍，也许有大规模的官款补助的可能。新公学募款若成功，这个对峙的局面更不容易打消了。

老公学的三干事之中，张邦杰先生（俊生）当风潮起时在外省募款未归；他回校后极力主张调停，收回退学的学生。不幸张先生因建筑吴淞校舍，积劳成病，不及见两校的合并就死了。新公学董事长李平书先生因新校经济不易维持，也赞成调停合并。调停的条件大致是：凡新公学的学生愿意回去的，都可回去；新公学的功课成绩全部承认；新公学所有亏欠的债务，一律由老公学担负清偿。新公学一年之中亏欠已在一万元以上，捐款究竟只是一种不能救急的希望；职员都是少年人，牺牲了自己的学业来办学堂，究竟不能持久。所以到了己酉（1909年）十月，新公学接受了调停的条件，决议解散：愿回旧校者，自由回去。我有题新校合影的五律二首，七律一首，可以纪念我们在那时候的感情，所以我抄在这里：

十月题新校合影时公学将解散

无奈秋风起，艰难又一年。

颠危俱有责，成败岂由天？

黯黯愁兹别，悠悠祝汝贤。

不堪回首处，沧海已桑田。

此地一为别，依依无限情。

凄凉看日落，萧瑟听风鸣。

应有天涯感，无忘城下盟！

相携入图画，万虑苦相萦。

十月再题新校教员合影

也知胡越同舟谊，无奈惊涛动地来。

江上飞鸟犹绕树，尊前残蜡已成灰。

昙花幻想空余恨，鸿爪遗痕亦可哀。

莫笑劳劳作刍狗，且论臭味到岑苔。

这都算不得诗，但“应有天涯感，无忘城下盟”两句确是当时的心理。合并之后，有许多同学都不肯回老公学去，也是为此。

这一年的经验，为一个理想而奋斗，为一个团体而牺牲，为共同生命而合作，这些都在我们一百六十多人的精神上留下磨不去的影子。二十年来，无人写这一段历史，所以我写这几千字，给我的一班老同学留一点“鸿爪遗痕”。

少年人的理想主义受打击之后，反动往往是很激烈的。在戊申己酉（1908年—1909年）两年之中，我的家事败坏到不可收拾的地步。己酉年，大哥和二哥回家，主张分析家产；我写信回家，说我现在已能自立了，不要家中的产业。其实家中本没有什么产业可分，分开时，兄弟们每人不过得着几亩田，半所屋而已。那一年之中，我母亲最心爱的一个妹子和一个弟弟先后死了，她自己也病倒了。我在新公学解散之后，得了两三百元的欠薪，前途茫茫，毫无把握，哪敢回家去？只好寄居在上海，想寻一件可以吃饭养家的事。在那个忧愁烦闷的时候，又遇着一班浪漫的朋友，我就跟着他们堕落了①。

二十一，九，二十七

二

中国新公学有一个德国教员，名叫何德梅（Ottomeir），他的父亲是德国人，母亲是中国人，他能说广东话、上海话、官话，什么中国人的玩意儿，他全会。我从新公学出来，就搬在他隔壁的一所房子里住，这两所房子是通的，他住东屋，我和几个四川朋友住西屋。和我同住的人，有林君墨（恕）、但怒刚（懋辛）诸位先生；离我们不远，住着唐桂梁（蟒）先生，是唐才常的儿子。这些人都是日本留学生，都有革命党的关系；在那个时候各地的革命都失败了，党人死的不少，这些人都很不高兴，都很牢骚。何德梅常邀这班人打麻将，我不久也学会了。我们打牌不赌钱，谁赢谁请吃雅叙园。我们这一班人都能喝酒，每人面前摆一大壶，自斟自饮。从打牌到喝酒，从喝酒又到叫局，从叫局到吃花酒，不到两个月，我都学会了。

①这一段是去年（1931年）夏间写的，写成之后，我恐怕我的记载有不正确或不公平的地方，所以把原稿送给王敬芳先生（抟沙），请他批评修改。他是我们攻击的干事之一，是当日风潮的一个主要目标。但事隔二十多年，我们都可以用比较客观的眼光来回看当年的旧事了。他看了之后，写了一封几千字的长信给我，承认我的话“说的非常心平气和，且设身处地的委曲体谅，令我极端佩服”，又指出一些与当日事实不符的地方。他指出的错误，我都改正了。所以这一段小史，虽是二十多年后追记的，应该没有多大的错误。我感谢王先生的修正，并且盼望我的老同学朱经农、罗君毅诸先生也给我同样的修正。

王先生在他的长信里说了几句很感慨的话，我认为很值得附录在此。他说：“我是当初反对取缔规则最力的人，但是今日要问我取缔规则到底对于中国学生有多大害处，我实在答应不出来。你是当时反对公学一方的人，看你这篇文章，今昔观察也就不同的多了。我想青年人往往因感情的冲动，理智便被压抑了。中国学校的风潮，大多数是由于这种原因。学校中少一分风潮，便多一分成就。盼望你注意矫正这种流弊。”我是赞成这话的，但是我要补充一句：学校的风潮不完全由于青年人的理智被感情压抑了，其中往往是因为中年人和青年人同样的失去了运用理智的能力。专责备青年人是不公允的。中国公学最近几次的风潮都是好例子。——作者原注。

幸而我们都没有钱，所以都只能玩一点穷开心的玩意儿：赌博到吃馆子为止，逛窑子到吃“镶边”的花酒或打一场合股份的牌为止。有时候，我们也同去看戏。林君墨和唐桂梁发起学唱戏，请了一位小喜禄来教我们唱戏，同学之中有欧阳予倩，后来成了中国戏剧界的名人。我最不行，一句也学不会，不上两天我就不学了。此外，我还有一班小朋友，同乡有许怡荪、程乐亭、章希吕诸人，旧同学有郑仲诚、张蜀川、郑铁如诸人。怡荪见我随着一班朋友发牢骚，学堕落，他常常规劝我。但他在吴淞复旦公学上课，是不常来的，而这一班玩的朋友是天天见面的，所以我那几个月之中真是在昏天黑地里胡混，有时候，整天的打牌；有时候，连日的大醉。

有一个晚上，闹出乱子来了。那一晚我们在一家“堂子”里吃酒，喝的不少了，出来又到一家去“打茶围”。那晚上雨下的很大，下了几点钟还不止。君墨，桂梁留我打牌，我因为明天要教书（那时我在华童公学教小学生的国文），所以独自雇人力车走了。他们看我能谈话，能在一叠“局票”上写诗词，都以为我没有喝醉，也就让我一个人走了。

其实我那时已大醉了，谈话写字都只是我的“下意识”的作用，我全不记忆。出门上车以后，我就睡着了。

直到第二天天明时，我才醒来，眼睛还没有睁开，就觉自己不是睡在床上，是睡在硬的地板上！我疑心昨夜喝醉了，睡在家中的楼板上，就喊了一声“老彭”！——老彭是我雇的一个湖南仆人。喊了两声，没有人答应，我已坐起来了，眼也睁开了。

奇怪的很！我睡在一间黑暗的小房里，只有前面有亮光，望出去好像没有门。我仔细一看，门外不远还好像有一排铁栅栏。我定神一听，听见栏杆外有皮鞋走路的声响。一会儿，狄托狄托的走过来了，原来是一个中国巡捕走过去。

我有点明白了，这大概是巡捕房，只不知道我怎样到了这儿来的。我想起来问一声，这时候才觉得我一只脚上没有鞋子，又觉得我身上的衣服都是湿透了的。我摸来摸去，摸不着那一只皮鞋；只好光着一只袜子站起来，扶着墙壁走出去，隔着栅栏招呼那巡捕，问他这是什么地方。

他说："这是巡捕房。"

"我怎么会进来的？"

他说："你昨夜喝醉了酒，打伤了巡捕，半夜后进来的。"

"什么时候我可以出去？"

"天刚亮一会儿，早呢！八点钟有人来，你就知道了。"

我在亮光之下，才看见我的旧皮袍不但是全湿透了，衣服上还有许多污泥。我觉得脸上有点疼，用手一摸，才知道脸上也有污泥，并且有破皮的疤痕。难道我真同人打了架吗？

这是一个春天的早晨，一会儿就是八点钟了。果然有人来叫我出去。

在一张写字桌边，一个巡捕头坐着，一个浑身泥污的巡捕立着回话，那巡捕头问：

"就是这个人？"

"就是他。"

"你说下去。"

那浑身泥污的巡捕说：

"昨夜快十二点钟时候，我在海宁路上班，雨下的正大，忽然（他指着我）他走过来了，手里拿着一只皮鞋敲着墙头，狄托狄托的响。我拿巡捕灯一照，他开口就骂。"

“骂什么？”

“他骂‘外国奴才’！我看他喝醉了，怕他闯祸，要带他到巡捕房里来。他就用皮鞋打我，我手里有灯，抓不住他，被他打了好几下。后来我抱住他，抢了他的鞋子，他就和我打起来了。两个人抱住不放，滚在地上。下了一夜的大雨，马路上都是水，两个人在泥水里打滚。我的灯也打碎了，身上脸上都被他打了。他脸上的伤是石头上擦破了皮。我吹叫子，唤来了一部空马车，两个马夫帮我捉住他，关在马车里，才能把他送进来。我的衣服是烘干了，但是衣服上的泥都不敢弄掉，这都是在马路当中滚的。”

我看他脸上果然有伤痕，但也像是擦破了皮，不像是皮鞋打的。他解开上身，也看不出什么伤痕。

巡捕头问我，我告诉了我的真实姓名和职业，他听说我是在华童公学教书的，自然不愿得罪我。他说，还得上堂问一问，大概要罚几块钱。

他把桌子上放着的一只皮鞋和一条腰带还给我。我穿上了鞋子，才想起我本来穿有一件缎子马褂。我问他要马褂，他问那泥污的巡捕，他回说：“昨夜他就没有马褂。”

我心里明白了。

我住在海宁路的南林里，那一带在大雨的半夜里很冷静的。我上了车就睡着了。车夫到了南林里附近，一定是问我到南林里第几弄。我大概睡的很熟，不能回答了。车夫叫我不醒，也许推我不醒，他就起了坏心思，把我身上的钱摸去了，又把我的马褂剥去了。帽子也许是他拿去了的，也许是丢了的。他大概还要剥我的皮袍，不想这时候我的“下意识”醒过来了，就和他抵抗。那一带是没有巡捕的，车夫大概是拉了车子跑了，我大概追他不上，自己也走了。皮鞋是跳舞鞋式的，没有鞋带，所以容易掉下来；也许是我跳下车来的时候就掉下来了，也许我拾起了一只鞋子来追赶那车夫。车夫走远了，我赤着一只脚在雨地里自然追不上。我慢慢地依着“下意识”走回去，醉人往往爱装面子，所以我丢了东西反而唱起歌来了，——也许唱歌是那个巡捕的胡说，因为我的意识生活是不会唱歌的。

这是我自己用想象来补充的一段，是没有法子证实的了。但我想到在车上熟睡的一段，不禁有点不寒而栗，身上的水湿和脸上的微伤哪能比那时刻的生命的危险呢？

捕头许我写一封短信叫人送到我的家中。那时候郑铁如（现在的香港中国银行行长）住在我家中，我信上托他带点钱来准备做罚款。

上午开堂问事的时候，几分钟就完了，我被罚了五元，做那个巡捕的养伤费和赔灯费。

我到了家中，解开皮袍，里面的棉袄也湿透了，一解开来，里面热气蒸腾：湿衣裹在身上睡了一夜，全蒸热了！我照镜子，见脸上的伤都只是皮肤上的微伤，不要紧的。可是一夜的湿气倒是可怕。

同住的有一位四川医生，姓徐，医道颇好。我请他用猛药给我解除湿气。他下了很重的泻药，泄了几天；可是后来我手指上和手腕上还发出了四处的肿毒。

那天我在镜子里看见我脸上的伤痕和浑身的泥湿，我忍不住叹一口气，想起“天生我材必有用”的诗句，心里百分懊悔，觉得对不住我的慈母，——我那在家乡时时刻刻悬念着我，期望着我的慈母！我没有掉一滴眼泪，但是我已经过了一次精神上的大转机。

我当日在床上就写信去辞了华童公学的职务，因为我觉得我的行为玷辱了那个学校的名誉。况且我已决心不做那教书的事了。

那一年（庚戌，1910年）是考试留美赔款官费的第二年。听说，考试取了备取的还有留在清华学校的希望。我决定关起门来预备去应考试。

许怡荪来看我，也力劝我摆脱一切去考留美官费。我所虑的有几点：一是要筹养母之费，二是要还一点小债务，三是要筹两个月的费用和北上的旅费。怡荪答应替我去设法。后来除他自己之外，帮助我的有程乐亭的父亲松堂先生，和我的族叔祖节甫先生。

我闭户读了两个月的书，就和二哥绍之一同北上。到了北京，蒙二哥的好朋友杨景苏先生（志洵）的厚待，介绍我住在新在建筑中的女子师范学校（后来的女师大）校舍里，所以费用极省。在北京一个月，我不曾看过一次戏。

杨先生指点我读旧书，要我从《十三经注疏》用功起。我读汉儒的经学，是从这个时候起的。

留美考试分两场，第一场考国文英文，及格者才许考第二场的各种科学。国文试题为《不以规矩不能成方圆说》，我想这个题目不容易发挥，又因我平日喜欢看杂书，就做了一篇乱谈考据的短文，开卷就说：

矩之作也，不可考矣。规之作也，其在周之末世乎？

下文我说《周髀算经》作圆之法足证其时尚不知道用规作圆；又孔子说“不逾矩”，而不并举规矩，至墨子、孟子始以规矩并用，足证规之晚出。这完全是一时异想天开的考据，不料那时看卷子的先生也有考据癖，大赏识这篇短文，批了一百分。英文考了六十分，头场平均八十分，取了第十名。第二场考的各种科学，如西洋史，如动物学，如物理学，都是我临时抱佛脚预备起来的，所以考的很不得意。幸亏头场的分数占了大便宜，所以第二场我还考了个第五十五名。取送出洋的共七十名，我很挨近榜尾了。

南下的旅费是杨景苏先生借的。到了上海，节甫叔祖许我每年遇必要时可以垫钱寄给我的母亲供家用。怡荪也答应帮助。没有这些好人的帮忙，我是不能北去，也不能放心出国的。

我在学校里用胡洪骍的名字；这回北上应考，我怕考不取为朋友学生所笑，所以临时改用胡适的名字。从此以后，我就叫胡适了。

二十一，九，二十七夜。

（原载1932年11月10日《新月》第4卷第4号）

1911—1917
从绮色佳到北京

1914

胡适对于政治的兴趣，源于1912年的美国大选。“大选之年也是美国最有趣和兴奋的年头。威尔逊是这一年民主党的候选人。同时共和党一分为二。当权的塔夫脱总统领导着保守派。前总统老罗斯福却领导了自共和党分裂出来的进步党，它是美国当时的第三大党。罗氏也就是该党的领袖和总统候选人。这一年，三党势均力敌，旗鼓相当，因而连外国学生都兴奋得不得了。”（唐德刚整理《胡适口述自传》）

同时，康奈尔大学政治系新聘了一位教授，山姆·奥兹。教授美国政府和政党。“我一直认为奥兹教授是我生平所遇到的最好的教授之一。”奥兹教授对历史很熟，从美国开国时期的联邦系到20世纪初的进步党的政治领袖和政党都甚为清楚。

另外，奥兹教授还要求胡适一班学生多多参与绮色佳城一带举行的每一个政治集会。此篇就是因此而写。

绮色佳城[①]公民议会旁听记

今夜Professor Barnes来邀往旁听绮色佳城之“公民议会”（Common Council）。会员到者八人，与市长（Mayor）、市律师（City Attorney）及市秘书（CityClerk）共十一人。市长为Mr. Thomas Tree，旧相识也。

第一事为推广市界一案。此城日益发达，非扩张不可。惟市界以外之田产，向之不纳市税者，今皆在可税之列，故有界外之田产者尽力反对，扩界之举，久延未决。今夜为最后之决议，唱名表决，卒得通过。闻此案将咨呈省议会议决，如得通过，仍须市民投票表决，盖此为本市宪章（Charter）之修改案，故慎重如此也。此案未决时，有旁听者数人，盖皆界外蓄产者。会员有所疑问，旁观者如咨询及之，亦可对答。其人于界线所在，距湖若干丈尺，距公园若干丈尺，皆一一能举之若指诸掌，其精明可畏也。案既通过，其人皆散去，独余与二报馆访员在耳。此后所决诸事，皆不甚紧要。

有二事甚有趣，记之：一为市民某，道行仆冰上受伤，因具状控市政府，谓其不应令坚冰久积道上以害行人，索偿金一万元为医药费。一为大学中有所谓Telluride Association者，为学生兄弟会（Fraternity）之一，会所颇壮丽，市政府征其房税，会中抗不缴

①ithaca，美国纽约州东部的一个小城镇，康奈尔大学所在地。

纳，自谓为教育的及慈善的事业（此邦凡教育慈善之事业，可免税），宜在免税之列。市政府以为此会与他种兄弟会无异，不得故为区别。坚持数年不决，会中控丁高等法庭。前日法庭判语，谓此会实为教育的及慈善的事业，可援免税之例。今夜市政府律师报告此会之秘密内容：盖此会设于一富人（其人尝为Telluride Co. 之主者故名），有总会在Utab省。其法择青年之有志向学，又能刻苦自食其力至一年以上者，为资送至一种预备学校，令预备入大学之课程。其入大学者，每人岁得千金，由总会在各名大学筑屋为会所，供具都备。会员须成绩优美；其无所表见者，停止其费。卒业之后，各就所业觅事，总会不索其一文之酬报（会员大抵都习工科，亦间有习他科者）。此种慈善事业，真可嘉叹，免其征税，不亦宜乎！

是夜最可玩味之辩论，乃在最后一案，为救火会事。本市有救火会九所，会员皆市民为之，无俸给。每会自成一党，各奋勇为本会争荣誉，其视他会俨若敌国，各谋得公款为本会购救火机器及他种器械，其运动奔走之烈，殊非局外人所可梦见。此次亦以第一会与第七会争款事为议案。议员中有救火会中人，为救火会辩护甚力。其财政部股员则以财绌不支为言。警政部股员则调停其间。市长则以会多靡费巨，而散漫无能统一为诟病，谓宜从根本上着力，重行组织，使诸会统于一司，既不致靡费，又可收指臂互应之效。议论甚有趣，余增长见闻不少。吾于此事有所感焉：

（一）市民之踊跃从公，可敬也。

（二）此间市政府去年费万九千六百金为火政之费，其重火政，可法也。

（三）事权不统一之害，朋党私见之弊，几令极好之事业为社会诟病，可畏也。

此等议会真可增长知识，觇国者万不可交臂失之。吾去年在美京，每得暇辄至国会旁听，尤数至众议院，然所见闻，不如此间之切实有味也。

会员一为大学教习，余皆本市商人也。吾友告余：一为雪茄烟商，一为牛乳肆主，一为杂货店书记生，一为煤商，一为建筑工师。今市长为大学女子宿舍执事人。前市长余亦识之，尝为洗衣工，今为洗衣作主人。其共和平权之精神可风也。

——1914年2月4日

1914年的绮色佳城议会厅。

1914

我国之“家族的个人主义”

吾常语美洲人士，以为吾国家族制度，子妇有养亲之责，父母衰老，有所倚依，此法远胜此邦个人主义之但以养成自助之能力，而对于家庭不负养赡之责也；至今思之，吾国之家族制，实亦有大害，以其养成一种依赖性也。吾国家庭，父母视子妇如一种养老存款（Oldagepension），以为子妇必须养亲，此一种依赖性也。子妇视父母遗产为固有，此又一依赖性也。甚至兄弟相倚依，以为兄弟有相助之责。再甚至一族一党，三亲六戚，无不相倚依。一人成佛，一族飞升，一子成名，六亲聚瞰之，如蚁之附骨，不以为耻而以为当然，此何等奴性！真亡国之根也！夫子妇之养亲，孝也，父母责子妇以必养，则依赖之习成矣；西方人之稍有独立思想者，不屑为也。吾见有此邦人，年五六十岁，犹自食其力，虽有子妇能赡养之，亦不欲受也，耻受养于人也。父母尚尔，而况亲族乎？杂志记教皇Pius第十世（今之教皇）之二妹居于教皇宫之侧，居屋甚卑隘，出门皆不戴帽，与贫女无别，皆不识字。夫身为教皇之尊，而其妹犹食贫如此。今教皇有老姊，尝病，教皇躬侍其病。报记其姊弟恩爱，殊令人兴起，则其人非寡恩者也。盖西方人自立之心，故不欲因人热耳。读之有感，记之。

吾国陋俗，一子得官，追封数世，此与世袭爵位同一无理也。吾顷与许怡荪书，亦申此意。又言吾国之家族制，实亦一种个人主义。西人之个人主义以个人为单位，吾国之个人主义则以家族为单位，其实一也。吾国之家庭对于社会，俨若一敌国然，曰扬名也，曰显亲也，曰光前裕后也，皆自私自利之说也；顾其所私利者，为一家而非一己耳。西方之个人主义，犹养成一种独立之人格，自助之能力，若吾国“家族的个人主义”，则私利于外，依赖于内，吾未见其善于彼也。

顷见辜汤生所作《中国民族之精神》一论，引梁敦彦①事，谓梁之欲做官戴红顶子者，欲以悦其老母之心耳。此即毛义捧檄而喜之意。毛义不惜自下其人格以博其母之一欢，是也；然悬显亲为鹄，则非也，则私利也。

——1914年6月7日

①梁敦彦（1857—1924），字崧生，广东顺德人。历任外务部尚书、外务部大臣等职。民国成立后，任北京政府交通总长。

1910年9月胡适在康奈尔大学农科求学。

1914

胡适于1910年入康奈尔大学农学院学习，三个学期后转入文理学院，改习文科。对此，胡适给出了自己的几点原因。

第一，胡适本人对于农学实在是毫无兴趣，“我那时很年轻，记忆力又好。考试前夕，还是可以勉强分类和应付考试的；但我深知考试之后，不出三两天，至多一周，我还是要忘记得一干二净。我认为学农学实在是违背了我个人的兴趣。勉强去学，对我说来实在是浪费，甚至愚蠢”。

第二，辛亥革命的发生使美国人对这一新兴的中国政府发生了浓厚的兴趣，“校园内外对于这一问题的演讲者都有极大的需要。”胡适于是走上了演讲之路，开始认真研究中国革命和共和政府的问题。

第三，“第三个促使我改行的原因，就是我对文学的兴趣。”胡适所在康奈尔大学一年级时，英文是必修课，这样就使胡适对英国文学发生了浓厚的兴趣，也引起了他对中国文学兴趣之复振。

此篇为在康奈尔大学所记。

记本校毕业式

余虽于去年夏季作完所需之功课，惟以大学定例，须八学期之居留，故至今年二月始得学位，今年夏季始与六月卒业者同行毕业式。毕业式甚繁，约略记之。

六月十四日，星期，礼拜堂有“毕业讲演”（Baccalaureate Sermon）。讲演之牧师为纽约The Rev. William Pierson Merrill, D. D.，题为“*So speak ye, and so do, as men that are to be judged by a law of liberty*”（James Ⅱ：12），略言今人推翻一切权势，无复有所宗仰，惟凡人处权力之下易也，而处自由之下实难，前此种种之束缚，政治法律宗教各有其用，今一一扫地以尽，吾人将何以易之乎？其言甚痛切。

十五日，往观大学象戏会（Cornell Masque）演英大剧家Bernard Shaw之讽世剧“*You Never Can Tell*”。

十六日谓之“毕业班之日”，毕业生及其戚友会于山坡草地上，行毕业日演艺。是夜白特生夫人延余餐于其家。以予客处，无家人在此观予毕业，故夫人相招以慰吾寂寥，其厚意可感也。

十七日为毕业日，英名Commencement，译言肇始也，夫毕业也而名之日肇始者，意以为学业之终而入世建业之始，其义可思也。是日毕业可九百人，皆礼服，各以学科分列成双行。礼服玄色，方冠。冠有旒，旒色以学科而异，如文艺院生白旒，农院黄旒，律院紫旒是也。钟十一下，整队行，校董前行，校长院长次之，教长教员又次之，学生则文艺院生居先列，而工科生为最后。毕业场在山坡草地上，设帐为坛。坛上坐校董以次至教员。坛前设座数千，中为毕业生，外为观者，盖到者不下三千人。坐定，乐队奏乐。有牧师率众祈祷。校长颁给学位，毕业生起立，旒垂左额；既得学位，则以手移旒于右额。复坐，又奏乐。乐终，校长致毕业训词。校长休曼先生（Jacob GouId Schurman）本演说大家，此日所演尤动人，略言诸生学成用世，有数事不可少：

一、健全之身体，二、专一之精神，三、科学之知识，四、实地之经验。其结语尤精警动人，语时诸生皆起立。其言如下：

诸位毕业之女士及先生们：

如果我刚才所说的话是对的，那么我将来以它来勉强在座的各位。你们即将进入的人生定为一场激烈的竞赛。但此竞赛，金牌不止一枚，人人皆可得奖。社会向你们召唤，召唤诸位去服务人生。各位正好比一名船员，或一名队员，尽可扮演好自己的角色，必定会得到那一份为你所设的奖赏。假如奋斗只是为了出人头地，那么将来的成功无非只是当一名金融巨头，或是官场显要，或是贪吃的老饕，抑或是一好色之徒而已。各位若是认定人生本是诚实地得之于社会，用之于社会——就像宗教和反思所认定的那样——那就请各位热诚工作，忠实奉献，这些将给你带来应得的回报。

“畅演人生，光荣属于你。”

假如人生是一场竞赛，那么人人都力争慷慨地去为这个社会服务，因为我们都是社会一份子。大学毕业生受过优良的教育，理应比一般人更优秀地去服务社会，公众有权寄厚望于他们。我最深切地希望，最热诚地祈祷，祝在座诸位一定振臂而起，抓住良机，赢得这顶向各位招手的桂冠，即高尚的品格，智识的成就，忠诚的服务于时代。

演说既毕，全体合唱《母校》之歌。有哽咽不成声者。盖诸生居此四年，一旦休业，临此庄肃之会，闻赠别之辞，唱《母校》之歌，正自有难堪者在，盖人情也。

——1914年6月17日

胡适在康奈尔大学时期的宿舍。

1914

波士顿游记（节选）

一

九月二日出游。余本拟不赴今年学生年会，惟曾与美人金君（Robert W. King）约偕游波士顿，若径往波士顿而不赴年会，于理殊未当，故决留年会二日，会终始往波城。

下午五时三十分离绮色佳。时大雨新霁，车行湖之东岸，日落湖之西山，黑云蔽之，久之见日。云受日光，皆作赤色。日下而云益红，已而朱霞满天半，湖水返映之，亦皆成赤色。风景之佳，真令人叹绝。在瓦盆换车，至西雷寇换坐夜车，至翌晨七时至春田，换车至北汉登，又换车至安谋司，即年会所在地也。

三日为年会之第六日。赴议事会，余被选为明年《学生英文月报》主笔之一。先是余决计明年不再与外事，故同学欲余出为明年学生会东部会长，余坚拒之。此次不早赴会，其中一原因，即欲避此等外务耳。不意前日《月报》总主笔邝君忽以电询，欲余为主笔之一，任国内新闻事。余深思之，念《月报》关系重大，而余亦可借此实习英文，故以电允之。再为冯妇，思之可笑。

到会者凡百十八人。而女子得二十四人，为历年所未有。旧相识中如郑莱、胡宣明、张彭春、魏文彬、宋子文皆在，余亦多旧交。

康乃耳诸同学此次赴会处处都出人头地，运动会则康校同人得百分之六十九分，他校皆瞠乎其后，中文演说则杏佛第一，题为《科学与中国》，游戏则康校词人所演谐剧《挂号信》（赵元任编）得最上赏。

十年前，有中国学生若干人会于安谋司城斐林先生（Henry D. Fearing）之家，始发起中国留美学生会。第一、二次年会皆在斐林先生之家。今年为十年纪念，故重至此地。先生老矣（八十三岁），而爱中国人之心尤盛。每年学生年会虽远，先生必往赴之，十年如一日。昨日为十年庆典，学生会以银杯一赠先生为纪念。

下午与胡宣明君闲步，谈极畅。与郑莱君谈极畅。二君皆留美学界之杰也。吾常谓："凡人不通其祖国语言文字者，必不知爱其国，必不能免鄙俗之气。"此二种成见，自吾友二君以来，皆除消尽矣。二君皆不深通汉文，而英文皆极深。其人皆恂恂有儒者气象，又皆挚爱祖国。二君皆有远识，非如留学界浅人，但顾目前，不虑久远也。宣明习医，明年毕业，志在公共卫生行政。郑君习政治，已毕业哈佛大学，今专治财政。

广东前教育司钟君荣光亦在此。钟君自第二次革命后出亡，今留此邦，拟明年入哥伦比亚大学习教育。钟君志士也，与余谈，甚相得。其言曰："吾曹一辈人（指今日与君年事相若者）今力求破坏，岂得已哉？吾国今日之现象，譬之大厦将倾。今之政府，但知以彩纸补东补西，愈补而愈危，他日倾覆，全家都有压死之虞。吾辈欲乘此未覆之时，将此屋全行拆毁，以为重造新屋之计，岂得已哉？惟吾一辈人，但能拆毁此屋，而重造之责，则在君等一辈少年人。君等不宜以国事分心，且努力向学，为他日造新屋之计。若君等亦随吾一辈人之潮流而飘流，则再造之责，将谁赖哉？"其言甚挚切。钟君甚许我所著《非留学篇》，谓“教育不可无方针，君之方针，在造人格。吾之方针，在造文明。然吾所谓文明，固非舍人格而别觅文明，文明即在人格之中，吾二人固无异点也”。

夜为年会年筵，极欢。

五日，年会终矣。去安谋司赴波士顿。道中游唐山（Mt. Tom）。登唐山之楼，可望见数十里外村市。楼上有大望远镜十余具，分设四围窗上，自镜中望之，可见诸村中屋舍人物，一一如在目前。此地去安谋司不下二十里，而镜中可见安谋司学校之体育院，及作年会会场之礼拜堂。又楼之东可望东汉登城中工厂一上大钟，其长针正指十一点五十五分。楼上又有各种游戏之具，有凸凹镜无数，对凸镜则形短如侏儒，对凹镜则身长逾丈。楼上有题名册，姓氏籍贯之外，游人可随意题字。余因书其上曰：

危楼可望山远近，幻镜能令公短长。
我登斯楼欲叹绝，唐山唐山真无双。

车中念昨日受二人过分褒许，一为郑莱君，称余为留美学界中之最有学者气象者，一为邝君，称余为知国内情形最悉者。此二赞语皆非也。过当之誉，其害过于失实之毁，余宜自励以求能消受此誉也，否则真盗虚声矣。

至春田（Springfield），入一中国饭馆午餐，久不尝祖国风味矣。

至波士顿，天已晚。以车至康桥（Cambridge），赁屋已，回波士顿。至上海楼晚餐，遇中国学生无数。

二

七日以车游康可（Concord）。下车即见第一礼拜堂，爱麦生（Emerson）讲道之所也。循大路行至爱麦生所居屋，门外长松无数，久无居人，守者远出，游人不能入观。闻内有爱氏书室，藏爱氏生平所读书，惜不能入观之。

去此屋约半里许，为女文豪阿尔恪特夫人（Louisa May Alcott）之旧居。阿夫人著书甚富，其所著小说《小妇人》（The Little Women），尤风行一世。夫人家贫，自此书出，家顿丰。夫人之夫阿君（A. Bronson Alcott）亦学者。屋后数百步有板屋，为阿君所立"哲学校"，余亦往观之。夫人著书之屋，游人可入观览。余等周览屋中诸室，凡夫人生时之床几箱笼，一一保存。西人崇拜文人之笃，不减其崇拜英雄之心也（依卡莱儿［Car1yle］之说，文人亦英雄之一种）。孰谓西人不好古乎？

去阿氏屋不远为霍桑旧屋，名道旁庐（The Wayside），亦不能入观。霍桑（Nathaniel Hawthorne，1804—1864）者，亦此邦文人，著小说甚富。余前读其《七瓴之屋》（*The House of Seven Gables*，见卷五第一四则），其书大抵皆恢奇耸人。

自霍氏屋归，至康可市之来特店（Wright's Tavern）午餐。此店创于一七四七年，距今百六十年矣。美国独立军兴时，康可市长誓师于此，华盛顿亦尝驻此。

饭后至睡乡丛冢，（*The Sleepy Hollow*，美文豪欧文［Irving］有《睡乡记》，此名本此。）先觅得霍桑墓，铁阑高数尺围之，阑上青藤未朱，蔽此长卧之文人。去此不数武，即得阿尔恪特氏冢，短榻题名而已，不封不树，朴素如其生时之居。爱麦生坟去此稍远。坟上有怪石，高四尺许。石上有铜碑，刻生死年月（爱氏生于1803年5月25日，卒于1882年4月27日）。石后大树挺生，亭亭高入云际。此树此石，大肖此老生平。墓侧为其妻之墓，亦有石碑志之。文人索虏（Thoreau）之墓亦在此，遍觅不可得。

爱麦生为此邦最大思想家，其哲学大旨，以为天地万物，皆备于我，善恶皆由我起，苟自得于中，何求于外物？人但求自知足矣，天（上帝）即在人人心中，何待外求？爱氏最重卡莱儿，两人终生最相敬爱，两人之思想魄力都有相似处。近人范戴克（Henryvan Dyke）曰“爱麦生是一慈祥之卡莱儿，终生居日光之中；卡莱儿是一肃杀之爱麦生，行疾雷骤雨之中”是也。爱麦生思力大近东方（印度）哲学。犹忆其“大梵天”一诗，铸辞命意，都不类欧美诗人。

去睡乡至康可村外之桥。此桥之两岸为独立时战场。康可于独立之役极有关系，不可不详记之。

自一七六三年以后，英国政府对于美洲各属地颇持帝国统治政策。驻防之兵既增，费用益大，帝国政府不能支，乃求之于各属地，于是有印花税之令（1765年）。各属地群起抵拒，政府无法征收，明年遂罢此税。

一七六七年以有“汤生税案”（Townsend Acts）各属地抗之尤力，至相约不用英货，至有一七七三年十二月十六日波士顿港焚烧茶叶三百四十箱之举，民气之激昂甚矣！

一七七四年，英议院决议闭波士顿之港，废民选之议会，而以委任者代之。又令麻省（Massachusetts）官吏得递解政事犯出境受鞫。此令即下，民气大愤，于是麻省有独立省议会之召。其召也，实始于康可，故议会会于是（1774年10月）。麻省议会倡议召集各属地大会议，是为第一大陆会，后遂为独立联邦之中央政府。

麻省都督为盖箕大将，侦知民党军械火药多藏于康可，康可又为独立省议会所在，民党领袖多聚于是，遂于一七七五年四月十八日派兵往搜毁康可所藏军火，即于道上收捕民党人物亚丹（Samuel Adams）、汉客（John Hancock）。二人时皆客立克信墩村牧师克拉克（Jonas Clarke）之家。适波士顿城中有党人侦知官兵已出发，急令骑士累维尔（Paul Revere）飞驰告急（美国诗人郎菲罗有《累维尔夜驰歌》）。累至立克信墩警告居民，令急为备，复令人分道趋康可告警。英兵至立克信墩，民党已集多人。英兵叱令解散，不听，遂战。是为立克信墩之战（4月19日），美独立之役之第一战也。

英兵驱散民党后，进至康可，搜获所存军火。将退出，民军隔篱轰击之，遂复战。时民党“片刻队”（Minute Men者，其人相约有事则片刻之间可以应召，故名）已集五百人，官军大败，是为康可之战（同日）。战地今则浅草如茵，长槐夹道，河水（康可河）迂回，有小桥接两岸。桥东为表忠之碑，桥西为“片刻队”铜像，上刻爱麦生《康可歌》四句曰：

> 小桥跨晚潮，春风翻新旆。
> 群啬此倡义，一击惊世界。

余与同行之三君金洛伯（Robertw. King）、张智、罗口口同坐草地上小憩，金君为美国人，对此尤多感喟，与余言，自其少时受书，读美国建国之史，即想象康可与立克信墩之役，数百人之义勇，遂致造成今日灿烂之美洲合众国，今日始得身游其地，相度当日英人入村之路，及村人拒敌之地，十余年之心愿偿矣。余以为尔时英国政府暗于美洲民气之盛，其达识之士如褒克（Edmund Burke），如皮特（Catham），欲力为挽救，而当局者乔治第三及那思（North）皆不之听，其分裂之势已不可终日，虽无康可及立克信墩之哄，独立之师，终有起时。薪已具矣，油已添矣，待火而燃。康可与立克信墩幸而为燃薪之火，若谓独立之役遂起于是，不可也。正如吾国之大革命终有起日，武昌幸而为中国之立克信墩耳，而遂谓革命起于武昌，则非探本之论也。

斜日西坠，余等始以车归，道中经立克信墩，下车往游。首至克拉克之故居。即民党领袖阿丹汉客所居者。室中悬诸领袖之像，继至立克信墩战场，今为公园。有战死者表忠之碑（建于1779年）。碑上藤叶累累护之，极有风致。碑铭颇长。为克拉克氏之笔，其辞激昂动人，大可窥见其时人之思想，故录之如下：

为人类的自由和权利而牺牲！

美国的儿子为了她的自由和独立献出了他们的鲜血。此碑由麻省出资由立克信墩居民所立以之纪念他们的同胞。他们是立克信墩的：E·R·门罗，J·帕克，塞缪尔·哈德雷，小乔纳逊·哈林顿，伊萨克·莫兹，C·哈林顿，约翰·布朗以及渥拨恩的A·波特。

在那个永远不能忘记的1775年4月19日早上，他们倒下了！他们是英国人暴政和压迫的第一批牺牲品！逝者已往矣！为了上帝和祖国烈士们用鲜血将各州各殖民地联成一体，给他们的同胞带来活力、精神和信心。他们的同胞奋起为他们的兄弟报仇雪恨。面对敌人的尖刀，他们宣称定要保卫他们的天赋的权利，他们勇敢地追求自由！斗争漫长，残酷而又激动人心，仗义的天主赞许这神圣的祈求。他们将戴上胜利的冠冕，和平、自由和独立归于光荣的美利坚。

又有巨石，相传为此间“片刻队”所立处，上刻队长泊克谕众之词曰：“立尔所不见击勿发枪。然彼等苟欲战者，则请自此始。”又有泊克队长之铜像。泊克于第一战受伤，数月后即死。是役死者仅九人而已，然皆独立之战最先死之国殇也。

游归，复以车归康桥。是夜与金君闲谈甚久。余主张两事：一曰无后，一曰遗产不传子孙。孟子曰：“不孝有三，无后为大。”吾国家族制度以嗣续为中坚，其流弊之大者有六：

一、望嗣续之心切，故不以多妻为非。男子四十无后可以娶妾，人不以为非，即其妻亦不以为忤。故嗣续为多妻之正当理由。其弊一。（其以多妻为纵欲之计者，其非人道尤不足论，士夫亦有知非之者矣。）

二、父母欲早抱孙，故多早婚。其弊二。

三、惟其以无后为忧也，故子孙以多为贵，故生产无节。其弊三。

四、其所望者不欲得女而欲得男，故女子之地位益卑。其弊四。

五、父母之望子也，以为养老计也，故谚曰，“生儿防老。”及其既得子矣既成人矣，父母自视老矣，可以息肩矣，可以坐而待养矣。故吾国中人以上之家，人至五十岁，即无志世事，西方人勤劳之时代，平均至六十五岁始已。吾国人则五十岁已退休，其为社会之损失，何可胜算？其弊五。

六、父母养子而待养于子，养成一种牢不可拔之依赖性。其弊六。

遗产之制何以宜去也：

一、财产权起于劳力。甲以劳力而致富，甲之富其所自致也，其享受之宜也。甲之子孙未尝致此富也，不当享受之也。

二、富人之子孙无功而受巨产，非惟无益而又害之。疏广曰："子孙贤而多财，而损其志；愚而多财，则益其过。"一言尽之矣。有用之青年为多财所累，终身废弃者，吾见亦多矣。

吾所持"无后"之说，非欲人人不育子女也，如是则世界人类绝矣。吾欲人人知后之不足重，而无后之不足忧。培根曰：

有妻子者，其命定矣（绝无大成就矣）。盖妻子者，大事业之障碍也，不可以为大恶，亦不足以为大善矣。天下最大事功为公众而作者，必皆出于不婚或无子之人，其人虽不婚无后，然实已以社会为妻为子矣。

——《婚娶与独处论》

又曰：

吾人行见最伟大之事功皆出于无子之人耳。其人虽不能以形体传后，然其心思精神则已传矣。故惟无后者，乃最能传后者也。

——《父子论》

此是何种魄力，何种见地！吾国今日正须此种思想为振聩发聋之计耳。吾尝疑吾国两千年来，无论文学、哲学、科学、政治，皆无有出类拔萃之人物，其中最大原因，得毋为“不孝有三，无后为大”一言欤？此不无研究之价值也。

三

八日游哈佛大学，哈佛校舍六十所，较康乃耳为完备矣，而天然山水之美，则远不及之。游博物院。院为博物学者厄格洗（Agassiz）父子所经营。其动植矿物，皆依其产生之地为分别陈列，搜罗致富。院中最著名者为玻璃所作花卉标本。其花卉之须瓣、枝叶、色泽、大小，一一如生。花小者全株，大者唯见一枝。其外又有放大之雄雌花蕊，有大至数百倍者，所以便学者观览也。此项标本凡数百种。其最佳者，为花与飞虫之关系一项。盖花有不能自结合孕育者，多赖蜂蝶之类沾染雄蕊之粉，播之雌蕊之子宫。花形有大小，状有凸凹单复，故其传播之道亦不一，院中皆一制为标本。其蜂蝶之属，亦皆以玻璃为之。此项花卉为德国植物学者白讷须加（Rudolph Blaschka）所造。世界能知其制作之法者，惟白讷氏及其子二人而已。

出此后至福葛美术院（Fogg Art Museum，亦大学之一部），观其陈设造像及图画之层，亦有中国、日本美术品。

次游西密谛民族博物院（Semetic Museum），藏巴比仑、阿西里亚、希伯来诸古代民族之金石古物甚富。

一大学而有三大博物院，可谓豪矣！其他校舍多不纳游人（以在暑假中也），故不得遍游。哈佛公共饭堂极大，可容千余人。宿舍甚多，此康乃耳所无也。哈佛无女子，女子另入Radcliffe院。其所习科目与男子同，惟不同校耳。哈佛创于二百余年前（1636年），规模初甚隘小，至伊丽鹗（Eliot）氏为校长始极力推广，事事求精求全。哈佛今日之为世界最有名大学之一者，伊氏之赐也。

康桥一街上有老榆树一株，二百年物也。华盛顿在此树下受职为美洲陆军大元帅，今此树名“华盛顿榆”，以铁栏围之，此西方之召伯甘棠也。

下午出行，道逢金君一友，适与其友共驾汽车出游，因招余与金君共载，游行佛兰克林公园，风景极佳。

夜往看戏。

四

九日晨，孙恒君（哈佛学生）来访，与谈甚久。孙君言中国今日不知自由平等之益，此救国金丹也。余以为病不在于无自由平等之说，乃在不知此诸字之真谛。又为言今人所持平等自由之说，已非复十八世纪学者所持之平等自由。向谓“人生而自由”，果尔，则初生之婴孩亦自由矣。又曰：“人生而平等。”此尤大谬。人生有贤愚能否，有生而癫狂者，神经钝废者，有生具慧资者，又安得谓为平等也？今之所谓自由者，一人之自由，以他人之自由为界；但不侵越此界，则个人得随所欲为。然有时并此项自由亦不可得。如饮酒，未为侵犯他人之自由也，而今人皆知饮酒足以戕身；戕贼之身，对社会为失才，对子孙为弱种，故有倡禁酒之说者，不得以自由为口实也。今所谓平等之说者非人生而平等也。人虽有智愚能不能，而其为人则一也，故处法律之下则平等。夫云法律之下，则人为而非天生明矣。天生群动，天生万民，等差万千，其强弱相倾相食，天道也。老子曰“天地不仁”，此之谓耳。人治则不然。以平等为人类进化之鹄，而合群力以赴之。法律之下贫富无别，人治之力也。余又言今日西方政治学说之趋向，乃由放任主义

（Laissezfaire）而趋干涉主义，由个人主义而趋社会主义。不观乎取缔“托拉斯”之政策乎？不观乎取缔婚姻之律令乎？（今之所谓传种改良法［Eugenic-Laws］，禁癫狂及有遗传病者相婚娶，又令婚嫁者须得医士证明其无恶疾。）不观乎禁酒之令乎？（此邦行禁酒令之省甚多）不观乎遗产税乎？盖两方今日已渐见十八世纪学者所持任天而治（放任主义）之弊，今放力求补救，奈何吾人犹拾人唾余，而不深思明辨之也？

五

下午游班克山（Bunker Hill），亦独立之役血战最剧之战场也。自康可之战后，义师响应，盖箕大将坐守波士顿，民军驻康桥，自康桥至班克山四里之间，皆有民军遥相接应。后英国援师大至，盖箕欲先夺附近诸山以临民军。民军侦知之，遂先发，于六月十六日夜据班克山。明日盖箕遣兵三千人来攻，枪炮皆精，又皆为久练之师。民军仅千余人，又以终夜奔走，皆疲惫不堪，然气不为屈，主将令曰：“毋发枪，俟敌人行近，可见目中白珠时始发。”故发无不中者，英军再却再上，为第三次攻击。民军力竭弹尽，乃弃山走。是役也，英军死伤一千零五十四人，民军死伤者四百二十人耳，大将华伦（General Joseph Warren）死之。是役民军虽终失败，然以半数临时召集之众，当二倍久练之师，犹能再却敌师，其足以鼓舞人心，何待言矣！一八四三年美国规矩会（Masons）之一部募款建纪念塔于山上，塔旁为华伦大将之铜像。塔高二百二十一英尺，全用花岗石为之，中有石梯，螺旋至巅，凡二百九十四级始及塔巅。塔上可望见数十里外风景，甚壮观，南望则波士顿全市都在眼中，东望可见海港。

下塔往游海军造船坞，属海军部。坞长半里，有屋舍大小二百所，坞中可造兵舰商船。今坞口所泊大战舰，乃为阿根廷民主国所代造，为世界第一大战舰。余等登二舰游览。其一名老宪法，为旧式战舰，造于一百十七年前。船身甚大，木制，四周皆安巨炮。其时尚未用蒸汽，以帆行驶。此舰之历史甚有味，不可不记之。此舰尝参与英美之战，一八三〇年，有建议以此舰老朽不合时用，欲摧毁之，海军部已下令矣。时美国名士何模士（Oliver Wendell Holmes）才二十岁，居哈佛大学法律院，闻毁舰之令，大愤，投诗于报馆，痛论之。其诗出，全国转录之，人心皆愤愤不平，责政府之不当，海军部不得已收回前命。此船得不毁至于今日，皆出何氏一诗之赐也。诗人之功效乃至于此！其诗大旨，以为此舰尝为国立功，战死英雄之血斑斑船面，“固一世之雄也，而今安在哉？”不如沉之海底，钉其旆于樯上，以此舰赠之波涛之神，赠之雷电，赠之飓风！不较摧毁之为愈乎！

——1914年9月13日

（收入1939年亚东图书馆初版《藏晖室札记》卷六）

1914

在康奈尔大学时期，从大二开始胡适就住进了康大新建的世界学生会的宿舍，一住就是三年，这期间胡适接触到了来自世界各国的留学生。“当我在世界学生会的宿舍寄宿期间，我认识了来自世界各地的学生，例如来自菲律宾、中南美洲、波多黎哥、印度、南非以及少数从欧洲来的。……这些国际友谊对我说来真受惠不浅，它使我的智慧天地为之扩大，使我能真正了解许多国家的习俗和人民的生活方式。”

正是世界学生会这一国际组织让胡适有了更广阔的视角，那时的世界学生会有个不成文的规定，便是由不同种族的学生分别举办不同种族的民族晚会。“就在这些不同的民族晚会里，我们对各种民族不同的习俗便有了更深入的了解。更重要的还有各族学生间社交的接触和亲密的国际友谊之形成，使我们了解人种的团结和人类文明基本的要素。”（唐德刚整理《胡适口述自传》）。这些便是胡适对“世界主义”的亲身体验，也是他作为一位新和平主义者的思想发轫点。

国家主义与世界主义

吾友讷司密斯博士（George W. Nasmyth）自波士顿来。讷君为此邦持和平主义者之一巨子，尝周游欧洲诸国，随在演说，创设大同学生会，今为“世界和平基金”（World Peace Foundation）董事之一；今以父病奔回绮城，今日下午枉顾余室，谈国家主义及世界主义之沿革甚久。讷氏素推崇英人安吉尔（Norman Angell）。安氏之书《大幻觉》（*The Great Illusion*），以为列强之侵略政策毫无实在利益，但有损害耳，不惟损人，实乃损己。盖今日之世界为航路电线所联络，譬之血脉，一管破而全身皆受其影响。英即败德，不能无损其本国财政也。德之败英、法亦然。能知斯义，自无战祸矣。其书颇风行一世，谓之安吉尔主义（Angellism）。余以为此一面之词耳。公等徒见其金钱生计之一方面，而不知此乃末事，而非根本之计也。今之英人，法人，德人岂为金钱而战耶？为“国家”而战耳。惟其为国家而战也，故男输生命，妇女输金钱奁饰以供军需。生命尚非所恤，何况金钱？故欲以生计之说弭兵者，愚也。

今之大患，在于一种狭义的国家主义，以为我之国须凌驾他人之国，我之种须凌驾他人之种（德意志国歌有曰：“德意志，德意志，临御万方。”），凡可以达此自私自利之目的者，虽灭人之国，歼人之种，非所恤也。凡国中人与人之间之所谓道德，法律，公理，是非，慈爱，和平者，至国与国交际，则一律置之脑后，以为国与国之间强权即公理耳，所谓“国际大法”四字，即弱肉强食是也。（德大将卑恩赫低［Bernhardi］著书力主此说，其言甚辩。）此真今日之大患。吾辈醉心大同主义者不可不自根本着手者何？一种世界的国家主义是也。爱国是大好事，惟当知国家之上更有一大目的在，更有一更大之团体在，葛得宏斯密斯（Goldwin Smith）所谓“万国之上犹有人类在”（Aboveall Nationsis Humanity）是也。

强权主义（The Philosophy of Force）主之最力者为德人尼采（Nietzsche）。达尔文之天演学说，以“竞存”为进化公例，优胜劣败，适者生存，其说已含一最危险之分子，犹幸英国伦理派素重乐利主义（Utilitarianism），以最大多数之最大幸福为道德之鹄，其学说入人甚深。故达尔文著《人类进化》（*The Descent of Man*），追溯人生道德观念之由来，以为起于慈悯之情。虽以斯宾塞之个人主义，本竞争生存优胜劣败之说，以为其伦理学说之中坚，终不敢倡为极端之强权主义。其说以“公道”（Justice）为道德之公理。而其所谓公道之律曰：

> 人人皆得恣所欲为，惟必不可侵犯他人同等之自由。

即“我之自由，以他人之自由为界”是也。则犹有所限制也。至于尼采则大异矣。其说亦以竞争生存为本，而其言曰：

> 人生之目的不独在于生存，而在于得权力（The will to Power）而超人。人类之目的在于造成一种超人社会（Superman）。超人者，强人也。其弱者皆在淘汰之列，歼除之，摧夷之，毋使有噍

类。世界者，强有力者之世界也。今之所谓道德，法律，慈悲，和平，皆所以捍卫弱者，不令为强者所摧夷，皆人道之大贼也。耶稣教以慈爱为本，力卫弱者，以与强者为敌，故耶教乃人类大患。耶教一日不去，此超人社会一日不可得也。慈悲也，法律也，耶教也，道德也，皆弱无力者之护符也，皆奴隶之道德也，皆人道之蟊贼也，皆当斩除净尽者也。

自尼采之说出，而世界乃有无道德之伦理学说。尼氏为近代文豪，其笔力雄健无敌。以无敌之笔锋，发骇世之危言，宜其倾倒一世，——然其遗毒乃不胜言矣。文人之笔可畏也！

讷博士新自欧洲归，当战祸之开，博士适居英伦，与安吉尔之徒日夜谋所以阻英人之加入战事，皆无效。比利时既破，博士冒险至欧陆访察战国实情，故博士知战事甚详。博士谓余曰：

吾此次在大陆所见，令我益叹武力之无用。吾向不信托尔斯泰及耶稣教匮克派（Quakers）所持不抵抗主义（Nonresistance）（即老氏所谓“不争”是也），今始稍信其说之过人也。不观乎卢森堡以不抵抗而全，比利时以抗拒而残破乎？比利时之破也，鲁问（Louvain）之城以抗拒受屠，而卜路塞尔（Brussels）之城独全。卜城之美国公使匮克派，力劝卜城市长马克思（M. Max）勿抗德师，市长从之，与德师约法而后降，今比之名城独卜路塞尔岿然独存耳。不争不抗之惠盖如此！

博士之言如此。老子闻之，必曰是也。耶稣、释迦闻之，亦必曰是也。老子之言曰：

夫惟不争，故天下莫能与之争。

又曰：

上善若水，水利万物而不争。……夫惟不争，故无尤。

又曰：

天下莫柔弱于水，而攻坚强者莫之能胜，以其无以易之。弱之胜强，柔之胜刚，天下莫不知，莫能行。

耶稣之言曰：

人则告汝矣，曰，抉而目者而亦抉其目，拔汝齿者汝亦拔其齿。我则诏汝曰，毋报怨也。人有披而右颊者以左颊就之；人有讼汝而夺汝裳者，以汝衣并与之；人有强汝行一里者，且与行二里焉。

此二圣之言也。今之人则不然。其言曰弱肉强食，曰强权即公理，曰竞争者，天演之公理也，曰世界者，强有力者之世界也。此亦一是非也，彼亦一是非也，古今人之间果孰是而孰非耶?

——1914年10月26日

1914年胡适留美求学时期照片。

1915

民国四年（1915年），胡适从康奈尔大学转学至哥伦比亚大学。关于转学的原因，胡适在口述自传里是这样说的，“五年的康奈尔大学生活，使我在该校弄得尽人皆知。在这个小小的大学城内，熟人太多，反而不舒服。平时我的访客也太多，绮色佳一带的教会、社团，尤其是妇女团体，经常来邀请我去讲演，真是应接不暇。因而我想起一句中国诗：‘万人如海一身藏！’所以我想脱离小城镇绮色佳，而转到大城市纽约。该处人潮如海，一个人在街头可以独行踽踽，不受别人注意。”

这或许是一个方面，更重要的是这个时期的哥大在学术界，尤其是哲学方面，是声望最高的时候。胡适的恩师杜威教授此时是他一生中最多产的时期。“所以，当时哥大的哲学系实是美国各大学里最好的哲学系之一。”随后的两年胡适开始系统地接受哲学训练，这为他未来在学术和政治生活中奠定了基础。

纽约旅行记

一

有持非兵主义（Anti-militarism）之美国限制兵备会（American Leagueto Limit Armaments），欲得各大学学生之赞助，乃由《纽约晚邮报》（*The New York Evening Post*）记者Oswald Garrison Villard设筵招东美各校之持非兵主义者会于纽约之大学俱乐部（University Club），讨论设立学校联合抵制增兵问题。主者某君以书致本校巴恩斯先生（Prof. F. A. Barness），属令推一人代表康乃耳大学。先生坚欲余往，不获已，遂往。于是有第三次之纽约旅行。

十三日晨至此，以电话告韦女士及普耳君约会时。十一时普耳见访，相见甚欢。此君为哥伦比亚大学毕业院生，专治英文学。此君持“不争”之说，而以为“不争”二字殊未当，非不争也，但不以兵力强权争耳，欲名之曰“有效的抗争”（Effective Resistance）。余亦以为“不争”（Non-resistance）二字固未当，惟普君之名亦不满余意。忆须密先生（Prof. N. Schmidt）名之曰“消极的抗争”（Passive Resistance），亦不惬心，余欲名之曰道义的抗拒（Ethical Resistance）似较佳耳。普君以为然。（后余以告韦女士，亦以为然。）吾与普君所谈，大旨在不可持首尾两端之说，如谓战为非义，则决不可谓战有时而义。欧洲社会党之失败，在于强析战祸为两种：侵略之战为不义，而自卫之战为义。及战事之起，德之人皆以为为自卫而战耳，法之人亦以为如此，俄之人亦以为如此，于是社会党非攻之帜倒矣。

一时往访韦女士于其居，女士为具馔同餐。谈二时许，与同出，循赫贞河滨行。是日天气晴和，斜日未落，河滨一带，为纽约无上风景，行久之，几忘身在纽约尘嚣中矣。行一时许，复返至女士之居，坐谈至六时半始别。

女士谓"普耳君投书中（余以普君原书示之）所论杀人以救人，其理颇未能惬人意。杀甲以救乙，是犹以甲之命为救乙之具也，与康德所谓无条件的命令大背。"此言是也。墨子曰："杀一人以利天下，非；杀己以存天下，是。"则进于是矣。

女士深信人类善根性之足以发为善心，形诸善行，因引嚣俄之《孤星泪》，证大度不疑之足以感人。吾恒谓今人大患，在终日居于疑惧忧恐之中。世安有愁城？愁城者，吾人心中疑惧之产儿也。若人人疑他人为贼，为奸宄，则世界真荆天棘地矣，安能一日居乎？此邦人有时颇能脱去此种疑惧根性，村僻之城市真能夜不闭户（绮色佳是其一也）。其所以夜不闭户者，不疑也。吾居是邦五年，未尝一日钥吾室门，亦未尝失一物，不疑也。今日弭兵之说，人皆知其美而不敢行，知军备之为患而不敢废之。即如此邦人士，持和平之说者众矣，而惧德之来侵，惧日之宣战，于是日增后备而不已，今岁之海军费凡141，000，000元，陆军费103，000，000元，防御费50，000，000元，皆"有备无患"一语之结果也。美之在今日，可以宣言减兵，自我作始，以为他日世界弭兵之第一着手处。所患在"恐"之一字。英诗人克劳夫（Clough）之言曰："孰谓希望为愚人乎？若恐惧则真妄人矣。"（If hopes are dupes, fears are liars）此今日救世圣药，惜无人敢尝试之耳。女士盖真能实行此道者。其待人也，开诚相示，倾心相信，未尝疑人，人亦不敢疑也，未尝轻人，人亦不敢轻之。其所交多贫苦之画师，其母恒以为惧，女士坦然处之，独居纽约如故。与女士谈论最有益，以其能启发人之思想也。是日所谈甚繁，不可胜记。

是夜，至大学俱乐部赴限制兵备会晚餐，尾赖君（Mr. Villard）主席。会中书记吴得（Mr. L. Hollingsworth Wood）乃康福先生之友，与先生皆毕业于海勿浮大学（Haverford College）。此校乃耶教中之友朋会（Friends，又名匮克派——Quakere）所创。匮克派之信徒，皆主张不争主义者也。主席尾赖君乃美国南北战争前主张放黑奴者盖利孙（William Lloyd Garrison）之外孙，盖利孙亦倡不争主义最力者也。二君之热心于限制兵备也宜哉。

是夜东美各大学与会者如下：

Cornell（康乃耳），Harvard（哈佛），Yale（耶鲁），Columbia（哥伦比亚），Pennsylvania（宾夕法尼亚），Princeton（普林斯顿），New York University（纽约大学）

席终决议组织一会，名之曰“Collegiate Leagueto Abolisn Militarism”，会名余所拟也。举定之职员：K. G. Karsten（卡斯滕）为会长，John. T. Graves，jr（约翰·格拉浮斯）为书记。

是夜，议事至十二时许始散。

二

十四日，星期日，至哥伦比亚大学访友，遇张亦农、严敬斋、王君复、邝煦望、杨锡仁、张仲述诸君。

午访喀司登君（Karsten）于其室。此君曾得“罗茨津贴”（Rhodes Scholarship），资送至英国牛津大学肄业。其人读书甚富，室中架上皆当代名著也。此君谈论甚动人。美国大学学生之大多数皆不读书，不能文，谈吐鄙陋，而思想固隘，其真可与言者，殊寥寥不可多得。吾居康乃耳可五年矣，大学中有贤豪，适未尝不知之（或直接或间接），然何其寥寥也？哈佛与哥伦比亚似较胜，惟吾不深知之，故不敢率尔评论之耳。

下午访张仲述。仲述喜剧曲文字，已著短剧数篇，近复著一剧，名曰《外侮》（*The Intruder*），影射时事而作也。结构甚精，而用心亦可取，不可谓非佳作。吾读剧甚多，而未尝敢操觚自为之，遂令祖生先我著鞭，一笑。

与仲述同访韦女士，谈一时许，女士之兄嫂（Mr. and Mrs. Roger Williams）来访。余前过纽约，即拟往访此君夫妇，以时日不给无果。昨夜女士以电话召其来会于此。此君甚精明，谈论亦饶有丰采。其夫人，贤妇也。有子二人，皆活泼有神。

自女士所居与韦君同出，余往中西楼，赴亦农、敬斋晚餐之约也。在中西楼餐时，亦农、敬斋忽起立招呼外来数客，其一人乃黄克强元帅也。亦农绍介余与相见。克强颇胖，微有髭，面色黧黑，语作湘音。余前次来此，颇思访之，闻其南游而止，今日不意之中遇之，不可谓非幸事。

餐后以车至车站。车停港外，须以渡船往。船甫离岸，风雨骤至，海上皆黑，微见高屋灯火点缀空际，余颇欲见"自由"之神像乃不可见。已而舟行将及车次，乃见众光之上有一光最明亦最高，同行者遥指谓余曰："此'自由'也！"此次旅行毕。

——1915年2月14日

（收入1939年亚东图书馆初版《藏晖室札记》卷八）

1916年6月，胡适（前排左一）与教授和同学在哥伦比亚大学师范学院前合影。

1917年5月归国前夕的胡适。

1917

归国记

十日晨到绮色佳，寓韦女士之家。连日往见此间师友，奔走极忙。在绮五日（十日至十四日），殊难别去。韦夫人与韦女士见待如家人骨肉，尤难为别。

吾尝谓朋友所在即是吾乡。吾生朋友之多无如此邦矣。今去此吾所自造之乡而归吾父母之邦，此中感情是苦是乐，正难自决耳。

吾数月以来，但安排归去后之建设事业，以为破坏事业已粗粗就绪，可不须吾与闻矣。何意日来国中警电纷至，南北之分争已成事实。时势似不许我归来作建设事，倪嗣冲在安徽或竟使我不得归里。北京为倡乱武人所据，或竟使我不能北上。此一扰乱乃使我尽掷弃吾数月来之筹划，思之怅然。

十四日下午离绮色佳。夜到水牛城。半夜后到尼格拉瀑，将过加拿大界。吾先以所带来之纽约中国领事证书交车上侍者。侍者言定可安然过境。故吾脱衣就寝。二时，忽被关吏叫醒，言证书不够，不得过界。吾言纽约领事证书何以无效。关吏言，“吾但知认加拿大政府命令，不能认中国领事证书也”。吾知与辩无益，但问其人姓名，乃穿衣下车去。

时夜已深，车马都绝。幸有警察为我呼一汽车，载至尼格拉瀑市，投一旅馆，睡了三点钟。

明晨（十五日），吾发电与加拿大移民总监W. D. Scott，又发两电，一寄纽约领事，一寄Bill Edgerton（比尔·爱德吉顿）。吾曾约Bill在芝加哥相待，故发电告之也。

是晨读*Seven Arts*六月份一册。此为美国新刊月报，价值最高。中有Randolph Bourne：The War and the Intellectual（兰道尔夫·鲍涅的《战争和学者》）。其以此次美国之加入战团归罪此邦之学者，其言甚辩。又有一文述杜威之学说，亦佳。

下午得移民总监回电曰：

Apply again to Inspector in Charge Wilcox.

——W. D. Scott

再向威克斯警署的检察官申请。

——W. D. 斯科特

乃往见之。其人已得总监电，为我料理一切，语意皆甚谦恭。是夜夜半，过境遂无留滞。昨日之关吏以过境凭文交我，自言昨日所为，乃由职司所在不容不尔。吾亦笑谢之。昨日之警察闻吾重过此，特上车寻我，执手为别，亦可感也。

此事之过，不在关吏，而在我与纽约领事馆。吾前得黄监督鼎通告，嘱令先作楮通知移民总监，得其一札便可通行无阻。吾既得此通告，未及遵行，因往见领事。领事处力言无须费如许周折，言一纸证书已足了事。吾信其言，遂取证书去，不更通告移民总监，此留滞之原因也。幸早行一日，否则一日之延搁将误行期矣。

十六日下午到芝加角，小留两时。Bill Edgerton已行。本欲一访饶树人（毓泰），以电话向大学询问其住址，乃不可得，怅然而止。树人来此数年，以肺病辍学甚久，其人少年好学，志大而体力阻之，亦可念也。欲见《季报》总理任嗣达君（稷生），亦不可得。六时半开车。

十七日到圣保罗（St. Paul）。途中遇贵池许传音博士，为意利诺大学之新博士。其博士论题为*Parliamentary Regulation of Railway Rates in England*（《英格兰铁路税的国会立法》）。

换车得头等车。车尾有“观览车”，明窗大椅，又有书报，甚方便也。车上遇日人朝河贯一先生，在耶尔大学教授日本文物制度史者。昨日读爱耳兰人丹山尼勋爵（Lord Dunsany）之戏本五种，甚喜之。丹氏生于一八七八年，今年未四十，而文名噪甚。此册中诸剧如下：

（1）*The Gods of the Mountain*（《山上的诸神》）。（2）*The Golden Doom*（《金色的毁灭》》）。（3）*King Argimenes and the Unknown Warrior*（《阿基米尼国王和无名勇士》）。（4）*The Glittering Gate*（《灿烂之门》）。（5）*The Lost Silk Hat*（《失落的丝帽》）。

自芝加角以西，为“大平原”（The Prairies），千里旷野，四望空阔，凡三日余，不见一丘一山。十七日尚时时见小林，俗名“风屏”（Windbreak）者，十八日乃几终日不见一树，使人不欢。幸青天绿野，亦自有佳趣。时见小湖水色蓝艳，令我思赫贞河上之清晨风景。有时黄牛骊马，啮草平原，日光映之，牛马皆成红色，亦足观也。此数千里之平野乃新大陆之“大中原”，今尚未经人力之经营，百年之后，当呈新象矣。

火车路线在尼格拉出境后，又由犹龙口（Port Huron）入美国境。十八日晨到“门关”（Portal，N. D.），重出美境，入加拿大。从此去美国矣。不知何年更入此境？人生离合聚散，来踪去迹，如此如此，思之惘然。

十九日晨六时起，火车已入加拿大之落机山。落机山贯穿合众国及加拿大。吾来时仅见南段之山，今去此乃见北段耳。落机（Rocky）者，山石荦确之意。其高峰皆石峰无土，不生树木。山巅积雪，终古不化。风景绝佳。下所附诸图，仅见其百一而已。

车上读薛谢儿女士（Edith Sichel）之《再生时代》（*Renaissance*）。“再生时代”者，欧史十五、十六两世纪之总称，旧译“文艺复兴时代”。吾谓文艺复兴不足以尽之，不如直译原意也。书中述欧洲各国国语之兴起，皆足供吾人之参考，故略记之。

中古之欧洲，各国皆有其土语，而无有文学。学者著述通问，皆用拉丁。拉丁之在当日，犹文言之在吾国也。国语之首先发生者，为意大利文。意大利者，罗马之旧畿，故其语亦最近拉丁，谓之拉丁之“俗语”（Vulgate）（亦名Tuscan，以地名也）。

“俗语”之入文学，自但丁（Dante）始。但丁生于1265年，卒于1321年。其所著《神圣喜剧》（*Divine Comedy*）及《新生命》（*Vita Nuova*），皆以“俗语”为之。前者为韵文，后者为散文。从此开“俗语文学”之先，亦从此为意大利造文学的国语，亦从此为欧洲造新文学。

稍后但丁者有皮特赖（Petrarch，1304—1374）及包高嘉（Boccaccio，1314—1375）两人。皮氏提倡文学，工诗歌，虽不以国语为倡，然其所作白话情诗风行民间，深入人心。包氏工散文，其所著小说，流传一时，皆以俗语为之。遂助但丁而造意大利文学。

此后有阿褒梯（Leon Battista Alberti，1405—1472年）者，博学多艺。其主张用俗语尤力。其言曰：“拉丁者，已死之文字，不足以供新国之用。”故阿氏虽工拉丁文，而其所著述乃皆用俗语。

继阿氏者，有诗人鲍里谢那（Po1iziano）及弗罗连斯之大君罗冷楼（Lorenzode Medici）。罗冷楼大君，亦诗人也。两人所作俗语诗歌皆卓然成家。俗语入诗歌而“俗语文学”真成矣。

此外名人如大主教彭波（Cardinal Bembo）著《用俗语议》，为俗语辩护甚力。

意大利文自但丁以后不二百年而大成。此盖由用俗语之诸人，皆心知拉丁之当废，而国语之不可少，故不但用以著述而已，又皆为文辩护之。以其为有意的主张，辅之以有价值的著作，故其收效最速。

吾国之俗语文学，其发生久矣。自宋代之语录，元代之小说，至于今日，且千年矣。而白话犹未成为国语。岂不以其无人为之明白主张，无人为国语作辩护，故虽有有价值的著述，不能敌顽固之古文家之潜势力，终不能使白话成为国语也？

法国国语文学之发生，其历史颇同意大利文学。其初仅有俚歌弹词而已。至尾央（Vilion，143l—？）之歌词，马罗（Marot，1496—1544）之小词，法文始有文学可言。后有龙刹（Pierrede Ronsard，1524—1585）及杜贝莱（Joachim Du Bellay，1525—1560）者，皆诗人也。一日两人相遇于一村店中，纵谈及诗歌，皆谓非用法语不可。两人后复得同志五人，人称“七贤”，专以法语诗歌为倡。七贤之中，龙刹尤有名。一五五〇年杜贝莱著一论曰：“La défense et illusfration de la langue francaise”，力言法国俗语可与古代文字相比而无愧，又多举例以明之。七贤之著作，亦皆为“有意的主张，辅之以有价值的著作”，故其收效亦最大也。

七贤皆诗人也。同时有赖百莱（Rabelais，1500—1553）者，著滑稽小说“*Pantagruel*”及“*Gargantua*”以讽世。其书大致似《西游记》之前十回。其书风行一时，遂为法语散文之基础。

赖百莱之后有曼田（Montaigne，1533—1592）者，著《杂论》（Essay），始创“杂论”之体，法语散文至此而大成。

及十七世纪而康尼儿（Corneille，1606—1684，戏剧家），巴士高（Pascal，1633—1664，哲学家），穆列尔（Moli6re，1622—1673）、雷信（Racine，1639—1699）（二人皆戏剧家），诸人纷起，而法国文学遂发皇灿烂，为世界光矣。

此外德文英文之发生，其作始皆极微细，而其结果皆广大无量。今之提倡白话文学者，观于此，可以兴矣。

二十日到文苦瓦（Vancouver）。吾先与张慰慈（祖训）约，会于此。慰慈先二日到，今晨迎我于车站。同居一旅馆。慰慈为澄衷旧同学，五年前来美，今在埃阿瓦大学（University of Iowa）得博士学位。其论文题为*A Study of the Commission and Citymanager Plan of Municipal Government in the United States*（《美国市政府的市政委员会与市长规划研究》）。吾七年前去国时，在上海旅馆中与慰慈及仲诚为别，今仲诚死已数年，与慰慈话旧，不胜今昔之感矣。

二十一日上船。船名日本皇后。同舱者五人：贵池许传音，北京郑乃文，日本永屋龙雄及慰慈与吾也。二等舱中有俄国人六十馀名，皆从前之亡命，革命后为政府召回者也。闻自美洲召回者，有一万五千人之多。其人多粗野不学，而好为大言，每见人，无论相识不相识，便高谈其所谓“社会主义”或“无政府主义”者。然所谈大抵皆一知半解之理论而已。其尤狂妄者，自夸此次俄国革命之成功，每见人辄劝其归国革命，“效吾国人所为”。其气概之浅陋可厌也。其中亦似有二三沉静深思之士，然何其少也！

头等客中有托尔斯泰之子伊惹·托尔斯泰公爵（Countllya

Tolstoy）。一夜二等舱之俄人请其来演说其父之学说。演说后，有讨论甚激烈。皆用俄语，非吾辈所能懂。明夜，又有其中一女子名Gurenvitch者，演说非攻主义，亦用俄语。吾往听之，虽不能懂，但亦觉其人能辩论工演说也。演毕，亦有讨论甚烈。后闻其中人言，此一群人中多持非攻主义，故反对一切战争。惟少数人承认此次之战为出于不得已。

自纽约到文苦瓦，约三千二百英里。自文苦瓦到上海，五千四百一十二英里。以中国里计之，自纽约到上海，凡二万八千五百里。廿七日，与朝河贯一先生谈。先生言曾劝英国书贾丹特（Dent）于其所刊行之《人人丛书》（*Everyman's Library*）中加入中国、日本之名著。（先生言丹特但愿加入日本名著，曾以书询先生，先生因劝其并列中日两国书云。）丹特君已允加入五册。中两册为中国重要书籍。（日本三册，中国仅得两册，未免不公。）先生因问我此两册应如何分配。吾谓此两册之中，第一册当为儒家经籍，宜包：（一）诗经（吾意《诗经》当另为一册）；（二）四书；（三）孝经；第二册当为非儒家经籍，宜包：（一）老子（全）；（二）庄子（内篇）；（三）列子（第七篇——“杨朱篇”）；（四）墨子（选）；（五）韩非子（选）。

先生甚以为然，因问我肯编译此两册否。吾以为此事乃大好事业，可收教育的功效，遂许之。（吾久有志于此举。前年在绮时，散仆生［Prof. M. W. Sampson］先生曾劝我为之。彼时以人望轻，即言之亦不得人之听，故不为也。）先生言丹特君但许每页得五十钱，此仅足偿打字费。故彼意欲令丹特于五十钱一页之外，另出打字费。若能办到此一层，彼当以书告我。我诺之。（此事后来竟无所成，我甚愧对朝河先生。——廿三年九月胡适记。）

二等舱里的俄国人嫌饭食不好，前天开会讨论，举代表去见船主，说这种饭是吃不得的。船主没有睬他们。昨夜竟全体“罢饭”，不来餐堂。餐时过了，侍者们把饭菜都收了。到了九点钟，他们饿了，问厨房里要些面包、牛油、干酪、咖啡，大吃一顿。

连日与同船的俄人闲谈，知此间六十馀人中，无政府党凡四十五个，其他二十人则社会党人也。以吾所观察，觉无政府党中除两三领袖之外，皆无意识之急进少年也。其中领袖如前所记之女子名Gurenvitch夫人者，及一老人名Rohde者，皆似有定见有阅历之人。社会党中人数虽少，然吾所与谈者皆似稳重通达事理之人。上所记两党人数之多寡，实系偶然，不可据此遂说俄国之无政府党多于社会党可三倍也。

七月五日下午四时船进横滨港，始知张勋拥宣统复辟之消息。复辟之无成，固可断言。所可虑的，今日之武人派名为反对帝政复辟，实为祸乱根苗。此时之稳健派似欲利用武人派之反对复辟者以除张勋一派，暂时或有较大的联合，他日终将决裂。如此祸乱因仍，坐失建设之时会，世界将不能待我矣。

因船期甚短，故已决计不去东京一游，拟与慰慈上岸寄信买报。方登岸，即遇嘉定潘公弼君，言东京友人郭虞裳、俞颂华两君知吾与慰慈归国，坚邀去东京相见。两君因今日有考试，故托潘君来迎。诸君情意不可却，遂以电车去东京，与郭、俞两君相见甚欢。两君皆澄衷同学也。此外尚有戴君克谐（字蔼庐）与颂华同居。诸君邀至一中国饭馆晚餐。虞裳言有湖南醴陵李君邦藩（字石岑）曾读吾文，闻吾来甚思一见。因以书招之来，席上相见，谈及傅君剑、谢诮庄诸故人，皆醴陵人也。

诸君欲我与慰慈在东京住一二日，然后以火车至长崎上船，吾辈以不欲坐火车，故不能留。是夜九时，与诸君别，回横滨。半夜船行。

在东京时，虞裳言曾见《新青年》第三卷第三号：因同往买得一册。舟中读之。此册有吾之《历史的文学观念论》（本为致陈独秀先生书中一节），及论文学革命一书。此外有独秀之《旧思想与国体问题》，其所言今日竟成事实矣。又有日本人桑原隔藏博士之《中国学研究者之任务》一文，其大旨以为治中国学宜采用科学的方法，其言极是。其所举欧美治中国学者所用方法之二例，一为定中国汉代"一里"为四百米突（十里约为二英里半），一为定中国"一世"为三十一年。后例无甚重要，前例则历史学之一大发明也。末段言中国籍未经"整理"，不适于用。"整理"即英文之systematize也。其所举例，如《说文解字》之不便于检查，如《图书集成》之不合用。皆极当，吾在美洲曾发愿"整理"《说文》一书，若自己不能为之，当教人为之。又如《图书集成》一书，吾家亦有一部，他日当为之作一"备检"。此外，有刘半农君《我之文学改良观》，其论韵文三事：（一）改用新韵；（二）增多诗体；（三）提高戏曲之位置。皆可采。第三条之细目稍多可议处，其前二条，则吾所绝对赞成者也。

前读朝河贯一先生之《日本封建时代田产之原起》（*The Origin of the Feudal Land Tenure in Japan*）一文，其中多有味之事实，当摘记之。"封建制度"，乃西文"Feudalism"之译名，其实不甚的确。此制与吾国历史上所谓"封建"者有别。今以无适当之名故暂用之。吾问朝河君日本学者曾用何名。君言除“封建制度”外，有用“知行制度”者。“知行”乃公文中字，其时佃人投靠，所立文契中有此字样，其实亦不成名词也。今日吾忽思得“分据制度”“割据制度”，似较“封建制度”为胜。

八日，自神户到长崎，舟行内海中，两旁皆小岛屿，风景极佳。美洲圣洛能司（St. Lawrence River）中有所谓“千岛”者，舟行无数小岛之间，以风景著称于世。吾未尝见之，今此一日海程所经，亦可称亚洲之“千岛”耳。

到长崎未上岸。

十日，到上海。二哥，节公，聪侄，汗孟邹，章洛声，皆在码头相待。二哥年四十一耳，而须发皆已花白。甚矣，境遇之易老人也！聪侄十一年不见，今年十八而已如吾长。节公亦老态苍然，行步艰难，非复十年前日行六十里（丁未年吾与节公归里，吾坐轿而节公步行）之节公矣。

——1917年6月9日至7月1日

（收入1939年亚东图书馆初版《藏晖室札记》卷十六）

1917

归国杂感

我在美国动身的时候，有许多朋友对我道：“密司忒胡，你和中国别了七个足年了，这七年之中，中国已经革了三次的命，朝代也换了几个了。真个是一日千里的进步。你回去时，恐怕要不认得那七年前的老大帝国了。”我笑着对他们说道：“列位不用替我担忧。我们中国正恐怕进步太快，我们留学生回去要不认得他了，所以他走上几步，又退回几步。他正在那里回头等我们回去认旧相识呢。”

这话并不是戏言，乃是真话。我每每劝人回国时莫存大希望；希望越大，失望越大。所以我自己回国时，并不曾怀什么大希望。果然船到了横滨，便听得张勋复辟的消息。如今在中国已住了四个月了，所见所闻，果然不出我所料。七年没见面的中国还是七年前的老相识！到上海的时候，有一天，一位朋友拉我到大舞台去看戏。我走进去坐了两点钟，出来的时候，对我的朋友说道：“这个大舞台真正是中国的一个绝妙的缩本模型。你看这大舞台三个字岂不很新？外面的房屋岂不是洋房？这里面的座位和戏台上的布景装潢岂不是西洋新式？但是做戏的人都不过是赵如泉，沈韵秋，万盏灯，何家声，何金寿这些人。没有一个不是二十年前的旧古董！我十三岁到上海的时候，他们已成了老角色了。如今又隔了十三年了，却还是他们在台上撑场面。这十三年造出来的新角色都到那里去了呢？你再看那台上做的《举鼎观画》。那祖先堂上的布景，岂不很完备？只是那小薛蛟拿了那老头儿的书信，就此跨马加鞭，却忘记了台上布的景是一座祖先堂！又看那出《四进士》。台上布景，明明有了门了，那宋士杰却还要做手势去关那没有的门；上公堂时，还要跨那没有的门槛！你看这二十年前的旧古董在20世纪的大舞台上做戏；装上了20世纪的新布景，却偏要那二十年前的旧手脚！这不是一幅绝妙的中国现势图吗？”

我在上海住了十二天，在内地住了一个月，在北京住了两个月，在路上走了二十天，看了两件大进步的事：第一件是“三炮台”的纸烟，居然行到我们徽州去了；第二件是“扑克”牌居然比麻雀牌还要时髦了。“三炮台”纸烟还不算稀奇，只有那“扑克”牌何以会这样风行呢？有许多老先生向来学A、B、C、D是很不行的，如今打起“扑克”来，也会说“恩德”“累死”“接客倭彭”了！这些怪不好记的名词，何以会这样容易上口呢？他们学这些名词这样容易，何以学正经的A、B、C、D又那样蠢呢？我想这里面很有可以研究的道理。新理想行不到徽州，恐怕是因为新思想没有“三炮台”那样中吃罢？A、B、C、D不容易教，恐怕是因为教的人不得其法罢？

我第一次走过四马路，就看见了三部教“扑克”的书。我心想“扑克”的书已有这许多了，那别种有用的书，自然更不少了，所以我就花了一天的工夫，专去调查上海的出版界。我是学哲学的，自然先寻哲学的书。不料这几年来，中国竟可以算得没有出过一部哲学书。找来找去，找到一部《中国哲学史》，内中王阳明占了四大页，《洪范》倒占了八页！还说了些“孔子既受天之命”“与天地合德”的话。又看见一部《韩非子精华》，删去了《五蠹》和《显学》两篇，竟成了一部《韩非子糟粕》了。文学书内，只有一部王国维的《宋元戏曲史》是很好的。又看见一家书目上有翻译的莎士比亚剧本，找来一看，原来把会话体的戏剧，都改作了《聊斋志异》体的叙事古文！又看见一部《妇女文学史》，内中苏蕙的回文诗足足占了六十页！又看见《饮冰室丛著》内有《墨学微》一书，我是喜欢看看墨家的书的人，自然心中很高兴。不料抽出来一看，原来是任公先生十四年前的旧作，不曾改了一个字！此外只有一部《中国外交史》，可算是一部好书，如今居然到了三版了。这件事还可以使人乐观。此外那些新出版的小说，看来看去，实在找不出一部可看的小说。有人对我说，如今最风行的是一部《新华春梦记》，这也可以想见中国小说界的程度了。

总而言之，上海的出版界——中国的出版界这七年来简直没有两三部以上可看的书！不但高等学问的书一部都没有，就是要找一部轮船上火车上消遣的书，也找不出！（后来我寻来寻去，只寻得一部吴稚晖先生的《上下古今谈》，带到芜湖路上去看。）我看了这个怪现状，真可以放声大哭。如今的中国人，肚子饿了，还有些施粥的场把粥给他们吃。只是那些脑子叫饿的人可真没有东西吃了。难道可以拿《十尾龟》来充饥吗？

中文书籍既是如此，我又去调查现在市上最通行的英文书籍。看来看去，都是些什么莎士比亚的《威匿思商》《麦克白传》，阿狄生的《文报选录》，戈司密的《威克斐牧师》，欧文的《见闻杂记》……大概都是些十七世纪十八世纪的书。内中有几部十九世纪的书，也不过是欧文，迭更司，司各脱，麦考来几个人的书，都是和现在欧美的新思潮毫无关系的。怪不得我后来问起一位有名的英文教习，竟连Bernard Shaw的名字也不曾听见过，不要说Tchekov和Andreyev了。我想这都是现在一班教会学堂出身的英文教习的罪过。这些英文教习，只会用他们先生教过的课本。他们的先生又只会用他们先生的先生教过的课本。所以现在中国学堂所用的英文书籍，大概都是教会先生的太老师或太太老师们教过的课本！怪不得和现在的思想潮流绝无关系了。

有人说，思想是一件事，文字又是一件事，学英文的人何必要读与现代新思潮有关系的书呢？这话似乎有理，其实不然。我们中国学英文，和英国美国的小孩子学英文，是两样的。我们学西洋文字，不单是要认得几个洋字，会说几句洋话，我们的目的在于输入西洋的学术思想，所以我以为中国学校教授西洋文字，应该用一种“一箭射双雕”的方法，把“思想”和“文字”同时并教。例如教散文，与其用欧文的《见闻杂记》，或阿狄生的《文报选录》，不如用赫胥黎的《进化杂论》。又如教戏曲，与其教莎士比亚的《威匿思商》，不如用Bernard Shaw的Androclesand the Lion或是Galsworthy的Strife或Justice。又如教长篇的文字，与其教麦考来的《约翰生行述》不如教弥尔的《群己权界论》……我写到这里，忽然想起日本东京丸善书店的英文书目。那书目上，凡是英美两国一年前出版的新书，大概都有。我把这书目和商务书馆与伊文思书馆的书目一比较，我几乎要羞死了。

我回中国所见的怪现状，最普通的是“时间不值钱”。中国人吃了饭没有事做，不是打麻雀，便是打“扑克”。有的人走上茶馆，泡了一碗茶，便是一天了。有的人拿一只鸟儿到处逛逛，也是一天了。更可笑的是朋友去看朋友，一坐下便生了根了，再也不肯走。有事商议，或是有话谈论，倒也罢了。其实并没有可议的事，可说的话。我有一天在一位朋友处有事，忽然来了两位客，是××馆的人员。我的朋友走出去会客，我因为事没有完，便在他房里等他。我以为这两位客一定是来商议这××馆中什么要事的。不料我听得他们开口道："××先生，今回是打津浦火车来的，还是坐轮船来的？"我的朋友说是坐轮船来的。这两位客接着便说轮船怎样不便，怎样迟缓。又从轮船上谈到铁路上，从铁路上又谈到现在中文两银行的钞洋跌价。因此又谈到梁任公的财政本领，又谈到梁士诒的行踪去迹……谈了一点多钟，没有谈上一句要紧的话。后来我等得没法了，只好叫听差去请我的朋友。那两位客还不知趣，不肯就走。我不得已，只好跑了，让我的朋友去领教他们的"二梁优劣论"罢！

美国有一位大贤名弗兰克令（Benjamin Franklin）的，曾说道："时间乃是造成生命的东西。"时间不值钱，生命仍然也不值钱了。上海那些拣茶叶的女工，一天拣到黑，至多不过得二百个钱，少的不过得五六十钱。茶叶店的伙计，一天做十六七点钟的工，一个月平均只拿得两三块钱！还有那些工厂的工人，更不用说了。还有那些更下等，更苦痛的工作，更不用说了。人力那样不值钱，所以卫生也不讲究，医药也不讲究。我在北京上海看那些小店铺里和穷人家里的种种不卫生，真是一个黑暗世界。至于道路的不洁净，瘟疫的流行，更不消说了。最可怪的是无论阿猫阿狗都可挂牌医病，医死了人，也没有人怨恨，也没有人干涉。人命的不值钱，真可算得到了极端了。

现今的人都说教育可以救种种的弊病。但是依我看来，中国的教育，不但不能救亡，简直可以亡国。我有十几年没到内地去了，这回回去，自然去看看那些学堂。学堂的课程表，看来何尝不完备？体操也有，图画也有，英文也有，那些国文，修身之类，更不用说了。但是学堂的弊病，却正在这课程完备上。例如我们家乡的小学堂，经费自然不充足了，却也要每年花六十块钱去请一个中学堂学生兼教英文唱歌。又花二十块钱买一架风琴。我心想，这六十块一年的英文教习，能教什么英文？教的英文，在我们山里的小地方，又有什么用处？至于那音乐一科，更无道理了。请问那种学堂的音乐，还是可以增进“美感”呢？还是可以增进音乐知识呢？若果然要教音乐，为什么不去村乡里找一个会吹笛子唱昆腔的人来教。为什么一定要用那实在不中听的二十块钱的风琴呢？那些穷人的子弟学了音乐回家，能买得起一架风琴来练习他所学的音乐知识吗？我真是莫名其妙了。所以我在内地常说：“列位办学堂，尽不必问教育部规程是什么，须先问这块地方上最需要的是什么。譬如我们这里最需要的是农家常识，蚕桑常识，商业常识，卫生常识，列位却把修身教科书去教他们做圣贤！又把二十块钱的风琴去教他们学音乐！

又请一位六十块钱一年的教习教他们的英文！那位自己想想看，这样的教育，造得出怎么样的人才？所以我奉劝列位办学堂，切莫注重课程的完备，须要注意课程的实用。尽不必去巴结视学员，且去巴结那些小百姓。视学员说这个学堂好，是没有用的。须要小百姓都肯把他们的子弟送来上学，那才是教育有成效了。

以上说的是小学堂。至于那些中学校的成绩，更可怕了。我遇见一位省立法政学堂的本科学生，谈了一会儿，他忽然问道：“听说东文是和英文差不多的，这话可真吗？”我已经大诧异了。后来他听我说日本人总有些岛国习气，忽然问道：“原来日本也在海岛上吗？”——这个固然是一个极端的例，但是如今中学堂毕业的人才，高又高不得，低又低不得，竟成了一种无能的游民。这都由于学校里所教的功课，和社会上的需要毫无关涉。所以学校只管多，教育只管兴，社会上的工人，伙计，账房，警察，兵士，农夫……还只是用没有受过教育的人。社会所需要的是做事的人才，学堂所造成的是不会做事又不肯做事的人才，这种教育不是亡国的教育吗？

我说我的“归国杂感”，提起笔来，便写三四千字。说的都是些很可以悲观的话。但是我却并不是悲观的人。我以为这二十年来中国并不是完全没有进步，不过惰性太大，向前三步又退回两步，所以到如今还是这个样子。我这回回家寻出了一部叶德辉的《翼教丛编》，读了一遍，才知道这二十年的中国实在已经有了许多大进步。不到二十年前，那些老先生们，如叶德辉王益吾之流，出了死力去驳康有为，所以这书叫作《翼教丛编》。我们今日也痛骂康有为。但二十年前的中国，骂康有为太新；二十年后的中国却骂康有为太旧。如今康有为没有皇帝可保了，很可以做一部《翼教续编》来骂陈独秀了。这两部“翼教”的书的不同之处便是中国二十年来的进步了。

民国七年一月

（载1918年1月15日《新青年》第4卷第1号）

1924年北大《国学季刊》同仁合影。
左起：徐炳昶、沈兼士、马衡、胡适、顾颉刚、朱希祖、陈垣

1918—1938
从北京到华盛顿

1918

民国六年，尚在美国的胡适就在《新青年》上发表了一篇文章——《文学改良刍议》，提出文学的八个主张，极力主张要有“高远之思想”“真挚之情感”这两种因素，认为“情感者，文学之灵魂。文学而无情感，如人之无魂，木偶而已，行尸走肉而已”“思想之在文学，犹脑筋之在人身。人不能思想，则虽面目姣好，虽能笑啼感觉，亦何足取哉？文学亦犹是耳”。

1918年，胡适加入《新青年》编辑部，开始大力提倡白话文，宣传个性解放，思想自由，与陈独秀、李大钊等同为新文化运动的领导人物。1918年4月，胡适发表《建设的文学革命论》，认为中国若想有活文学必须用白话，必须用国语，必须做国语的文学。这在当时引起了极大的反响。1919年10月，胡适又发表了一篇重要论文《谈新诗》，以为中国文学的革命运动，先要语言文体的解放，若想有一种新内容和新精神，不能不先打破那些束缚精神的枷锁镣铐。就这样，胡适和他的朋友们开始了一场新文化运动。

逼上梁山——文学革命的开始

一

提起我们当时讨论“文学革命”的起因，我不能不想到那时清华学生监督处的一个怪人。这个人叫作钟文鳌，他是一个基督教徒，受了传教士和青年会的很大的影响。他在华盛顿的清华学生监督处做书记，他的职务是每月寄发各地学生应得的月费。他想利用他发支票的机会做一点社会改革的宣传。他印了一些宣传品，和每月的支票夹在一个信封里寄给我们。他的小传单有种种花样，大致是这样的口气：

“不满二十五岁不娶妻。”“废除汉字，改用字母。”“多种树，种树有益。”

支票是我们每月渴望的；可是钟文鳌先生的小传单未必都受我们的欢迎。我们拆开信，把支票抽出来，就把这个好人的传单抛在字纸篓里去。

可是，钟先生的热心真可厌——他不管你看不看，每月总照样夹带一两张小传单给你。我们平时厌恶这种青年会宣传方法的，总觉得他这样滥用职权是不应该的。有一天，我又接到了他的一张传单，说中国应该改用字母拼音；说欲求教育普及，非有字母不可。我一时动了气，就写了一封短信去骂他。信上的大意是说：“你们这种不通汉文的人，不配谈改良中国文字的问题，必须先费几年工夫，把汉文弄通了，那时你才有资格谈汉字是不是应该废除。”

这封信寄出去之后，我就有点懊悔了。等了几天，钟文鳌先生没有回信来，我更觉得我不应该这样“盛气凌人”。我想，这个问题不是一骂就可完事的。我既然说钟先生不够资格讨论此事，我们够资格的人就应该用点心思才力去研究这个问题。不然，我们就应该受钟先生的训斥了。

那一年恰好东美的中国学生会新成立了一个“文学科学研究部”（Institute of Arts and Sciences），我是文学股的委员，负有准备年会时分股讨论的责任。我就同赵元任先生商量，把“中国文字的问题”作为本年文学股的论题，由他和我两个人分做两篇论文，讨论这个问题的两个方面：赵君专论“吾国文字能否采用字母制，及其进行方法”；我的题目是“如何可使吾国文言易于教授”。赵君后来觉得一篇不够，连做了几篇长文，说吾国文字可以采用音标拼音，并且详述赞成与反对的理由。他后来是“国语罗马字”的主要制作人：这几篇主张中国拼音文字的论文是国语罗马字的历史的一种重要史料。

我的论文是一种过渡时代的补救办法。我的日记里记此文大旨如下：

（一）汉文问题之中心在于“汉文究可为传授教育之利器否”一问题。（二）汉文所以不易普及者，其故不在汉文，而在教之之术之不完。同一文字也，甲以讲书之故而通文，能读书作文；乙以徒事诵读不求讲解之故，而终身不能读书作文。可知受病之源在于教法。（三）旧法之弊，盖有四端：

（1）汉文乃是半死之文字，不当以教活文字之法教之。（活字者，日用语言之文字，如英法文是也，如吾国之白话是也。文字者，如希腊、拉丁，非日用之语言，已陈死矣。半死字者，以其中尚有日用之分子在也。如犬字是已死之字，字是活字；乘马是死语，骑马是活语。故曰半死之文字也。）旧法不明此义，以为徒事朗诵，可得字义，此其受病之源。死文字之法，与教外国文字略相似，须用翻译之法，译死为活语，所谓“讲书”是也。

（2）汉文乃是视官的文字，非听官的文字。凡一字有二要，一为其声，一为其义。无论何种文字，皆不能同时并达此二者。母的文字但能传声，不能达意，象形会意之文字，但可达意而不能传声。今之汉文已失象形会意指事之特长；而教者又不复知说文学。其结果遂令吾国文字既不能传声，又不能达意。向之有一短者，今乃并失其所长。学者不独须强记字音，又须强记字义，是事倍而功半也。欲救此弊，当鼓励字源学，当以古体与今体同列教科书中；小学教授当先令童蒙习象形指事之字，次及浅易之会意字，次及浅易之形声字。中学以上皆当习字源学。

（3）吾国文本有文法。文法乃教文字语言之捷径，今当鼓励文法学，列为必须之学科。

（4）吾国向不用文字符号，致文字不易普及；而文法之不讲，亦未始不由于此，今当力求采用一种规定之符号，以求文法之明显易解，及意义之确定不易。（以上引一九一五年八月二十六日日记。）

我是不反对字母拼音的中国文字的；但我的历史训练（也许是一种保守性）使我感觉字母的文字不是容易实行的，而我那时还没有想到白话可以完全替代文言，所以我那时想要改良文言的教授方法，使汉文容易教授。我那段日记的前段还说：

当此字母制未成之先，今之文言终不可废置，以其为仅有之各省交通之媒介也，以其为仅有之教育授受之具也。

我提出的四条古文教授法，都是从我早年的经验里得来的。第一条注重讲解古书，是我幼年时最得力的方法。第二条主张字源学是在美国时的一点经验，有一个美国同学跟我学中国文字，我买一部王筠的《文字蒙求》给他做课本觉得颇有功效。第三条讲求文法是我崇拜《马氏文通》的结果，也是我学习英文的经验和教训。第四条讲标点符号的重要，也是学外国文得来的教训；我那几年想出了种种标点的符号，一九一五年六月为《科学》作了一篇《论句读及文字符号》的长文，约有一万字。凡规定符号十种，在引论中我讨论没有文字符号的三大弊：一为意义不能确定，容易误解；二为无以表示文法上的关系；三为教育不能普及。我在日记里自跋云：

吾之有意于句读及符号之学也久矣。此文乃数年来关于此问题之思想结晶而成者，初非一时兴到之作也。后此文中，当用此制。七月二日。

二

以上是一九一五年夏季的事。这时候我已承认白话是活文字，古文是半死的文字。那个夏天，任叔永（鸿隽）、梅觐庄（光迪）、杨杏佛（铨）、唐擘黄（钺）都在绮色佳（Ithaca）过夏，我们常常讨论中国文学的问题。从中国文字问题转到中国文学问题，这是一个大转变。这一班人中，最守旧的是梅觐庄，他绝对不承认中国古文是半死或全死的文字。因为他的反驳，我不能不细细想过我自己的立场。他越驳越守旧，我倒渐渐变得更激烈了。我那时常提到中国文学必须经过一场革命；“文学革命”的口号，就是那个夏天我们乱谈出来的。

梅觐庄新从芝加哥附近的西北大学毕业出来，在绮色佳过了夏，要往哈佛大学去。九月十七日，我做了一首长诗送他，诗中有这两段很大胆的宣言：

梅生梅生毋自鄙！神州文学久枯馁，百年未有健者起。新潮之来不可止；文学革命其时矣！吾辈势不容坐视。且复号召二三子，革命军前杖马棰，鞭笞驱除一车鬼，再拜迎入新世纪！以此报国未云菲：缩地戡天差可儗。梅生梅生毋自鄙！作歌今送梅生行，狂言人道臣当烹。我自不吐定不快，人言未足为重轻。

在这诗里，我第一次用“文学革命”一个名词。这首诗颇引起了一些小风波。原诗共有四百二十字，全篇用了十一个外同字的译音，任叔永把那诗里的一些外国字连缀起来，做了一首游戏诗送我往纽约：

牛敦爱迭孙，培根客尔文。
索虏与霍桑，烟士披里纯。
鞭笞一车鬼，为君生琼英。
文学今革命，作歌送胡生。

诗的末行自然是挖苦我的“文学革命”的狂言。所以我可不能把这诗当作游戏看。我在九月十九日的日记里记了一行：

任叔永戏赠诗，知我乎？罪我乎？

九月二十日，我离开绮色佳，转学到纽约去进哥伦比亚大学，在火车上用叔永的游戏诗的韵脚，写了一首很庄重的答词，寄给绮色佳的各位朋友：

诗国革命何自始？要须作诗如作文。
琢镂粉饰丧元气，貌似未必诗之纯。
小人行文颇大胆，诸公一一皆人英。
愿共戮力莫相笑，我辈不作腐儒生。

在这首诗里，我特别提出了“诗国革命”的问题，并且提出了一个“要须作诗如作文”的方案，从这个方案上，惹出了后来做白话诗的尝试。

我认定了中国诗史上的趋势，由唐诗变到宋词，无甚玄妙，只是作诗更近于作文！更近于说话。近世诗人欢喜做宋诗，其实他们不曾明白宋诗的长处在哪儿。宋朝的大诗人的绝大贡献，只在打破了六朝以来的声律的束缚，努力造成一种近于说话的诗体。我那时的主张颇受了读宋词的影响，所以说“要须作诗如作文”，又反对“琢镂粉饰”的诗。

那时我初到纽约，觐庄初到康桥，各人都很忙，没有打笔墨官司的余暇。但这只是暂时的停战，偶一接触，又爆发了。

三

一九一六年，我们的争辩最激烈，也最有效果。争辩的起点，仍旧是我的“要须作诗如作文”的一句诗。梅觐庄曾驳我道：

足下谓诗国革命始于“作诗如作文”，迪颇不以为然。诗文截然两途。诗之文字（Poeticdiction）与文之文字（Prosediction）自有诗文以来（无论中西），已分道而驰。足下为诗界革命家，改良“诗之文字”则可。若仅移“文之文字”于诗，即谓之革命，则不可也……一言以蔽之，吾国求诗界革命，当于诗中求之，与文无涉也。若移“文之文字”于诗，即谓之革命，则诗界革命不成问题矣。以其太易易也。

任叔永也来信，说他赞成觐庄的主张。我觉得自己很孤立，但我终觉得他们两人的说法都不能使我心服。我不信诗与文是完全截然两途的。我答他们的信，说我的主张并不仅仅是以“文之文字”入诗。我的大意是：

今日文学大病在于徒有形式而无精神，徒有文而无质，徒有铿锵之韵，貌似之辞而已。今欲救此文胜之弊，宜从三事入手：第一须言之有物，第二须讲文法，第三，当用“文之文字”时，不可避之。三者皆以质救文胜之敝也。（二月三日）

我自己日记里记着：

吾所持论，固不徒以“文之文字”入诗而已。然不避“文之文字”，自是吾论诗之一法……古诗如白香山之《道州民》，如老杜之《自京赴奉先咏怀》，如黄山谷之《题莲华寺》，何一非用“文之文字”，又何一非用“诗之文字”耶？（三月三日）

这时候，我已仿佛认识了中国文学问题的性质。我认清了这问题在于“有文而无质”。怎么才可以救这“文胜质”的毛病呢？我那时的答案还没有敢想到白话上去，我只敢说“不避文的文字”而已。但这样胆小的提议，我的一班朋友都还不能了解。梅觐庄的固执“诗的文字”与“文的文字”的区别，自不必说。任叔永也不能完全了解我的意思。他有信来说：

……要之，无论诗文，皆当有质。有文无质，则成吾国近世萎靡腐朽之文学，吾人正当廓而清之。然使以文学革命自命者，乃言之无文，欲其行远，得乎？近来颇思吾国文学不振，其最大原因，乃在文人无学。救之之法，当从绩学入手。徒于文字形式上讨论，无当也。（二月十日）

这种说法，何尝不是？但他们都不明白“文字形式”往往是可以妨碍束缚文学的本质的。“旧皮囊装不得新酒”，是西方的老话。我们也有“工欲善其事，必先利其器”的古话。文字形式是文学的工具；工具不适用，如何能达意表情？

从二月到三月，我的思想上起了一个根本的新觉悟。我曾彻底想过：一部中国文学史只是一部文字形式（工具）新陈代谢的历史，只是“活文学”随时起来替代了“死文学”的历史。文学的生命全靠能用一个时代的活的工具来表现一个时代的情感与思想。工具僵化了，必须另换新的，活的，这就是“文学革命”。例如《水浒传》上石秀说的：你这与奴才做奴才的奴才！

我们若把这句话改作古文，“汝奴之奴”或他种译法，总不能有原文的力量。这岂不是因为死的文字不能表现活的话语？此种例证，何止千百？所以我们可以说：历史上的“文学革命”全是文学工具的革命。叔永诸人全不知道工具的重要，所以说“徒于文字形式上讨论，无当也”。他们忘了欧洲近代文学史的大教训！若没有各国的活语言作新工具，若近代欧洲文人都还须用那已死的拉丁文作工具，欧洲近代文学的勃兴是可能的吗？欧洲各国的文学革命只是文学工具的革命。中国文学史上几番革命也都是文学工具的革命。这是我的新觉悟。

我到此时才把中国文学史看明白了，才认清了中国俗话文学（从宋儒的白话语录到元朝明朝的白话戏曲和白话小说）是中国的正统文学，是代表中国文学革命自然发展的趋势的。我到此时才敢正式承认中国今日需要的文学革命是用白话替代古文的革命，是用活的工具替代死的工具的革命。

一九一六年三月间，我曾写信给梅觐庄，略说我的新见解，指出宋元的白话文学的重要价值。觐庄究竟是研究过西洋文学史的人，他回信居然很赞成我的意见。他说：

来书论宋元文学，甚启聋聩。文学革命自当从“民间文学”（Folkore，Popularpoetry，Spokenlanguage，etc.）入手，此无待言。惟非经一番大战争不可。骤言俚俗文学，必为旧派文家所讪笑攻击。但我辈正欢迎其讪笑攻击耳。（三月十九日）

这封信真叫我高兴，梅觐庄也成了“我辈”！我在四月五日把我的见解写出来，作为两段很长的日记。第一段说：

文学革命，在吾国史上，非创见也。即以韵文而论：三百篇变而为骚，一大革命也。又变为五言七言之诗，二大革命也。赋之变为无韵之骈文，三大革命也。古诗之变为律诗，四大革命也。诗之变为词，五大革命也。词之变为曲，为剧本，六大革命也。何独于吾所持文学革命论而疑之！

第二段论散文的革命：

文亦几遭革命矣。孔子至于秦汉，中国文体始臻完备……六朝之文亦有绝妙之作。然其时骈俪之体大盛，文以工巧雕琢见长，文法遂衰。韩退之之“文起八代之衰”，其功在于恢复散文，讲求文法，亦一革命也。唐代文学革命家，不仅韩氏一人；初唐之小说家皆革命功臣也。“古文”一派，至今为散文正宗，然宋人谈哲理者，似悟古文之不适于用，于是语录体兴焉。语录体者，以俚语说理记事……此亦一大革命也……至元人之小说，此体始臻极盛……总之，文学革命至元代而登峰造极。其时词也，曲也，剧本也，小说也，皆第一流之文学，而皆以俚语为之。其时吾国真可谓有一种“活文学”出世。倘此革命潮流（革命潮流即天演进化之迹。自其异者言之，谓之革命。自其循序渐进之迹言之，即谓之进化，可也）不遭明代八股之劫，不受诸文人复古之劫，则吾国之文学必已为俚语的文学，而吾国之语言早成为言文一致之语言，可无疑也。但丁（Dante）之创意大利文，却叟（Chaucer）之创英吉利文，马丁·路得（Martin. Luther）之创德意志文，未足独有千古矣。惜乎，五百余年来，半死之古文，半死之诗词，复夺此“活文学”之地位，而“半死文学”遂苟延残喘以至于今日。今日之文学，独我佛山人，南亭亭长，洪都百炼生诸公之小说可称“活文学”耳。文学革命何可更缓耶！何可更缓耶！（四月五日夜记）

从此以后，我觉得我已从中国文学演变的历史上寻得了中国问题的解决方案，所以我更自信这条路是不错的。过了几天，作了一首《沁园春》词，写我那时的情绪：

沁园春·誓诗

更不伤春，更不悲秋，以此誓诗。
任花开也好，花飞也好，月圆固好，日落何悲？
我闻之曰，“从天而颂，孰与制天而用之？”
更安用，为苍天歌哭，作彼奴为！
文学革命何疑！且准备搴旗作健儿。
要前空千古，下开百世，收他臭腐，还我神奇。
为大中华，造新文学，此业吾曹欲让谁？
诗材料，有簇新世界，供我驱驰。

（四月十三日）

这首词下半阕的口气是很狂的，我自己觉得有点不安，所以修改了好多次。到了第三次修改，我把“为大中华，造新文学，此业吾曹欲让谁”的狂言，全删掉了，下半阕就改成了这个样子：

……文章要有神思，到琢句雕词意已卑。定不师秦七，不师黄九，但求似我，何效人为！语必由衷，言须有物，此意寻常当告谁！从今后，倘傍人门户，不是男儿！

这次改本后，我自跋云：

吾国文学大病有三：一曰无病而呻，……二曰摹仿古人，……三曰言之无物……顷所作词，专攻此三弊，岂徒责人，亦以自誓耳。（四月十七日）

前答觐庄书，我提出三事：言之有物，讲文法，不避“文之文字”；此跋提出的三弊，除“言之无物”与前第一事相同，余二事是添出的。后来我主张的文学改良的八件，此时已有了五件了。

四

一九一六年六月中，我往克利佛兰赴“第二次国际关系讨论会”，去时来时都经过绮色佳，去时在那边住了八天，常常和任叔永、唐擘黄、杨杏佛诸君谈论改良中国文学的方法，这时候我已有了具体的方案，就是用白话作文、作诗、作戏曲。日记里记我谈话的大意有九点：

（一）今日之文言乃是一种半死的文字。（二）今日之白话是一种活的语言。（三）白话并不鄙俗，俗儒乃谓之俗耳。（四）白话不但不鄙俗，而且甚优美适用。凡言要以达意为主，其不能达意者，则为不美。如说，“赵老头回过身来，爬在街上，扑通扑通的磕了三个头”，若译作文言，更有何趣味？（五）凡文言之所长，白话皆有之。而白话之所长，则文言未必能及之。（六）白语并非文言之退化，乃是文言之进化，其进化之迹，略如下述：（1）从单音的进而为复音的。（2）从不自然的文法进而为自然的文法。例如“舜何人也”变为“舜是什么人”；“己所不欲”变为“自己不要的”。（3）文法由繁趋简。例如代名词的一致。（4）文言之所无，白话皆有以补充。例如文言只能说“此乃吾儿之书”，但不能说“这书是我儿子的”。（七）白话可以产生第一流文学。白话已产生小说、戏剧、语录、诗词，此四者皆有史事可证。（八）白话的文学为中国千年来仅有之文学。其非白话的文学，如古文，如八股，如笔记小说，皆不足与第一流文学之列。（九）文言的文字可读而听不懂：白话的文字既可读，又听得懂。凡演说、讲学、笔记、文言决不能应用。

今日所需，乃是一种可读、可听、可歌、可讲、可记的言语。要读书不须口译，演说不须笔译；要施诸讲坛舞台而皆可，诵之村妪妇孺皆可懂。不如此者，非活的言语也，决不能成为吾国之国语也，决不能产生第一流的文学也。（七月六日追记）

七月二日，我回纽约时，重过绮色佳，遇见梅觐庄，我们谈了半天，晚上我就走了。日记里记此次谈话的大致如下：

吾以为文学在今日不当为少数文人之私产，而当以能普及最大多数之国人为一大能事。吾又以为文学不当与人事全无关系；凡世界有永久价值之文学，皆尝有大影响于世道人心者也。觐庄大攻此说，以为Utilitarian（功利主义），又以为偷得Tolstoy（托尔斯泰）之绪余；以为此等十九世纪之旧说，久为今人所弃置。

余闻之大笑。夫吾之论中国文学，全从中国一方面着想，初不管欧西批评家发何议论。吾言而是也，其为Utilitarian，其为Tolstoy又何损其为是。吾言而非也，但当攻其所以非之处，不必问其为Utilitarian抑为Tolstoy也。（七月十三日追记）

五

我回到纽约之后不久，绮色佳的朋友们遇着了一件小小的不幸事故，产生了一首诗，引起了一场大笔战，竟把我逼上了决心试做白话诗的路上去。

七月八日，任叔永同陈衡哲女士、梅觐庄、杨杏佛、唐擘黄在凯约嘉湖上摇船，近岸时船翻了，又遇着大雨。虽没有伤人，大家的衣服都湿了。叔永做了一首四言的《泛湖即事》长诗，寄到纽约给我看。诗中有“言棹轻楫，以涤烦疴”；又有“猜谜赌胜，载笑载言”等等句子。恰好我是曾做《诗三百篇言字解》的，看了“言棹轻楫”的句子，有点不舒服，所以我写信给叔永说：

……再者，诗中所用“言”字“载”字，皆系死字；又如“猜谜赌胜，载笑载言”二句，上句为二十世纪之活字，下句为二千年前之死句，殊不相称也。……（七月十六日）

叔永不服，回信说：

足下谓“言”字“载”字为死字，则不敢谓然。如足下意，岂因《诗经》中曾用此字，吾人今日所用字典便不当搜入耶？“载笑载言”因为“三千年前之语”，然可用以达我今日之情景，即为今日之语，而非“三千年前之死语”，此君我不同之点也。……（七月十七日）

我的本意只是说“言”字“载”字在文法上的作用，在今日还未能确定，我们不可轻易乱用。我们应该铸造今日的话语来“达我今日之情景”，不当乱用意义不确定的死字。苏东坡用错了“驾言”两字，曾为章子厚所笑。这是我们应该引为训诫的。

这一点本来不很重要，不料竟引起了梅觐庄出来代抱不平。他来信说：

足下所自矜为“文学革命”真谛者，不外乎用“活字”以入文，于叔永诗中稍古之字，皆所不取，以为非“二十世纪之活字”。此种论调，固足下所恃为哓哓以提倡“新文学”者，迪又闻之素矣。夫文学革新，须洗去旧日腔套。务去陈言，固矣。然此非尽屏古人所用文字，而另以俗语白话代之之谓也。……足下以俗语白话为向来文学上不用之字，骤以入文，似觉新奇而美，实则无永久价值。因其向未经美术家之锻炼，徒委诸愚夫愚妇，无美术观念者之口，历世相传，愈趋愈下，鄙俚乃不可言。足下得之，乃矜矜自喜，眩为创获，异矣！如足下之言，则人间材智，教育，选择，诸事，皆无足算，而村农伧夫皆足为诗人美术家矣。甚至非洲之黑蛮，南洋之土人，其言文无分者，最有诗人美术家之资格也。何足下之醉心于俗语白话如是耶？至于无所谓“活文学”，亦与足下前此言之。……文字者，世界上最守旧之物也。……一字意义之变迁，必经数十或数百年而后成，又须经文学大家承认之，而恒人始沿用之焉。足下乃视改革文字如是之易易乎？……

总之，吾辈言文学革命须谨慎以出之。尤须先精究吾国文字，始敢言改革。欲加用新字，须先用美术以锻炼之。非仅以俗语白话代之，即可了事者也。（俗语白语亦有可用者，惟必须经美术家之锻炼耳。）如足下言，乃以暴易暴耳，岂得谓之改良乎？……（七月十七日）

觐庄有点动了气，我要和他开开玩笑，所以做了一首一千多字的白话游戏诗回答他。开篇就是描摹老梅生气的神气：

"人闲天又凉"，老梅上战场。拍桌骂胡适，说话太荒唐！说什么"中国应有活文学"！说什么"须用白话做文章"！文字哪有死活！白话俗不可当！……

第二段中有这样的话：

老梅牢骚发了，老胡哈哈大笑。且请平心静气，这是什么论调！文字没有古今，却有死活可道。古人叫作"欲"，今人叫作"要"。古人叫作"至"，今人叫作"到"。古人叫作"溺"，今人叫作"尿"。本来同是一字，声音少许变了。并无雅俗可言，何必纷纷胡闹？至于古人叫"字"，今人叫"号"；古人悬梁，今人上吊；古名虽未必不佳，今名又何尝不妙？至于古人乘舆，今人坐轿；古人加冠束帻，今人但知戴帽；这都是古所没有，而后人所创造。若必叫帽作巾，叫轿作舆，岂非张冠李戴，认虎作豹？

第四段专答他说的“白话须锻炼”的意思：

今我苦口哓舌，算来却是为何？正要求今日的文学大家，把那些活泼泼的白话，拿来锻炼，拿来琢磨，拿来作文演说，作曲作歌：——出几个白话的嚣俄，和几个白话的东坡，那不是“活文学”是什么？那不是“活文学”是什么？……

这首“打油诗”是七月二十二日做的，一半是少年朋友的游戏，一半是我有意试做白话的韵文。但梅、任两位都大不以为然。觐庄来信大骂我，他说：

读大作如儿时听《莲花落》，真所谓革尽古今中外诗人之命者！足下诚豪健哉！……（七月二十四日）

叔永来信也说：

足下此次试验之结果，乃完全失败；盖足下所作，白话则诚白话矣，韵则有韵矣，然却不可谓之诗。盖诗词之为物，除有韵之外，必须有和谐之音调，审美之辞句，非如宝玉所云“押韵就好”也。……（七月二十四日夜）

对于这一点，我当时颇不心服，曾有信替自己辩护，说我这首诗，当作一首Satire（嘲讽诗）看，并不算是失败，但这种“戏台里喝彩”实在大可不必。我现在回想起来，也觉得自己好笑。

这一首游戏的白话诗，本身虽没有多大价值，在我个人做白话诗的历史上，可是很重要的。因为梅、任诸君的批评竟逼得我不能不努力试做白话诗了。觐庄的信上曾说：

文章体裁不同。小说词曲固可用白话，诗文则不可。

叔永的信上也说：

要之，白话自有白话用处（如作小说演说等），然不能用之于诗。

这样看来，白话文学在小说词曲演说的几方面，已得梅、任两君承认了。觐庄不承认白话可作诗与文，叔永不承认白话可用来作诗。觐庄所谓“文”自然是指《古文辞类纂》一类书里所谓“文”（近来有人叫作“美文”）。在这一点上，我毫不狐疑，因为我在几年前曾做过许多白话的议论文，我深信白话文是不难成立的。现在我们的争点，只在“白话是否可以作诗”的一个问题了。白话文学的作战，十仗之中，已胜了七八仗。现在只剩一座诗的壁垒，还须用全力去抢夺。待到白话征服这个诗国时，白话文学的胜利就可说是十足的了，所以我当时打定主意，要做先锋去打这座未投降的壁垒：就是要用全力去试做白话诗。

叔永的长信上还有几句话使我更感觉这种试验的必要。他说：

如凡白话皆可为诗，则吾国之京调高腔，何一非诗？……呜呼适之，吾人今日言文学革命，乃诚见今日文学有不可不改革之处，非特文言白话之争而已。……以足下高才有为，何为舍大道不由，而必旁逸斜出，植美卉于荆棘之中哉？……今且假定足下之文学革命成功，将令吾国作诗皆京调高腔，而陶谢李杜之流永不复见于神州，则足下之功又何如哉，心所谓危，不敢不告。……足下若见听，则请从他方面讲文学革命，勿徒以白话诗为事矣。……（七月二十四日夜）

这段话使我感觉他们都有一个根本上的误解。梅、任诸科都赞成“文学革命”，他们都说“诚见今日文学有不可不改革之处”。但他们赞成的文学革命，只是一种空荡荡的目的，没有具体的计划，也没有下手的途径。等到我提出了一个具体的方案（用白话做一切文学的工具），他们又都不赞成了。他们都说，文学革命绝不是“文言白话之争而已”。他们都说，文学革命应该有“他方面”，应该走“大道”。究竟那“他方面”是什么方面呢？充兑那“大道”是什么道呢？他们又都说不出来了；他们只知道绝不是白话！

我也知道光先有白话算不得新文学，我也知道新文学必须有新思想和新精神。但是我认定了：无论如何，死文字绝不能产生活文学。若要造一种活的文学，必须有活的工具。那已产生的白话小说词曲，都可证明白话是最配做中国活文学的工具的，我们必须先把这个工具抬高起来，使他成为公认的中国文学工具，使他完全替代那半死的或全死的老工具。有了新工具，我们方才谈得到新思想和新精神等等其他方面。这是我的方案。现在反对的几位朋友已承认白话可以作小说戏曲了。他们还不承认白话可以作诗。这种怀疑，不仅是对于白话诗的局部怀疑，实在还是对于白话文学的根本怀疑。在他们的心里，诗与文是正宗，小说戏曲还是旁门小道。他们不承认白话诗文，其实他们是不承认白话可做中国文学的唯一工具。所以我决心要用白话来征服诗的壁垒，这不但是试验白话诗是否可能，这就是要证明白话可以做中国文学的一切门类的唯一工具。

白话可以作诗，本来是毫无可疑的。杜甫、白居易、寒山、拾得、邵雍、王安石、陆游的白话诗都可以举来作证。词曲里的白话更多了。但何以我的朋友们还不能承认白话诗的可能呢？这有两个原因：第一是因为白话诗确是不多，在那无数的古文诗里，这儿那儿的几首白话诗在数量上确是很少的。第二是因为旧日的诗人词人只有偶然用白话做诗词的，没有用全力做白话诗词的，更没有自觉的做白话诗词的。所以现在这个问题还不能光靠历史材料的证明，还须等待我们用实地试验来证明。

所以我答叔永的信上说：

总之，白话未尝不可以入诗，但白话诗尚不多见耳。古之所少有，今日岂必不可多作乎？……白话之能不能作诗，此一问题全待吾辈解决。解决之法，不在乞怜古人，谓古之所无，今必不可有；而在吾辈实地试验。一次“完全失败”，何妨再来？若一次失败，便“期期以为不可”，此岂“科学的精神”所许乎？……

高腔京调未尝不可成为第一流文学。……适以为但有第一流文人肯用高腔京调著作，便使京调高腔成第一流文学。病在文人胆小不敢用耳。元人作曲可以取仕宦，下之亦可谋生，故名士如高则诚、关汉卿之流皆肯作曲作杂剧。今日高腔京调皆不文不学之戏子为之，宜其不能佳矣。此则高腔京调之不幸也。……

足下亦知今日受人崇拜之莎士比亚，即当唱京调高腔者乎？……与莎氏并世之培根著《论集》（*Essays*），有拉丁文英文两种本子；书既出世，培根自言，其他日不朽之名当赖拉丁文一本，而英文本则但以供一般普通俗人传诵耳，不足轻重也。此可见当时之英文的文学，其地位皆与今日京调高腔不相上下。……吾绝对不认“京调高腔”与“陶谢李杜”为势不两立之物。今且用足下之文学以述吾梦想中之文学革命之目的，曰：

（1）文学革命的手段，要令国中之陶、谢、李、杜敢用白话京调高腔作诗。要令国中之陶、谢、李、杜皆能用白话与京调高腔作诗。

（2）文学革命的目的，要令中国有许多白话京调高腔的陶、谢、李、杜，要令白话京调高腔之中产生几许陶、谢、李、杜。

（3）今日决用不着陶、谢、李、杜的陶、谢、李、杜。何也？时代不同也。

（4）吾辈生于今日，与其作不能行远不能普及的“五经”、两汉、六朝、八家文字，不如作家喻户晓的《水浒》《西游》文字。与其作似陶似谢似李似杜诗，不如作不似陶不似谢不似李不似杜的白话诗。与其作一个“真诗”，走“大道”，学这个，学那个的陈伯严、郑苏龛，不如作一个实地试验，“旁逸斜出”“舍大道而弗由”的胡适。

此四者乃适梦想中文学革命之宣言书也。

嗟夫，叔永，吾岂好立异以为高哉？徒以“心所谓是，不敢不为”。吾志决矣。吾自此以后，不更作文言诗词。吾之《去国集》乃是吾绝笔的文言韵文也……（七月二十六日）

这是我第一次宣言不做文言的诗词。过了几天，我再答叔永道：

古人说："工欲善其事，必先利其器。"文字者，文学之器也。我私心以为文言决不足为吾国将来文学之利器。施耐庵、曹雪芹诸人已实地证明作小说之利器在于白话。今尚需人实地试验白话是否可为韵文之利器耳。……

我自信颇能用白话作散文，但尚未能用之于韵文。私心颇欲以数年之力，实地练习之。倘年之后，竟能用白话作文作诗，无不随心所欲，岂非一大快事？

我此时练习白话韵文，颇似新辟一文学殖民地。可惜须单身匹马而往，不能多得同志，结伴同行。然我去志已决。公等假我数年之期。倘此新国尽是沙碛不毛之地，则我或终归老于"文言诗国"，亦未可知。倘幸而有成，则辟除荆棘之后，当开放门户，迎公等同来莅止耳。"狂言人道臣当烹。我自不吐定不快，人言未足为轻重。"足下定笑我狂耳……（八月四日）

这封信是我对于一班讨论文学的朋友的告别书。我把路线认清楚了，决定努力做白话诗的试验，要用试验的结果来证明我的主张的是非。所以从此以后，我不再和梅、任诸君打笔墨官司了。信中说的"可惜须单身匹马而往，不能多得同志，结伴同行"，也是我当时心里感觉的一点寂寞。我心里最感觉失望的，是我平时最敬爱的一班朋友都不肯和我同去探险。一年多的讨论，还不能说服一两个好朋友，我还妄想要在国内提倡文学革命的大运动吗？

有一天，我坐在窗口吃我自做的午餐，窗下就是一大片长林乱草，远望着赫贞江。我忽然看见一对黄蝴蝶从树梢飞上来；一会儿，一只蝴蝶飞下去了；还有一只蝴蝶独自飞了一会儿，也慢慢地飞下去，去寻他的同伴去了，我心里颇有点感触，感触到一种寂寞的难受，所以我写了一首白话小诗，题目就叫作《朋友》（后来才改作《蝴蝶》）：

两个黄蝴蝶，双双飞上天。不知为什么，一个忽飞还。

剩下那一个，孤单怪可怜。也无心上天，天上太孤单。

（八月二十三日）

这种孤单的情绪，并不含有怨望我的朋友的意思。我回想起来，若没有那一班朋友和我讨论，若没有那一日一邮片，三日一长函的朋友切磋的乐趣，我自己的文学主张绝不会经过那几层大变化，绝不会渐渐结晶成一个有系统的方案，绝不会慢慢的寻出一条光明的大路来。况且那年（1916年）的三月间，梅觐庄对于我的俗话文学的主张，已很明白的表示赞成了。（看上文引他的三月十九日来信。）后来他们的坚决反对，也许是我当时的少年意气太盛，叫朋友难堪，反引起他们的反感来了，就使他们不能平心静气的考虑我的历史见解，就使他们走上了反对的路上去。但是因为他们的反驳，我才有实地试验白话诗的决心。庄子说得好："彼出于是，是亦因彼。"一班朋友做了我多年的"他山之错"，我对他们，只有感激，决没有丝毫的怨望。

我的决心试验白话诗，一半是朋友们一年多讨论的结果，一半也是我受的实验主义的哲学的影响。实验主义教训我们：一切学理都只是一种假设；必须要证实了（verified），然后可算是真理。证实的步骤，只是先把一个假设的理论的种种可能的结果都推想出来，然后想法子来试验这些结果是否适用，或是否能解决原来的问题。我的白话文学论不过是一个假设，这个假设的一部分（小说词曲等）已有历史的证实了；其余一部分（诗）还须等待实地试验的结果。我的白话诗的实地试验，不过是我的实验主义的一种应用。所以我的白话诗还没有写得几首，我的诗集已有了名字了，就叫作《尝试集》。我读陆游的诗，有一首诗云：

能仁院前有石像丈余，盖作大像时样也。
江阁欲开千尺像，云龛先定此规模。
斜阳徙倚空长叹，尝试成功自古无。

陆放翁这首诗大概是别有所指，他的本意大概是说：小试而不得大用，是不会成功的，我借他这句诗，做我的白话诗集的名字，并且做了一首诗，说明我的尝试主义：

尝试篇

“尝试成功自古无”，放翁这话未必是。我今为下一转语，自古成功在尝试。请看药圣尝百草，尝了一味又一味。又如名医试丹药，何嫌六百零六次。莫想小试便成功，哪有这样容易事！有时试到千百回，始知前功尽抛弃。即使如此已无愧，即此失败便足记。告人此路不通行，可使脚力莫浪费。我生求师二十年，今得“尝试”两个字。作诗做事要如此，虽未能到颇有志。作“尝试歌”颂吾师，愿大家都来尝试！（八月三日）

这是我的实验主义的文学观。这个长期讨论的结果，使我自己把许多散漫的思想汇集起来，成为一个系统。一九一六年的八月十九日，我写信给朱经农，中有一段说：

新文学之要点。约有八事：

（一）不用典。（二）不用陈套语。（三）不讲对仗。（四）不避俗字俗语。（不嫌以白话作诗词。）（五）须讲求文法。（以上为形式的方面。）（六）不作无病之呻吟。（七）不摹仿古人。（八）须言之有物。（以上为精神［内容］的方面。）

那年十月中，我写信给陈独秀先生，就提出这八个“文学革命”的条件，次序也是这样的。不到一个月，我写了一篇《文学改良刍议》，用复写纸抄了两份，一份给《留美学生季刊》发表，一份寄给独秀在《新青年》上发表。（《胡适文存》卷一，页七一二三。）在这篇文字里，八件事的次序大改变了：

（一）须言之有物。（二）不摹仿古人。（三）须讲求文法。（四）不作无病之呻吟。（五）务去烂调套语。（六）不用典。（七）不讲对仗。（八）不避俗字俗语。

这个新次第是有意改动的。我把“不避俗字俗语”一件放在最后，标题只是很委婉的说“不避俗字俗语”，其实是很郑重的提出我的白话文学的主张。我在那篇文字里说：

吾惟以施耐庵、曹雪芹、吴趼人为文学正宗，故有“不避俗字俗语”之论也。盖吾国言文之背驰久矣。自佛书之输入，译者以文言不足以达意，故以浅近之文译之，其体已近白话。其后佛氏讲义语录尤多用白话为之者，是为语录体之原始。及宋人讲学，以白话为语录，此体遂成讲学正体（明人因之）。当是时，白话已久入韵文，观宋人之诗词可见。乃至元时，中国北部在异族之下三百余年矣。此三百年中，中国乃发生一种通俗行远之文学，文则有《水浒》《西游》《三国》，曲则尤不可胜计。以今世眼光观之，则中国文学当以元代为至盛；传世不朽之作，当以元代为最多。此无可疑也。当是时，中国之文学最近言文合一，白话几成文学的语言矣。使此趋势不受阻遏，则中国几有一“活文学”出现，而但丁、路得之伟业几发生于神州。不意此趋势骤为明代所阻，政府即以八股取士，而当时文人以何李七子之徒，又争以复古为高。于是此千年难遇言文合一之机会，遂中道夭折矣。然以今世历史进化的眼光观之，则白话文学之为中国文学之正宗，又为将来文学必用之利器，可断言也。以此之故，吾主张今日作文作诗，宜采用俗语俗字。与其用三千年前之死字，不如用二十世纪之活字。与其作不能行远不能普及之秦汉六朝文字，不如作家喻户晓之《水浒》《西游》文字也。

这完全是用我三四月中写出的中国文学史观（见上文引的四月五日日记），稍稍加上一点后来的修正，可是我受了在美国的朋友的反对，胆子变小了，态度变谦虚了，所以标题但称“文学改良刍议”而全篇不敢提起“文学革命”的旗子。篇末还说：

上述八事，乃吾年来研思此一大问题之结果……谓之“刍议”，犹云未定草也。伏惟国人同志有以匡纠是正之。

这是一个国外留学生对于国内学者的谦逊态度。文字题为“刍议”，诗集题为“尝试”，是可以不引起很大的反感的了。

陈独秀先生是一个老革命党，他起初对于我的八条件还有点怀疑（《新青年》二卷二号）。其时国内好学深思的少年，如常乃德君，也说“说理纪事之文，必当以白话行之，但不可施于美术文耳”。（见《新青年》二卷四号）。但独秀见了我的《文学改良刍议》之后，就完全赞成我的主张；他接着写了一篇《文学革命论》（《新青年》二卷六号），正式在国内提出“文学革命”的旗帜。他说：

文学革命之气运，酝酿已非一日。其首举义旗之急先锋则为吾友胡适。余甘冒全国学究之敌，高张“文学革命军”之大旗，以为吾友之声援。旗上大书特书吾革命三大主义：曰：推倒雕琢的，阿谀的贵族文学；建设平易的，抒情的国民文学。曰：推倒陈腐的，铺张的古典文学；建设新鲜的，立诚的写实文学。曰：推倒迂晦的，艰涩的山林文学；建设明了的，通俗的社会文学。

独秀之外，最初赞成我的主张的，有北京大学教授钱玄同先生（《新青年》二卷六号《通讯》，又三卷一号《通讯》）。此后文学革命的运动就从美国几个留学生的课余讨论，变成国内文人学者的讨论了。

《文学改良刍议》是一九一七年一月出版的，我在一九一七年四月九日还写了一封长信给陈独秀先生，信内说：

此事之是非，非一朝一夕所能定，亦非一二人所能定。甚愿国中人士能平心静气与吾辈同力研究此问题。讨论既熟，是非自明。吾辈已张革命之旗，虽不容退缩，然亦决不敢以吾辈所主张为必是，而不容他人之匡正也……

独秀在《新青年》（第三卷三号）上答我道：

鄙意容纳异议，自由讨论，固为学术发达之原则，独至改良中国文学当以白话为正宗之说，其是非甚明，必不容反对者有讨论之余地；必以吾辈所主张者为绝对之是，而不容他人之匡正也。盖以吾国文化倘已至文言一致地步，则以国语为文，达意状物，岂非天经地义？尚有何种疑义必待讨论乎？其必欲摈弃国语文学，而悍然以古文为正宗者，犹之清初历家排斥西法，乾嘉畴人非难地球绕日之说，吾辈实无余闲与之作此无谓之讨论也。

这样武断的态度，真是一个老革命党的口气。我们一年多的文学讨论的结果，得着了这样一个坚强的革命家做宣传者，做推行者，不久就成为一个有力的大运动了。

二十二年，十二月。三日夜脱稿。

（原载1934年1月1日《东方杂志》第31卷第1期）

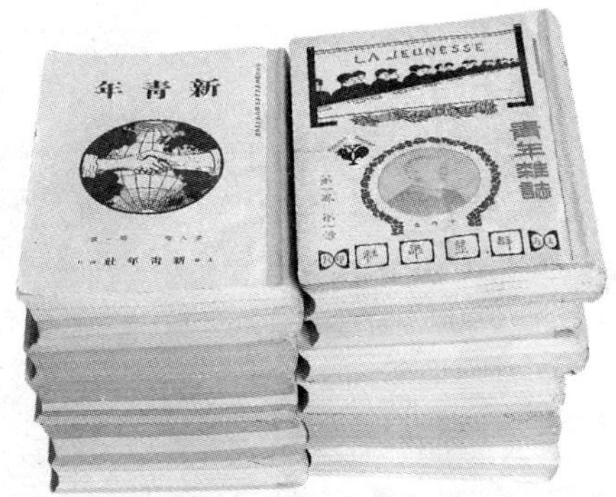

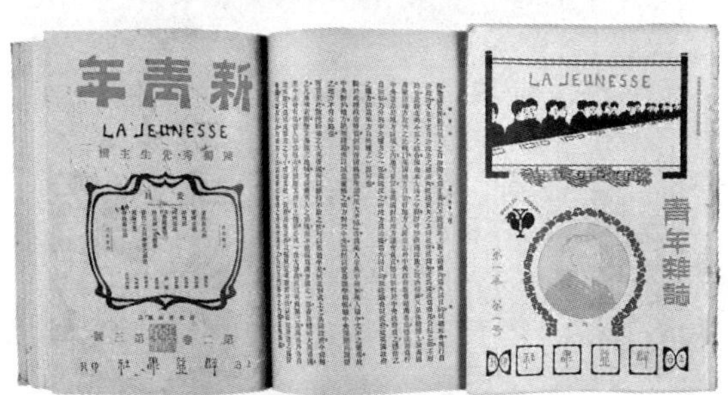

影响一代人的《新青年》杂志。

胡适26岁任北大教授时留影。

1918

不 朽

这篇文章的主意是民国七年年底当我的母亲丧事里想到的。那时只写成一部分，到八年二月十九日方才写定付印。后来俞颂华先生在报纸上指出我论社会是有机体一段很有语病，我觉得他的批评很有理，故九年二月间我用英文发表这篇文章时，我就把那一段完全改过了。十年五月，又改定中文原稿，并记作文与修改的缘起于此。

不朽有种种说法，但是总括看来，只有两种说法是真有区别的。一种是把“不朽”解作灵魂不灭的意思。一种就是《春秋左传》上说的“三不朽”。

（一）神不灭论宗教家往往说灵魂不灭，死后须受末日的裁判：做好事的享受天国天堂的快乐，做恶事的要受地狱的苦痛。这种说法，“几千年来不但受了无数愚夫愚妇的迷信，居然还受了许多学者的信仰。但是古今来也有许多学者对于灵魂是否可离形体而存在的问题，不能不发生疑问。最重要的如南北朝人范缜的《神灭论》说：“形者神之质，神者形之用……神之于质，犹利之于刀；形之于用，犹刀之利。……舍利无刀，舍刀无利。未闻刀没而利存，岂容形亡而神在？”宋朝的司马光也说：“形既朽灭，神亦飘散，虽有剉烧舂磨，亦无所施。”但是司马光说的“形既朽灭，神亦飘散”，还不免把形与神看作两件事，不如范缜说的更透切。范缜说人的神灵即是形体的作用，形体便是神灵的形质。正如刀子是形质，刀子的利钝是作用；有刀子方才有利钝，没有刀子便没有利钝。人有形体方才有作用：这个作用，我们叫作“灵魂”。若没有形体，便没有作用了，便没有灵魂了。范缜这篇《神灭论》出来的时候，惹起了无数人的反对。梁武帝叫了七十几个名士作论驳他，都没有什么真有价值的议论。其中只有沈约的《难神灭论》说：“利著追施四方，则利体无处复立；利之为用正存一边毫毛处耳。神之与形，举体若合，又安得同乎？若以此譬为尽耶，则不尽；若谓本不尽耶，则不可以为譬也。”这一段是说刀是无机体，人是有机体，故不能彼此相比。这话固然有理，但终不能推翻“神者形之用”的议论。近世唯物派的学者也说人的灵魂并不是什么无形体，独立存在的物事，不过是神经作用的总名；灵魂的种种作用即是脑部各部分的机能作用；若有某部被损伤，某种作用即时废止；人幼年时脑部不曾完全发达，神灵作用也不能完全，老年人脑部渐渐衰耗，神灵作用也渐渐衰耗。这种议论的大旨，与范缜所说“神者形之用”正相同。但是有许多人总舍不得把灵魂打消了，所以咬住说灵魂另是一种神秘玄妙的物事，并不是神经的作用。这个“神秘玄妙”的物事究竟是什么，他们也说不出来，只觉得总应该有这么一件物事。既是“神秘玄妙”，自然不能用科学试验来证明他，也不能用科学试验来驳倒他。既然如此，我们只好用实验主义的方法，看这种学说的实际效果如何，以为评判的标准。依此标准看来，信神不灭论的固然也有好人，信神灭论的也未必全是坏人。即如司马光、范缜、赫胥黎一类的人，说不信灵魂不灭的话，何尝没有高尚的道德？更进一层说，有些人因为迷信天堂，天国，地狱，末日裁判，方才修德行善，这种修行全是自私自利的，也算不得真正道德。总而言之，灵魂灭不灭的问题，于人生行为上实在没有什么重大影响；既没有实际的影响，简直可说是不成问题了。

（二）三不朽说。《左传》说的三种不朽是：（1）立德的不朽，（2）立功的不朽，（3）立言的不朽。“德”便是个人人格的价值，像墨翟耶稣一类的人，一生刻意孤行，精诚勇猛，使当时的人敬爱信仰，使千百年后的人想念崇拜。这便是立德的不朽。“功”便是事业，像哥仑布发现美洲，像华盛顿造成美洲共和国，替当时的人开一新天地，替历史开一新纪元，替天下后世的人种下无量幸福的种子。这便是立功的不朽。“言”便是语言著作，像那《诗经》三百篇的许多无名诗人，又像陶潜杜甫莎士比亚易卜生一类的文学家，又像柏拉图卢梭弥儿顿一类的文学家，又像牛顿达尔文一类的科学家，或是做了几首好诗使千百年后的人欢喜感叹；或是做了几本好戏使当时的人鼓舞感动，使后世的人发愤兴起；或是创出一种新哲学或是发明了一种新学说，或在当时发生思想的革命，或在后世影响无穷。这便是立言的不朽。总而言之，这种不朽说，不问人死后灵魂能不能存在，只问他的人格，他的事业，他的著作有没有永远存在的价值。即如基督教徒说耶稣是上帝的儿子，他的灵魂永远存在，我们正不用驳这种无凭据的神话，只说耶稣的人格、事业和教训都可以不朽，又何必说那些无谓的神话呢？又如孔教会的人到了孔丘的生日，一定要举行祭孔的典礼，还有些人学那“朝山进香”的法子，要赶到曲阜孔林去对孔丘的神灵表示敬意。其实孔丘的不朽全在他的人格与教训，不在他那“在天之灵”。大总统多行两次了祭，孔教会多走两次“朝山进香”，就可以使孔丘格外不朽了吗？更进一步说，像那《三百篇》里的诗人，也没有姓名，也没有事实，但是他们都可说是立言的不朽。为什么呢？因为不朽全靠一个人的真价值，并不靠姓名事实的流传，也不靠灵魂的存在。试看古今来的多少大发明家，那发明火的，发明养蚕的，发明丝的，发明织布的，发明水车的，发明舂米的水车的，发明规矩的，发明秤的……虽然姓名不传，事实湮没，但他们的功业永远存在，他们也就都不朽了。这种不朽比那个人的小小灵魂的存在，可不是更可宝贵，更可羡慕吗？况且那灵魂的有无还在不可知之中，这三种不朽——德，功，言——可是实在的。这三种不朽可不是比那灵魂的不灭更靠得住吗？

以上两种不朽论，依我个人看来，不消说得，那“三不朽说”是比那“神不灭说”好得多了。但是那“三不朽说”还有三层缺点，不可不知。第一，照平常的解说看来，那些真能不朽的人只不过那极少数有道德，有功业，有著述的人。还有那无量平常人难道就没有不朽的希望吗？世界上能有几个墨翟耶稣，几个哥仑布华盛顿，几个杜甫陶潜，几个牛顿达尔文呢？这岂不成了一种“寡头”的不朽论吗？第二，这种不朽论单从积极一方面着想，但没有消极的裁制。那种灵魂的不朽论既说有天国的快乐，又说有地狱的苦楚，是积极消极两方面都顾着的。如今单说立德可以不朽，不立德又怎样呢？立功可以不朽，有罪恶又怎样呢？第三，这种不朽论所说的“德，功，言”三件，范围都很含糊。究竟怎样的人格方才可算是“德”呢？怎样的事业方才可算是“功”呢？怎样的著作方才可算是“言”呢？我且举下个例。哥仑布发现美洲固然可算得立了不朽之功，但是他船上的水手火头又怎样呢？他那只船的造船工人又怎样呢？他船上用的罗盘器械的制造工人又怎样呢？他所读的书的著作者又怎样呢？……举这一条例，已可见“三不朽”的界限含糊不清了。

因为要补足这三层缺点，所以我想提出第三种不朽论来请大家讨论。我一时想不起别的好名字，姑且称他做“社会的不朽论”。

（三）社会的不朽论。社会的生命，无论是看纵剖面，是看横截面，都像一种有机的组织。从纵剖面看来，社会的历史是不断的；前人影响后人，后人又影响更后人；没有我们的祖宗和那无数的古人，又哪里有今日的我和你？没有今日的我和你，又哪里有将来的后人？没有那无量数的个人，便没有历史，但是没有历史，那无数的个人也绝不是那个样子的个人：总而言之，个人造成历史，历史造成个人。从横截面看来，社会的生活是交互影响的：个人造成社会，社会造成个人：社会的生活全靠个人分工合作的生活，但个人的生活，无论如何不同，都脱不了社会的影响；若没有那样这样的社会，绝不会有这样那样的我和你；若没有无数的我和你，社会也绝不是这个样子。来勃尼慈（Eibnitz）说得好：这个世界乃是一片大充实，其中一切物质都是接连着的。一个大充实里面有一点变动，全部的物质都要受影响，影响的程度与物体距离的远近成正比例。世界也是如此。每一个人不但直接受他身边亲近的人的影响，并且间接又间接的受距离很远的人的影响。所以世间的交互影响，无论距离远近，都受得着的。所以世界上的人，每人受着全世界一切动作的影响。如果他有周知万物的智慧，他可以在每人的身上看出世间一切施为，无论过去未来都可看得出，在这一个现在里面便有无穷时间空间的影子。

从这个交互影响的社会观和世界观上面，便生出我所说的“社会的不朽论”来。我这“社会的不朽论”的大旨是：我这个“小我”不是独立存在的，是和无量数小我有直接或间接的交互关系的；是和社会的全体和世界的全体都有互为影响的关系的；是和社会世界的过去和未来都有因果关系的。种种从前的因，种种现在无数“小我”和无数他种势力所造成的因，都成了我这个“小我”的一部分。我这个“小我”，加上了种种从前的因，又加上了种种现在的因，传递下去，又要造成无数将来的“小我”。这种种过去的“小我”，和种种现在的“小我”，和种种将来无穷的“小我”，一代传一代，一点加一滴；一线相传，连绵不断；一水奔流，滔滔不绝：——这便是一个“大我”。“小我”是会消灭的，“大我”是永远不灭的。“小我”是有死的，“大我”是永远不死，永远不朽的。“小我”虽然会死，但是每一个“小我”的一切作为，一切功德罪恶，一切语言行事，无论大小，无论是非，无论善恶，一一都永远留存在那个“大我”之中。那个“大我”，便是古往今来一切“小我”的纪功碑，彰善祠，罪状判决书，孝子慈孙百世不能改的恶谥法。这个“大我”是永远不朽的，故一切“小我”的事业，人格，一举一动，一言一笑，一个念头，一场功劳，一桩罪过，也都永远不朽。这便是社会的不朽，“大我”的不朽。

那边“一座低低的土墙，遮着一个弹三弦人”。那三弦的声浪，在空间起了无数波澜；那被冲动的空气质点，直接间接冲动无数旁的空气质点；这种波澜，由近而远，至于无穷空间；由现在而将来，由此刹那以至于无量刹那，至于无穷时间：——这已是不灭不朽了。那时间，那“低低的土墙”外边来了一位诗人，听见那三弦的声音，忽然起了一个念头；由这一个念头，就成了一首好诗；这首好诗传诵了许多；人人读了这诗，各起种种念头；由这种种念头，更发生无量数的念头，更发生无数的动作，以至于无穷。然而那“低低的土墙”里面那个弹三弦的人又如何知道他所发生的影响呢？

一个生肺病的人在路上偶然吐了一口痰。那口痰被太阳晒干了，化为微尘，被风吹起空中，东西飘散，渐吹渐远，至于无穷时间，至于无穷空间。偶然一部分的病菌被体弱的人呼吸进去，便发生肺病，由他一身传染一家，更由一家传染无数人家。如此辗转传染，至于无穷空间，至于无穷时间。然而那先前吐痰的人的骨头早已腐烂了，他又如何知道他所种的恶果呢？

一千五六百年前有一个人叫作范缜说了几句话道："神之于形，犹利之于刀；未闻刀没而利存，岂容形亡而神在？"这几句话在当时受了无数人的攻击。到了宋朝有个司马光把这几句话记在他的《资治通鉴》里。一千五六百年之后，有一个十一岁的小孩子——就是我——看《通鉴》到这几句话，心里受了一大感动，后来便影响了他半生的思想行事。然而那说话的范缜早已死了一千五六百年了！

二千六七百年前，在印度地方有一个穷人病死了，没人收尸，尸首暴露在路上，已腐烂了。那边来了一辆车，车上坐着一个王太子，看见了这个腐烂发臭的死人，心中起了一念；由这一念，辗转发生无数念。后来那位王太子把王位也抛了，富贵也抛了，父母妻子也抛了，独自去寻思一个解脱生老病死的方法。后来这位王子便成了一个教主，创了一种哲学的宗教，感化了无数人。他的影响势力至今还在；将来即使他的宗教全灭了，他的影响势力终究还存在，以至于无穷。这可是那腐烂发臭的路毙所曾梦想到的吗？

以上不过是略举几件事，说明上文说的"社会的不朽""大我的不朽"。这种不朽论，总而言之，只是说个人的一切功德罪恶，一切言语行事，无论大小好坏，一一都留下一些影响在那个"大我"之中，一一都与这永远不朽的"大我"一同永远不朽。

上文我批评那“三不朽论”的三层缺点：（一）只限于极少数的人，（二）没有消极的裁制，（三）所说“功，德，言”的范围太含糊了。如今所说“社会的不朽”，其实只是把那“三不朽论”的范围更推广了。既然不论事业功德的大小，一切都可不朽，那第一第三两层短处都没有了。冠绝古今的道德功业固可以不朽，那极平常的“庸言庸行”，油盐柴米的琐屑，愚夫愚妇的细事，一言一笑的微细，也都永远不朽。那发现美洲的哥仑布固可以不朽，那些和他同行的水手火头，造船的工人，造罗盘器械的工人，供给他粮食衣服银钱的人，他所读的书的著作家，生他的父母，生他父母的父母祖宗，以及生育训练那些工人商人的父母祖宗，以及他以前和同时的社会……都永远不朽。社会是有机的组织，那英雄伟人可以不朽，那挑水的，烧饭的，甚至于浴堂里替你擦背的，甚至于每天替你家掏粪倒马桶的，也都永远不朽。至于那第二层缺点，也可免去。如今说立德不朽，行恶也不朽；立功不朽，犯罪也不朽；“流芳百世”不朽，“遗臭万年”也不朽；功德盖世固是不朽的善因，吐一口痰也有不朽的恶果。我的朋友李守常先生说得好：“稍一失脚，必致遗留层层罪恶种子于未来无量的人——即未来无量的我——永不能消除，永不能忏悔。”这就是消极的裁制了。

中国儒家的宗教提出一个父母的观念，和一个祖先的观念，来做人生一切行为的裁制力。所以说，“一出言而不敢忘父母，一举足而不敢忘父母。”父母死后，又用丧礼祭礼等等见神见鬼的方法，时刻提醒这种人生行为的裁制力。所以又说，“斋明盛服，以承祭祀，洋洋乎如在其上，如在其左右。”又说，“斋三日，则见其所为斋者；祭之日，入室，僾然必有见乎其位；周还出户，肃然必有闻乎其容声；出户而听，忾然必有闻乎其叹息之声。”这都是

“神道设教”，见神见鬼的手段。这种宗教的手段在今日是不中用了。还有那种“默示”的宗教，神权的宗教，崇拜偶像的宗教，在我们心里也不能发生效力，不能裁制我们一生的行为。以我个人看来，这种“社会的不朽”观念很可以做我的宗教了。我的宗教的教旨是：我这个现在的“小我”，对于那永远不朽的“大我”的无穷过去，须负重大的责任。对于那永远不朽的“大我”的无穷未来，也须负重大的责任。我须要时时想着，我应该如何努力利用现在的“小我”，方才可以不辜负了那“大我”的无穷过去，方才可以不遗害那“大我”的无穷未来？

（原载1919年2月15日《新青年》第6卷第2号，
1921年5月又据英文稿改定）

1919

胡适等人的新文化运动直接催生了“五四”。这场运动被胡适称为“中国的文艺复兴”，主要有四重目的：研究问题，输入学理，整理国故，再造文明。他们宣扬民主、科学、新文学、白话文，这所有活动背后都是为着一个目的——以思想解放拯救中华民族！从后来的发展情况看，新文化运动不仅是一场文学革命运动，而且是一场思想启蒙运动，并为“五四”爱国运动作了积极的思想准备。胡适本人没有直接参加五四运动（5月4日他正在上海迎接杜威），但胡适一生对“五四”赞称不绝、怀念不已，从1920年5月4日在“女学界联合会”讲演《五四纪念》起，他几乎年年有纪念“五四”的文章与讲演。此文即是各界迎接五四运动十周年的时候发表的。

“五四”运动纪念

一

中国加入欧战时，全国国民，皆抱负极大希望，以为从此以后，对外赔款，可以停付——至少可以停付五年；治外法权，可以废止；关税主权，可以收回。当时，日本人已先中国数年，加入战争，派遣军舰，专与东方的德国势力为难；接收青岛，续办胶济路，所有德国人在华的势力，居然落到他们手中去了。彼时中国人尚不如何着急，因为日本政府曾有表示，望此次接收，不过暂时之事，将来“终究归还中国”；不料到了第二年——1915年，日本非独不把山东方面的权利，交还中国，抑且变本加厉，增制许多条件，向中国下“哀的美敦书”，强迫中国承认，中国无法，只能于5月9日签字承认。于是中日二国的感情，越弄越坏，坏到不可收拾了。

中国正式加入欧战，是1917年。前此之时，虽有华工协助协约国与德国开衅；但未经中国政府正式表示，到了1917年，中国政府，公然向德绝交，向德开战。翌年11月11日，德国终于失败了，一种代表军国主义和武力侵略主义的势力，终于被比较民治化的势力屈服了，欧战遂此告终。全世界人皆大庆祝此双十一节，中国自亦受其影响。5月17那一天，所有北京城内的学校，一律停课，数万学生，结队游行，教育部且发起提灯大会，四五万学生，手执红灯，高呼口号，不可谓非中国教育界第一创举。影响所及，遂为以后的五四运动下一种子；故虽谓五四运动，直接发源于此次五六万人的轰轰烈烈的大游行，亦无不可。非独此也，教育部且于天安门一带，建筑临时讲台，公开演讲。事后北大停课三天，要求教育部把此临时讲台，借给北大师生，继续演讲三天。演讲时间，每人限以五分钟，其实，每人亦只能讲五分钟，因为彼时风吹剧烈，不到五分钟，讲员的喉咙，已发哑声，虽欲继续，亦无能为力了。因此，各人的演词，非常简括，却又非常精彩。此后在《新青年》杂志上所发表的如蔡元培的《劳工神圣》和我的《非攻）等篇，皆为彼时演词之代表。但有人要问，我们为什么要如此做呢？原来彼时北京政府，“安福俱乐部”初自日本借到外债六万万元，一时扬武耀威，非常得意。我们见之，虽有非议，亦无法可想，彼时既有教育部首先出来举行公开演讲，我们亦落得借此机会，把我们的意见，稍微发泄发泄。后来，我因母丧离开北京，故未得亲自参加这个大运动的后半剧。

1919年1月18日，交战诸国开和平会议于法国Versailles宫中，中国人参加者，有政府的代表，有各政党的代表，又有用私人名义去参加者，以为美国威尔逊总统的十四点，必可实行，中国必能在和会之中，占据许多利益；至少，山东问题，必能从和会中得着满意的解决。然而威尔逊毕竟是一个学者的理想家，在政治上玩把戏，那里敌得过英国的路易·乔治（David Lloyd George）及法国的克列孟梭（Clemenceau）这一班人呢？学者遇着“老虎”，学者惟有失败而已！

二

4月28日，国际联盟条文，正式成立，尚觉有点希望。过了两天，到了4月30日那一天，和会消息传出，关于山东方面的权利，皆付与日本，归日本处理。消息一到，前此满腔热望，如此完全失望了！全国愤怒，莫能遏制，于是到了5月4日那一天，学生界发起北京全体学生大会，开会以后，到处游行（外传北京学生会曾向东交民巷各公使馆表示态度说不确）。后来，奔到赵家楼胡同曹宅，撞破墙壁，突围而进，适遇章宗祥在那里躲避不及，打个半死，后脑受着重伤；当场即被捉去学生二三十人，各校皆有，各校校长暨城内绅缙名流，皆负责担保。后来消息传到欧洲，欧洲代表团，亦大受感动，同时更用恐吓手段，打电报给我国出席总代表陆征祥，如果他糊里糊涂的在山东问题条文中签了字，他的祖宗坟墓，一概将被掘；外交团迫于恐吓，自不敢轻易签字了。于是在5月14日那一天，中国代表团，又在和会内重新提出"山东问题"，要求公平办法，始终没有得着好的结果，而中国代表亦始终没有签字，所以然者，实因当时留欧中国学生界，亦有相当的运动，包围中国公使馆不许中国官员擅自签字之故。可是这样一来，当时办教育的人，就棘手了，好在他们亦不欲在这种腐败的政府下供职，于是教育部中几个清明的职员及北大校长蔡先生等人，相继辞职。那时，政府正痛恶那一班人，他们既欲辞职，亦不挽留。然而当时的学生界怎能任这一班领袖人物，轻轻引退呢？于是大家主张挽留。为欲营救被捕的学生，为欲挽留被免的师长，同时又要继续伟大的政治运动，故自5月20日起，北京学校，一律罢课，到处演讲，诸如前门大街等热闹地方，皆变成学生的临时讲场了；对于城内交通，不无影响，于是北京军警，大捕学生。但军警捕捉学生越着力，学生的气焰越加热烈，影响所及，全国学生，相率罢课，天津的学生界，于5月23日起，宣布罢课；济南的学生界，于24日宣布罢课；上海的学生界，于26日宣布罢课；南京的学生界，于27日宣布罢课；后来连到军阀的中心势力所在的保定学生界，亦于28日决议罢课；向者为北京学生界的爱国运动，今其势力，已风动全国学生界，而变成全中国的学生运动了。同时北京被捕的学生，亦益发增多，城内的拘留所，皆拘满了，一时无法，就把北大第三院，改成临时拘留所，凡遇着公开讲演的学生，军警辄把枪一挥，成群的送入北大第三院内，院之四周，坚筑营盘，昏夜看守。后来第三院的房子内住不下了，又把第二院一并改为临时拘留所。斯时杜威博士适到北京，我领他去参观就地的大监狱，使他大受感动。后来，忽有一天，到了6月3号那一天，院外的营盘，忽然自动撤销了，看守的军警，各自搬场了，一时不知其故，后来才明白上海学生界，即在6月3号那一天，运动商界，一律罢市三天，并要求政府罢免曹、陆、章三人的职务。政府见来势汹险，无法抵抗，终于屈服下来；自动撤销营盘，自动召回军警，即是政府被人民屈服的证据，而曹、陆、章三人，亦于同日被政府罢免掉了。此为5月4日到6月3日几近一月中间的故事，最后的胜利，终于归属学生界了。

三

如今且约略考究五四运动的影响，它的影响，计有二方面：一为直接的影响，一为间接的影响。直接的影响，能使全国人民，注意山东问题，禁止代表签字；一为抵制日货，抵制日货的结果，许多日本商人，先后破产，实予以重大打击，故日本野心家，亦渐生戒惧之心了；再加上其他友国的帮助，故于1921年“华盛顿会议”中，当中国代表重新提出山东问题时，中国着实占点便宜。其结果，日本终于把山东方面的权利，“终究交还中国”了。至于间接的影响，那就不能一样一样地细说了！

第一，五四运动引起全国学生注意社会及政策的事业。以前的学生，不管闲事，只顾读书，政治之好坏，皆与他们无涉。从此运动以后，学生渐知干预政治，渐渐发生政治的兴趣了。

第二，为此运动，学生界的出版物，突然增加。各处学生皆有组织，各个组织皆有一种出版物，申述他们的意见。单说民国八年一年之内，我个人所收到的学生式的豆腐块报，约有四百余份之多，其他更无论了。最奇怪的，这许多报纸，皆用白话文章发表意见，把数年前的新文学运动，无形推广许多。从前我们提倡新文学运动，各处皆有反对，到了此时，全国学生界，亦顾不到这些反对，姑且用它一用再讲，为此“用它一用”的观念的结果，新文学的势力，就深深占入学生界的头脑中去了，此为五四运动给予新文学的影响。

第三，五四运动更予平民教育以莫大影响。学生注意政事，就因他们能够读书，能够看报之故。欲使平民注意政事，当亦使他能够读书，能够看报；欲使平民能够读书，能够看报，唯一的方法，就在于教育他们。于是各学校中，皆创立一个或数个平民学堂，招收附近平民，利用晚间光阴，由各学生义务教授；其结果，平民教育的前途，为之增色不少。

第四，劳工运动亦随五四运动之后，到处发生。当时的学生界，深信学生一界，势力有限，不能做成大事，欲有伟大的成就，非联合劳工各界，共同奋斗不可。但散漫的劳工，不能发生何种势力，欲借重之，非加以组织不可，于是首先与京汉路北段长辛店的工人商议，劝其组织工会，一致奋斗。一处倡之，百处和之。到了今日，各处城市，皆有工会组织，推原求本，当归于九年以前的五四运动。

第五，妇女的地位亦因五四运动之故，增高不少。五四运动之前，国内无有男女同学之学校，那时，妇女的地位，非常低微。五四运动之后，国内论坛，对于妇女问题，渐生兴趣，各种怪论，亦渐渐发生了；习而久之，怪者不怪，妇女运动，非独见于报章杂志，抑且见诸实事之上了！中国的妇女，从此遂跨到解放的一条路上去了。

第六，彼时的政党，皆知吸收青年分子，共同工作。例如进步的党人，特为青年学生，在他们的机关报上，辟立副刊，请学生们自由发表意见。北京《晨报》的副刊，上海《民国日报》之“觉悟”，即其实例。有的机关，前时虽亦有副刊，唯其主要职务，不外捧捧戏子，抬抬妓女，此外之事，概非所问；“五四”以后，他们的内容，完全改变了：诸如马克思、萧伯纳、克鲁泡特金等名词，皆在他们的副刊上，占着首席地位了。

其在国民党方面，此种倾向，益觉显著。论日报，则有《民国日报》的各种副刊；论周报，则有《星期评论》；论月刊，则有《建设》杂志等等；其影响于青年学生界者，实非微事。非独此也，他们并于民国十三年中国国民党改组之际，正式承认吸收少年分子，参加工作，此种表示，亦因受着五四运动的影响之故，就中尤以孙中山先生最能体验五四运动的真意义。彼于1920年正月九日那一天，写信给海外党部，嘱以筹金五十万，创办一个最大的与最新式的印刷机关，其理由，则为：

自北京大学学生发生五四运动以来，一般爱国青年，无不以革新思想为将来革新事业之预备；于是蓬蓬勃勃，发抒言论，国内各界舆论，一致同倡，各种新出版物，为热心青年所举办者，纷纷之伪政府，犹且不敢撄其锋。此种新文化运动，在我国今日，诚思想界空前之大变动，推原其故，不过由于出版界之一二觉悟者，从事提倡，遂至舆论放大异彩，学潮弥漫，全国人皆激发天良，誓死为爱国之运动。倘能继长增高，其将来收效之伟大且久远者，可无疑也。吾党欲收革命之成功，必有赖于思想之变化，兵法攻心，语曰革心，皆此之故；故此种新文化运动，实为最有价值之事。

——孙中山先生《致海外国民党同志书》

孙先生看出五四运动中的学生，因教育的影响，激于义愤，可以不顾一切而为国家牺牲；深信思想革命，在一切革命中，最关紧急；故拟创办一个最大的与最新式的印刷机关，尽量作思想上的宣传功夫；即在他自身的工作上，亦可看出这一点来。民国八年以前，孙先生奔走各处，专心政治运动，对于著作上的工作，尚付阙如，只有《民权初步》及《实业计划》二部分的著作，于民国八年以前作成；民国八年以后，他的革命方向，大大转变了，集中心力，专事著作，他的伟大著作，皆于此时告成。这是什么缘故呢？就因为他认定思想革命的势力，高过一切，革命如欲成功，非先从思想方面入手不可，此种倾向，亦就因为受着五四运动的影响的结果。五四运动为一种事实上的表现，证明历史上的一大原则，亦可名之曰历史上的一个公式。什么公式呢？

凡在变态的社会与国家内，政治太腐败了，而无代表民意机关存在着；那末，干涉政治的责任，必定落在青年学生身上了。

这是一个最正确的公式，古今中外，莫能例外。试观中国的历史，东汉末年，宦官跋扈，政治腐败，朝廷上又无代表民意的机关，于是有太学学生三万人，危言正论，不避豪强；其结果，终于造成党锢之祸，牵连被捕死徙废禁的，不下六七百人。又如北宋末年，金人南犯，钦宗引用奸人，罢免李纲以谢金人，政治腐败，达于极点，于是有太学生陈东及都人数万，到阙下请复用李纲，钦宗不得已，只好允许了。又如清末“戊戌政变”，主动的人，即是青年学生；革命起义，同盟会中人，又皆为年轻的学生；此为中国历史上的证据。

又观西洋历史，中古时代，政治腐化，至于极点，创议改革者，即为少年学生；1848年，为全欧革命的一年，主动的人皆为一班少年学生，到处抛掷炸弹，开放手枪，有被执者，非遭死戮，即被充军，然其结果，仍不能压倒热烈的青年运动，亦唯此种热烈青年运动，革命事业，才有成功之一日。是以西洋的历史，又足证明上面所说的一个公式。

反转来讲，如果在常态的社会与国家内，国家政治，非常清明，且有各种代表民意的机关存在着；那末，青年学生，就无需干预政治了，政治的责任，就要落在一班中年人的身上去了。试观英美二国的青年，他们所以发生兴趣，只是足球、篮球、棍球等等，比赛时候，各人兴高采烈，狂呼歌曲；再不然，他们就去寻找几个女朋友，往外面去跳舞，去看戏，享尽少年幸福。若有人和他们谈起政治问题，他们必定不生兴趣，他们所作的，只是少年人的事。他们之所以能够安心读书，安心过少年幸福者，就因为他们的政治，非常清明，他们的政治，有中年的人去负责任之故。故自反面立论，又足证实上面所讲的历史上的公式。

自从五四运动以来，中国的青年，对于社会和政治，总算不曾放弃责任，总是热热烈烈的与恶化的挣扎；直到近来，因为有些地方，过分一点，当局认为不满，因而丧掉生命的，屡觏不鲜。青年人的牺牲，实在太大了！他们非独牺牲学业，牺牲精神，牺牲少年的幸福，连到他们自己的生命，一并牺牲在内了；而尤以25岁以下的青年学生，牺牲最大。例如前几天报上揭载武汉地方，有二百余共（产）党员，同时受戮，查其年龄，几皆在25岁以下，且大多数为青年女子。照人道讲来，他们应该处处受社会的保障，他们的意志，尚未成熟，他们的行动，自己不负责任，故在外国，偶遇少年犯罪，法官另外优待，减刑一等，以示宽惠。中国的青年，如此牺牲，实在牺牲太大了！为此之故，所以中国国民党在第四次全体会议中所议决的中央宣传部宣传大纲内有一段，即有禁止青年学生干预政治的表示。意谓年轻学生，身体尚未发育完全，学问尚无根底，意志尚未成熟，干预政治，每易走入歧途，故以脱离政治运动为妙。

（原载1928年5月10日上海《民国日报·觉悟》副刊）

1919

五四运动以后，1919年7月，胡适在《每周评论》第31期上发表《多研究些问题，少谈些“主义”》一文。挑起“问题与主义”的论战。同年8月，李大钊在《每周评论》第35期上发表《再论问题与主义》。

《每周评论》是陈独秀和李大钊等政治朋友于1917年年底所创刊的。陈李等人的政治兴趣更浓，在十月革命的狂潮鼓舞下，《每周评论》从一开始就是各种人发表政见、批评时事并策动政治改革的喉舌。然而与此同时，《新青年》继续本着胡适只谈文化、不谈政治的宗旨，有意识地为新中国打下一个非政治的文化基础，致力于研究和解决我们所认为最基本的有关中国知识、文化和教育方面的问题。

巧的是，随后不久陈独秀被捕，李大钊逃避到老家，无意中，胡适开始代编《每周评论》，本来，胡适不主张谈政治，现在，却要主编这个已经有谈政治影响的刊物，这无形中给胡适出了一个难题。开始编辑周报后，胡适思考的最多的问题是，如何在无法避免谈政治的情况下，谈点较基本的问题。为此，胡适7月写了这篇《多研究些问题，少谈些“主义”》。胡适自己也说，这是他和马克思主义者冲突的第一回合。

多研究些问题，少谈些“主义”

本报（《每周评论》）第二十八号里，我曾说过：“现在舆论界的大危险，就是偏向纸上的学说，不去实地考察中国今日的社会需要究竟是什么东西。那些提倡尊孔祀天的人，固然是不懂得现时社会的需要。那些迷信军国主义或无政府主义的人，就可算是懂得现时社会的需要吗？”“要知道舆论家第一天职，就是要细心考察社会的实在情形。一切学理，一切‘主义’，都只是这种考察的工具。有了学理作参考材料，便可使我们容易懂得所考察的情形，容易明白某种情形有什么意义，应该用什么救济的方法。”

我这种议论，有许多人一定不愿意听。但是前几天北京《公言报》《新民国报》《新民报》（皆安福部的报）和日本文的《新支那报》，都极力恭维安福部首领王揖唐主张民生主义的演说，并且恭维安福部设立“民生主义研究会”的办法。有许多人自然嘲笑这种假充时髦的行为。但是我看了这种消息，发生一种感想，这种感想是：“安福部也来高谈民生主义了，这不是给我们这班新舆论家一种教训吗？”什么样的教训呢？这个可分三层说：

第一，空谈好听的“主义”，是极容易的事，是阿猫阿狗都能做的事，是鹦鹉和留声机都能做的事。第二，空谈外来进口的“主义”，是没有什么用处的。一切主义都是某时某地有心人，对于那时那地的社会需要的救济方法。我们不去实地研究我们现在的社会需要，单会高谈某某主义。好比医生单记得许多汤头歌诀，不去研究病人的症候，如何能有用呢？第三，偏向纸上的“主义”，是很危险的。这种口头禅是很容易被无耻政客利用来做种种害人的事。欧洲政客和资本家利用国家主义的流毒，都是人所共知的。现在中国的政客又要利用某种主义来欺人了。罗兰夫人说，“自由！自由！天下多少罪恶都是借你的名做出的！”一切好听的主义，都有这种危险。

这三条合起来看，可以看出“主义”的性质。凡“主义”都是应时势而起的。某种社会到了某时代，受了某种的影响，呈现某种不满意的现状。于是有一些有心人观察这种现象，想出某种救济的法子。这是“主义”的原起。主义初起时，大都是一种救时的具体主张。后来这种主张传播出去，传播的人要图简便，便用一两个字来代表这种具体的主张，所以叫他做“某某主义”。主张成了主义，便由具体的计划，变成一个抽象的名词。“主义”的弱点和危险就在这里。因为世间没有一个抽象名词能把某人某派的具体主张都包括在里面。比如“社会主义”一个名词，马克思的社会主义和王揖唐的社会主义不同；你的社会主义和我的社会主义不同：绝不是这一个抽象名词所能包括。你谈你的社会主义，我谈我的社会主义，王揖唐又谈他的社会主义，同用一个名词，中间也许隔开七八个世纪，也许隔开两三万里路，然而你和我和王揖唐都可自称社会主义家，都可用这一个抽象名词来骗人。这不是“主义”的大缺点和大危险吗？

我再举现在人人嘴里挂着的“过激主义”做一个例。现在中国有几个人知道这一个名词做何意义？但是大家都痛恨痛骂“过激主义”，内务部下令严防“过激主义”，曹锟也行文严禁“过激主义”，卢永祥也出示查禁“过激主义”。前两个月，北京有几个老官僚在酒席上叹气说，“不好了，过激派到了中国了。”前两天有一个小官僚看见我写的一把扇子，大诧异道，“这不是过激党胡适吗？”哈哈，这就是“主义”的用处！

我因为深觉得高谈主义的危险，所以我奉劝现在新舆论界的同志道：“请你们多提出一些问题，少谈一些纸上的主义。”更进一步说：“请你们多多研究这个问题如何解决，那个问题如何解决，不要高谈这种主义如何新奇，那种主义如何奥妙。”

现在中国应该赶紧解决的问题真多得很。从人力车夫的生计问题到大总统的权限问题，从卖淫问题到卖官卖国问题，从解散安福部问题到加入国际联盟问题，从女子解放问题到男子解放问题……哪一个不是火烧眉毛的紧急问题？

我们不去研究人力车夫的生计，却去高谈社会主义！不去研究女子如何解放，家庭制度如何救正，却去高谈公妻主义和自由恋爱！不去研究安福部如何解散，不去研究南北问题如何解决，却去高谈无政府主义！我们还要得意扬扬夸口道，“我们所谈的是根本解决”。老实说罢，这是自欺欺人的梦话！这是中国思想界破产的铁证！这是中国社会改良的死刑宣告！

为什么谈主义的人那么多？为什么研究问题的人那么少呢？这都由于一个懒字。懒的定义是避难就易。研究问题是极困难的事，高谈主义是极容易的事。比如研究安福部如何解散，研究南北和议如何解决，这都是要费工夫，挖心血，收集材料，征求意见，考察情形，还要冒险吃苦，方才可以得一种解决的意见。又没有成例可援，又没有黄梨洲柏拉图的话可引，又没有《大英百科全书》可查，全凭研究考察的工夫，这岂不是难事吗？高谈“无政府主义”便不同了。买一两本实社自由录，看一两本西文无政府主义的小册子，再翻一翻《大英百科全书》，便可以高谈无忌了！这岂不是极容易的事吗？

高谈主义，不研究问题的人，只是畏难求易，只是懒。凡是有价值的思想，都是从这个那个具体的问题下手的。先研究了问题的种种方面的种种的事实，看看究竟病在何处，这是思想的第一步工夫。然后根据余一生的经验学问，提出种种解决的方法，提出种种医病的丹方，这是思想的第二步工夫。然后用一生的经验学问，加上想象的能力，推想每一种假定的解决法，该有什么样的效果，推想这种效果是否真能解决跟前这个困难问题。推想的结果，拣定一种假定的解决，认为我的主张，这是思想的第三步工夫。凡是有价值的主张，都是先经过这三步工夫来的。不如此，算不得舆论家，只可算是抄书手。

读者不要误会我的意思。我并不是劝人不研究一切学说和一切“主义”。学理是我们研究问题的一种工具。没有学理作工具，就如同王阳明对着竹子痴坐，妄想“格物”，那是做不到的事。种种学说和主义，我们都应该研究。有了许多学理作材料，见了具体的问题方才能寻出一个解决的方法。

但是我希望中国的舆论家，把一切“主义”摆在脑背后作参考资料，不要挂在嘴上作招牌，不要叫一知半解的人拾了这半生不熟的主义，去作口头禅。“主义”大危险，就是能使人心满意足，自以为寻着了包医百病的“根本解决”，从此用不着费心力去研究这个那个具体问题的解决法了。

（原载1919年7月20日《每周评论》第31号）

(星期日)　中華民國八年七月二十日　(第一版)

每週評論

The Weekly Review

31

本報特別啟事

多研究些問題、少談些「主義」！　(胡適)

陈独秀在1918年12月创办了《每周评论》，前25期由陈独秀主编，自第26期起改由胡适任主编。在第三十一号上，胡适发表了那篇著名的《多研究些问题，少谈些“主义”》。

1922

“二十年不谈政治”是胡适给自己定下的原则，但自从写了《多研究些问题，少谈些“主义”》之后，谈论政治就成了胡适生命中不可缺少的部分。1922年5月7日，胡适主撰了一份以政论为主的《努力周报》，并在同月14日与蔡元培、王宠惠等十六人联名发表《我们的政治主张》，提出“好人政府”，然而这个“好人政府”在现实的压力下始终无果。

胡适之所以说要不谈政治，可以看成一种刻意的自我约束而已。胡适留学美国的时候深受当地群众对政治的热情的感染，多次在绮色佳市议会旁听就证明了这一点，这使他不仅深刻洞悉美国的自由与民主，也让他从一个扭捏拘束的学生快速成长为一名绮色佳市出色的演讲者。然而胡适看到积贫积弱的中国，政治黑暗的中国，最缺的当是思想文化上的开化进步，所以他要发起“打倒孔家店”的新文化运动，提倡“全盘西化”以实现中国的现代化。无奈中国的政治坏到了非得逼人去谈的地步，非得让胡适不禁感叹“这真是我的歧路了”。此文正是在《我们的政治主张》之后一个月发表的。

我的歧路

梅先生是向来不赞成我谈思想文学的，现在却极赞成我谈政治；孙先生是向来最赞成我谈思想文学的，现在很恳挚的怪我不该谈政治；常先生又不同了，他并非不赞成我谈思想文学，他只希望我此时把全副精神用在政治上。——这真是我的歧路！

我在这三岔路口，也曾迟回了三年；我现在忍着心肠来谈政治，一只脚已踏上东街，一只脚还踏在西街，我的头还是回望着那原来的老路上！伏庐①怪我走错了路，我也可以承认；燕生②怪我精神不贯注，也是真的。我要我的朋友们知道我所以"变节"与"变节而又迟回"的原故，我不能不写一段自述的文章。

我是一个注意政治的人。当我在大学时，政治经济的功课占了我三分之一的时间。当一九一二年到一九一六年，我一面为中国的民主辩护，一面注意世界的政治。我那时是世界学生会的会员，国际政策会的会员，联校非兵会的干事。一九一五年，我为了讨论中日交涉的问题，几乎成为众矢之的。一九一六年，我的国际非攻论文曾得最高奖金。但我那时已在中国哲学史的研究上寻着我的终身事业了，同时又被一班讨论文学问题的好朋友逼上文学革命的道路了。从此以后，哲学史成了我的职业，文学做了我的娱乐。

①孙伏园（1894年—1966年），字养泉，笔名伏庐。绍兴人，现代散文作家，在新闻学上有民国"副刊大王"之称。
②常乃德（1898年—1947年），字燕生，中国青年党首领之一，曾任国民政府委员，是思想家、政治家。

一九一七年七月我回国时，船到横滨，便听见张勋复辟的消息；到了上海，看了出版界的孤陋，教育界的沉寂，我方才知道张勋的复辟乃是极自然的现象，我方才打定二十年不谈政治的决心，要想在思想文艺上替中国政治建筑一个革新的基础。我这四年多以来，写了八九十万字的文章，内中只有一篇曾琦《国体与青年》的短序是谈政治的，其余的文字都是关于思想与文艺的。

一九一八年十二月，我的朋友陈独秀、李守常等发起《每周评论》。那是一个谈政治的报，但我在《每周评论》做的文字总不过是小说文艺一类，不曾谈过政治。直到一九一九年六月中，独秀被捕，我接办《每周评论》，方才有不能不谈政治的感觉。那时正当安福部极盛的时代，上海的分赃和会还不曾散伙。然而国内的“新”分子闭口不谈具体的政治问题，却高谈什么无政府主义与马克思主义。我看不过了，忍不住了——因为我是一个实验主义的信徒，于是发愤要想谈政治。我在《每周评论》第三十一号里提出我的政论的导言，叫作《多研究些问题，少谈些“主义”》。我那时说：我们不去研究人力车夫的生计，却去高谈社会主义；……不去研究安福部如何解散，不去研究南北问题如何解决，却去高谈无政府主义；我们还要得意扬扬的夸口道：“我们所谈的是根本解决。”老实说罢，这是自欺欺人的梦话，这是中国思想界破产的铁证，这是中国社会改良的死刑宣告！……

高谈主义，不研究问题的人，只是畏难求易，只是懒！

但我的政论的“导言”虽然出来了，我始终没有做到“本文”的机会！我的导言引起了无数的抗议：北方的社会主义者驳我，南方的无政府主义者痛骂我。我第三次替这篇导言辩护的文章刚排上版，《每周评论》就被封禁了；我的政论文章也就流产了。

《每周评论》是一九一九年八月三十日被封的。这两年零八个月之中，忙于病，使我不能分出工夫来做舆论的事业。我心里也觉得我的哲学文学事业格外重要，实在舍不得丢了我的旧恋来巴结我的新欢。况且几年不谈政治的人，实在不容易提起一股高兴来作政论的文章，心里总想国内有人起来干这种事业，何必要我来加一忙呢？

然而我等候了两年零八个月，中国的舆论界仍然使我大失望。一班“新”分子天天高谈基尔特社会主义与马克思社会主义，高谈“阶级战争”与“赢余价值”；内政腐败到了极处，他们好像都不曾看见，他们索性把“社论”“时评”都取消了，拿那马克思——克洛泡特金——爱罗先柯的主张来做挡箭牌，掩眼法！外交的失败，他们确然也还谈谈，因为骂日本是不犯禁的；然而华盛顿会议中，英美调停，由中日两国代表开议，国内的报纸就加上一个“直接交涉”的名目。直接交涉是他们反对过的，现在这个莫名其妙的东西又叫作“直接交涉”了，所以他们不能不极力反对。然而他们争的是什么呢？怎样才可以达到目的呢？是不是要日本无条件的屈服呢？外交问题是不是可以不交涉而解决呢？这些问题就很少人过问了。

我等候两年零八个月，实在忍不住了。我现在出来谈政治，虽是国内的腐败政治激出来的，其实大部分是这几年的“高谈主义而不研究问题”的“新舆论界”把我激出来的。我现在的谈政治，只是实行我那“多研究问题，少谈主义”的主张。我自信这是和我的思想一致的。梅迪生说我谈政治“较之谈白话文与实验主义胜万万矣”，他可错了；我谈政治只是实行我的实验主义，正如我谈白话文也只是实行我的实验主义。

实验主义自然也是一种主义，但实验主义只是一个方法，只是一个研究问题的方法。他的方法是：细心搜求事实，大胆提出假设，再细心求实证。一切主义，一切学理，都只是参考的材料，暗示的材料，待证的假设，绝不是天经地义的信条。实验主义注重在具体的事实与问题，故不承认根本的解决。他只承认那一点一滴做到的进步——步步有智慧的指导，步步有自动的实验——才是真进化。

我这几年的言论文字，只是这一种实验主义的态度在各方面的应用。我的唯一目的是要提倡一种新的思想方法，要提倡一种注重事实，服从证验的思想方法。古文学的推翻，白话文学的提倡，哲学史的研究，《水浒》《红楼梦》的考证，一个“了”字或“们”字的历史，都只是这一个目的。我现在谈政治，也希望在政论界提倡这一种“注重事实，尊崇证验”的方法。

我的朋友们，我不曾“变节”；我的态度是如故的，只是我的材料与实例变了。

孙伏庐说他想把那被政治史夺去的我，替文化史夺回来。我很感谢他的厚意。但我要加一句：没有不在政治史上发生影响的文化；如果把政治划出文化之外，那就又成了躲懒的，出世的，非人生的文化了。

至于我精神不能贯注在政治上的原因，也是很容易明白的。哲学是我的职业，文学是我的娱乐，政治只是我的一种忍不住的新努力。我家中政治的书比其余的书，只成一与五千的比例，我七天之中，至多只能费一天在《努力周报》上；我做一段二百字的短评，远不如做一万字《李觏学说》的便利愉快。我只希望提倡这一点“多研究问题，少谈主义”的政论态度，我最希望国内爱谈政治又能谈政治的学者来霸占这个周报。以后我七天之中，分出一天来替他们编辑整理，其余六天仍旧去研究我的哲学与文学，那就是我的幸福了。

我很承认常燕生的责备，但我不能承认他责备的理由。他说：至于思想文艺等事，先生们这几年提倡的效果也可见了，难道还期望他尚能再有进步吗?

他下文又说“现在到了山顶以后，便应当往下走了”。这些话我不大懂得。燕生绝不会承认现在的思想文艺已到了山顶，不能“再有进步”了。我对于现今的思想文艺，是很不满意的。孔丘、朱熹的奴隶减少了，却添上了一班马克思、克洛泡特金的奴隶；陈腐的古典主义打倒了，却换上了种种浅薄的新典主义。我们“提倡有心，创造无力”的罪名是不能避免的。这也是我在这歧路上迟回瞻顾的一个原因了。

十一，六，十六。

（原载1922年6月18日《努力周报》第7期）

1926

民国十五年（1926年）7月，胡适开始了为期一年的欧美之行。事情的起因是民国十四年（1925年）5月，英国国会通过关于退还部分庚子赔款的议案。为了处理这笔退还的赔款，组织了一个“中英庚款顾问委员会”，胡适被聘任为中方三委员之一。随后，胡适在上海出席中英庚款顾问委员会。随即参加以英国人威灵顿子爵为团长的访问团，到汉口、南京、杭州、北京、天津等地访问，听取各方面人士的意见。5月，访问团一致主张设立“中英庚款董事会”，全权管理英国退还的部分赔款。7月，胡适离开北京，经哈尔滨，乘西伯利亚铁路的火车，到英国去出席中英庚款委员会全体会议。这是胡适自1917年留学归国后，九年间第一次走出国门。

胡适到访的第一站是莫斯科，他细细看了俄国1890年至1917年的革命运动史料，很受感动。胡适觉得苏俄“真是用力办新教育，努力想造成一个社会主义的新时代”。他在莫斯科给友人写信道：“我的感想与志摩不同。此间的人正是我前日信中所说有理想与理想主义的政治家；他们的理想也许有我们爱自由的人不能完全赞同的，但他们的意志的专笃（Seriousness of purpose），却是我们不能不十分顶礼佩服的。他们在此做一个空前的伟大政治新试验；他们有理想，有计划，有绝对的信心，只此三项已足使我们愧死。”

1926年8月初，胡适抵达伦敦，出席中英庚款委员会。会后胡适在伦敦游览居留十来天，便又渡英吉利海峡，来到法国的首都巴黎。在此他去巴黎图书馆翻看敦煌卷子，为自己要写的《中国禅宗史》寻找资料。

1926年除夕，胡适登上“American Banker”号海轮，横渡大西洋，于1927年1月11日早7点抵达纽约。阔别十年，纽约让胡适既熟悉又陌生，这里给胡适印象最突出的，是摩托车——即汽车，这让胡适大发感慨。

1927年春，胡适由西雅图登船回国，4月24日船到横滨，胡适踏上日本国土，此时国内北伐战争顺利开展，在日本徘徊观望了二十余天，胡适对国内风云变幻的政局大致有了认识，心里有了一点底，觉得似乎不至于怎么样。他便订了船票，要回离开不满一年，却发生了很大变化的祖国来。

胡适1927年摄于美国纽约。此照片胡适题赠给康奈尔大学地质学教授亨利·韦莲司的夫人，她的女儿即是胡适的女友伊迪丝·克利福德·韦莲司。

漫游的感想

一　东西文化的界限

我离开了北京不上几天到了哈尔滨。在此地我得到了一个绝大的发现：我发现了东西文明的交界点。

哈尔滨本是俄国在远东侵略的一个重要中心。当初俄国人经营哈尔滨的时候，早就预备要把此地开做一个二百万居民的大城市，所以一切文明的设备，应有尽有，几十年来，哈尔滨就成了北中国的上海。这是哈尔滨的租界，本地人叫作“道里”，现在租界收回，改为特别区。租界的影响，在几十年中，使附近的一个村庄逐渐发展，也变成了一个繁盛的大城。这是“道外”。

“道里”现在收归中国管理了，但俄国人的势力还是很大的。向来租界时代的许多旧习惯至今还保存着。其中的一种遗风就是不准用人力车（东洋车）。“道外”的街道上都是人力车。一到了“道里”，只见电车与汽车，不见一部人力车。道外的东洋车可以拉到道里，但不准再拉客，只可拉空车回去。

我到了哈尔滨，看了道里与道外的区别，忍不住叹口气。自己想道：这不是东方文明与西方文明的交界点吗？东西洋文明的界限只是人力车文明与摩托车文明的界限——这是我的一个大发现。

人力车又叫东洋车，这真是确切不移。请看世界之上，人力车所至之地，北起哈尔滨，西至四川，南至南洋，东至日本，这不是东方文明的区域码？人力车代表的文明就是那用人做牛马的文明。摩托车代表的文明就是用人的心思才智制作出机械来代替人力的文明。把人做牛马看待，无论如何，够不上叫作精神文明。用人的智慧造作出机械来，减少人类的痛苦，便利人类的交通，增加人类的幸福——这种文明却含有不少的理想主义，含有不少的精神文明的可能性。

我们坐在人力车上，眼看那些圆顶方趾的同胞努起筋肉，弯着背脊梁流着血汗替我们做牛做马，拖着我们行远登高，为的是要挣几十个铜子去活命养家——我们当此时候不能不感谢那发明蒸汽机的大圣人，不能不感谢那发明电力的大圣人，不能不祝福那制作汽船汽车的大圣人。感谢他们的心思才智节省了人类多少精力，剪除了人类多少苦痛！你们嫌我用“圣人”一个字吗？孔夫子不说过吗？“制而用之谓之器，利用出入，民咸用之，谓之神”，孔老先生远嫌“圣”字不够，他简直要尊他们为“神”呢！

二　摩托车的文明

去年八月十七日的《伦敦晚报》（Evening Standard）有下列的统计：

全世界的摩托车共24590000辆；

全世界人口平均每71人有1辆摩托车；

美国每6人有车1辆；

加拿大与纽西兰每12人有车1辆；

澳洲每20人有车一辆；

今年一月十六日纽约的《国民周报》（The Nation）有下列的

统计：

全世界摩托车有27500000辆；

美国摩托车有22330000辆；

美国摩托车数占全世界百分之八十一；

美国人口平均每5人有车一辆；

去年（1926年）美国造的摩托车凡450万辆出口50万辆。

美国的路上，无论是大城里或乡间都是不断的汽车。《纽约时报》上曾说一个故事：有一个北方人驾着摩托车走过Miami的一条大道，他开的速度是每点钟三十五英里，后面一个驾着两轮摩托车的警察赶上来问他为什么挡住大路，他说："我开的已是三十五里了。"警察喝道："开六十里！"

今年三月里我到费城（Philadelphia）演讲，一个朋友请我到乡间Haverford去住一天。我和他同车往乡间去，到了一处只见那边停着一二百辆摩托车，我说："这里开汽车赛会吗？"他用手指道："那边不在造房子吗？这些都是木匠泥水匠坐来做工的汽车。"

这真是一个摩托车的国家！木匠泥水匠坐了汽车去做工，大学教员自己开着汽车去上课，乡间儿童上学都有公共汽车接送，农家出的鸡蛋牛乳每天都自己用汽车送上火车或直送进城。十字街头向来总有一两家酒店的，近年酒禁实行了，十字街头往往建着汽油的小站。车多了，停车的空场遂成为都市建筑的一个大问题。此外还发生了许多连带的问题，很能使都市因此改观。例如我到丹佛城（Denver）看见墙上都没有街道的名字，我很诧异，后来才看见街名都用白漆写在马路两边的"行道"（Pavementor Side Walk）的底下，为的是要使夜间汽车灯光容易照清。这一件事便可以看出摩托车在都市经营商的影响了。

摩托车的文明的好处真是一言难尽，汽车公司近年通行“分月付款”的法子，使普通人家都可以购买汽车。据最近统计，去年一年之中美国人买的汽车有三分之二是分月付款的。这种人家向来是不肯出远门的。如今有了汽车，旅行便利了，所以每月工作完毕之后，回家带来家中妻儿，自己开着汽车到郊外去游玩，每星期日可以全家到远地旅行游览。例如旧金山的“金门公园”，远在海滨，可以纵观太平洋上的水光岛色，每到星期日，四方男女来游的真是人山人海！这都是摩托车的恩赐。这种远游的便利可以增进健康，开拓眼界，增加智识——这都是我们在轿子文明与人力车文明底下想象不到的幸福。

最大的功效还在人的官能的训练，人的四肢五官都是要训练的，不练就不灵巧了，久不练就迟钝麻木了。中国乡间的老百姓，看见汽车来了，往往手足无措，不知道怎么回避，你紧着呜呜地压着号筒，他们只听不见，连街上的狗与鸡也只是懒洋洋地踱来摆去，不知避开。但是你若把这班老百姓请到上海来，请他们从先施公司走到永安公司去，他们便不能不用耳目手足了。走过大马路的人，真如《封神传》上黄天化说的“须要眼观四处耳听八方”。你若眼不明，耳不听，手足不灵动，必难免危险。这便是摩托车文明的训练。

美国的汽车大概都是各人自己驾驶的，往往一家中父母子女都会开车，人工贵了，只有顶富的人家可以雇人开车。这种开车的训练真是“胜读十年书”！你开着汽车，两手各有职务，两脚也各有职务，眼要观四处，耳要听八方，还要手足眼耳一时并用，同力合作，你不但要会开车，还要会修车，随你是什么大学教授、诗人、诗哲，到了半路车坏的时候，也不能不卷起袖管，替机器医病。什么书呆子、书踱头、傻瓜，若受了这种训练，都不会四体不勤、五谷不分了。你们不常听见人说大学教授“心不在焉”的笑话吗？我这回新到美国，有些大学教授如孟禄博士等请我坐他们自己开的车，我总觉得有点栗栗危惧，怕他们开到半路上忽然想起什么哲学问题或天文学问题来，那才危险呢！但是我经过几回之后才觉得这些大学教授已受了摩托车文明的洗礼，把从前的“心不在焉”的呆气都赶跑了，坐在轮子前便一心在轮子上，手足也灵活了，耳目也聪明了！

三　一个劳工代表

有些自命“先知”的人常常说：“美国的物质发展终有到头的一天，到了物质文明破产的时候，社会革命便起来了。”

我可以武断地说：美国是不会有社会革命的，因为美国天天在社会革命之中。这种革命是渐进的，天天有进步，故天天是革命。如所得税的实行，不过是十四年来的事，然而现在所得税已成了国家税收的一大宗，巨富的家私有纳税百分之五十以上的，这种“社会化”的现象随地都可以看见。从前马克思派的经济学者说资本愈集中则财产所有权也愈集中，必做到资本全归极少数人之手的地步。但美国近年的变化却是资本集中而所有权分散在民众。一个公司可以有一万万的资本，而股票可由雇员与工人购买，故一万万元的资本就不妨有一万人的股东。近年移民进口的限制加严贱工绝迹，故国内工资天天增长，工人收入即丰，多有积蓄，往往购买股票，逐渐成为小资本家。不但白人如此，黑人的生活也逐渐抬高。纽约城的哈伦区向为白人居住的，十年之中土地房屋全被发财的黑人买了去了，遂成了一片五十万人的黑人区域。人人都可以做有产阶级，故阶级战争的煽动不发生效力。

我且说一件故事：我在纽约时，有一次被邀去参加一个“两周讨论会”（Fortnightly Forum）。这一次讨论的题目是“我们这个时代应该叫什么时代？”十八世纪是“理智时代”，十九世纪是“民治时代”，这个时期应该叫什么？究竟是好是坏？

依着这个讨论会规矩，这一次请了六位客人做辩论员：一个是俄国克伦斯基革命政府的交通总长；一个是印度人；一个是我；一个是有名的“效率工程师”（Efficiency Englneer），是一位老女士；一个是纽约有名的牧师Holmes；一个是劳工代表。

有些人的话是可以预料的。那位印度人一定痛骂这个物质文明时代；那位俄国交通总长一定痛骂鲍尔雪维克；那位牧师一定是很悲观的；我一定是很乐观的；那位女效率专家一定鼓吹他的效率主义，一言表过不提。

单说那位劳工代表Frahne（？）先生，他站起来演说了，他穿着晚餐礼服，挺着雪白的硬衬衫，头发苍白了。他站起来，一手向里面衣袋里抽出一卷打字的演说稿，一手向外面袋里摸出眼镜盒，取出眼镜戴上，他高声演说了。

他一开口便使我诧异，他说，我们这个时代可以说是人类有历史以来最好的最伟大的时代，最可惊叹的时代。这是他的主文，以下他一条一条地举例来证明这个主旨。他先说科学的进步，尤其注重医学的发明，次说工业的进步，次说美术的新贡献，特别注重近年的新音乐与新建筑。最后他叙述社会的进步，列举资本制裁的成绩，劳工待遇的改善，教育的普及，幸福的增加，他在十二分钟之内描写世界人类各方面的大进步，证明这个时代是人类有史以来最好的时代。

我听了他的演说，忍不住对自己说道：这才是真正的社会革命，社会革命的目的就是要做到向来被压迫的社会分子能站在大庭广众之中歌颂他的时代为人类有史以来最好的时代。

四 往西去

我在莫斯科住了三天，见着一些中国共产党的朋友，他们很劝我在俄国多考察一些时间。我因为要赶到英国去开会，所以不能久留，那时冯玉祥将军在莫斯科郊外避暑，我听说他很崇拜苏俄，常常绘画列宁的肖像，我对他的秘书刘伯坚诸君说：我很盼望冯先生从俄国向西去看看，即使不能看美国，至少也应该看看德国。

我的老朋友李大钊先生在他被捕之前一两个月曾对北京朋友说："我们应该写信给适之，劝他仍旧从俄国回来，不要让他往西去打美国回来。"但他说这话时，我早已到了美国了。

我希望冯玉祥先生带了他的朋友往西去看看德国美国；李大钊先生却希望我不要往西去。要明白此中的意义，且听我再说一件有趣味的故事。

我在日本时，同了马伯援先生访问日本最有名的经济学家福田德三博士，我说："福田先生，听说先生新近到欧洲游历回来之后，先生的思想主张颇有改变，这话可靠吗？"他说："没有什么大的改变。"我问："改变的大致是什么？"他说："从前我主张社会政策，这次从欧洲回来之后，我不主张这种妥协的缓和的社会政策了。我现在以为这期间只有两条路，不是纯粹的马克思派社会主义，就是纯粹的资本主义，没有第三条路。"我说："可惜先生到了欧洲不曾走的远点，索性到美国去看看，也许可以看见第三条路，也未可知。"福田博士摇头说："美国我不敢去，我怕到了美国会把我的学说完全推翻了。”我说：“先生这话使我颇失望，学者似乎应该尊重事实，若事实可以推翻学说，那么我们似乎应该抛弃那学说，另寻更满意的假设。”福田博士摇头说：“我不敢到美国去，我今年五十五了，等到我六十岁时，我的思想定了，不改变了，那时我要往美国去看看。”

这一次的谈话给了我一个绝大的刺激，世间的大问题绝不是一两个抽象名词（如“资本主义”“共产主义”等等）所能完全包括的。最要紧的是事实。孙中山先生曾引外国俗语说：“社会主义有五十七种，不知哪一种是真的。”岂但社会主义有五十七种？资本主义还不止五百七十种呢！拿一个“赤”字抹杀新运动，那是张作霖、吴佩孚的把戏，然而拿一个“资本主义”来抹杀一切现代国家，这种眼光究竟比张作霖、吴佩孚高明多少？

朋友们，不要笑那位日本学者，他还知道美国有些事实足以动摇他的学说，所以他不敢去，我们之中却有许多人决不承认世上会有事实足以动摇我们的迷信的。

五　东方人的“精神生活”

我到纽约后的第十天——一月二十日——《纽约时报》上登出一条很有趣味的新闻：昨天下午一点钟，纽吉赛邦的恩格坞（Englewood，N.J.）的山郎先生住宅面前，围了许多男男女女、小孩子、狗，等着要看一位埃及道人（Fakir）名叫哈密（Hamid Bey）的被活埋的奇事。哈密道人站在那掘好的土坑的旁边，微微的雨点洒在他的飘飘的长袍上。身边站着两个同道的助手。人越来越多了，到了一点钟一分的时候，哈密道人忽然倒在地下，不省人事了。两个请来的医生同了三个报馆访员动手把他的耳朵、鼻子、嘴都用棉花塞好，随后便有人来把哈密道人抬下土坑，放在坑里的内穴里，他脸上撒了一薄层的沙，内穴上面用木板盖好。内穴上面还有三尺深的空坑，他们也用泥土填满了。填满了后，活埋的工作算完了。

到场的许多人都走进山郎先生的家里去吃茶点，山郎夫人未嫁之前就是那位绰号“千眼姑娘”的李麻小姐，她在那边招待来宾，大家谈着“人生无涯”一类的问题，静候那活埋道人的复活。

一点钟过去了……一点半过去了……两点钟过去了……到了下午四点，三个爱耳兰的工人动手把土掘开，三个黑种工人站在旁边陪着——也许是给那三个白种同伴镇压邪鬼罢。

四点钟敲过不久，哈密道人扶起来了，扶到了空气里，他便颤动了，渐渐活过来了。他低低地喊了一声“胡帝尼”，微微一笑，他回生了。

他未埋之先，医生验过他的脉跳是七十二，呼吸是八十，复活之后，脉跳与呼吸仍是七十二与八十。他在坑里足足埋了两点五十二分。

这回的安排布置全是勒乌公司（Loew's）的杜纳先生办理的。杜纳先生说，本想同这位埃及道人订一个“杂耍戏”的契约，不过还得考虑一会儿，因为看戏的人等不得三个钟头就会跑光了。哈密道人却很得意，他说他还可以活埋三天咧。

美国是个有钱的地方，世界各国的奇奇怪怪的宗教掮客都赶到这里来招揽信徒，炫卖花样。前一年，有个埃及道人名叫拉曼（Rahman）的，自称能收敛心神，停止呼吸。他当大众试验，闭在铁棺内，沉在赫贞河里，过了一点钟之久，当时美国有大幻术家胡帝尼（Harry Houdini）研究此事，说这不是停止呼吸，乃是一种“浅呼吸”，是可以操练出来的。胡帝尼自己练习，到了去年夏间，他也公开试验：睡在铁棺里，叫人沉入在纽约谢尔敦大旅馆的水池里，过了一点半钟，方才捞起来。开棺之后依然复生，不过脉跳增加至一百四十二跳而已。胡帝尼的成绩比拉曼加长半点钟，颇能使人明白这种把戏不过是一种技术上的训练，并没有什么精神作用。

胡帝尼死后，这班东方道人还不服气，所以有今年一月二十日哈密道人的公开试验，哈密的成绩又比胡帝尼加长了八十二分钟，应该够得上和勒乌公司订六个月的“杂耍戏”的契约了，然而杜纳先生又嫌活埋三点钟太干燥无味了，怕不能号召看戏的群众！可惜，可惜！大概哈密先生和他的道友们后来仍旧回到东方去继续他们的“内心生活”了罢。

胡帝尼的试验的精神是很可钦佩的。其实即使这班东方道人真能活埋三点钟以至三天，完全停止呼吸，这又算得什么精神生活？这里面那有什么“精神的分子”？泥里的蚯蚓，以至一切冬天蛰伏的爬虫，不是都能这样吗？

六　麻将

前几年，麻将牌忽然行到海外，成为出口货的一宗。欧洲与美洲的社会里，很有许多人学打麻将的，后来日本也传染到了。有一个时期，麻将竟成了西洋社会里最时髦的一种游戏：俱乐部里差不多桌桌都是麻将，书店里出了许多种研究麻将的小册子，中国留学生没有钱的可以靠教麻将吃饭挣钱。欧美人竟发了麻将的狂热了。谁也梦想不到东方文明征服西洋的先锋队却是那一百三十六个麻将军！

这回我从西伯利亚到欧洲，从欧洲到美洲，从美洲到日本，十个月之中，只有一次在日本京都的一个俱乐部里看见有人打麻将牌。在欧美简直看不见麻将了。我曾问过欧洲和美国的朋友，他们说："妇女俱乐部里，偶然还可以看见一桌两桌打麻将的，但那是很少的事了。"我在美国人家里，也常看见麻将牌盒子——雕刻装潢很精致的——陈列在室内，有时一家竟有两三副的，但从不见主人主妇谈起麻将，他们从不向我这位麻将国的代表请教此中的玄妙！麻将在西洋已成了架上的古玩了，麻将的狂热已退凉了。

我问一个美国朋友，为什么麻将的狂热过去的这样快？他说："女太太们喜欢麻将，男子们却很反对，终于是男子们战胜了。"

这是我们意想得到的，西洋的勤劳奋斗的民族绝不会做麻将的信徒，绝不会受麻将的征服，麻将只是我们这种好闲爱荡，不爱惜光阴的"精神文明"的中华民族的专利品。

当明朝晚年，民间盛行一种纸牌，名为"马吊"。马吊只有四十张牌，有一文至九文，一千至九千，一万至九万等，等于麻将牌的筒子、索子、万子。还有一张"零"，即是"白板"的祖宗，还有一张"千万"，即是徽州纸牌的"千万"。马吊牌上每张上画有《水浒传》的人物，徽州纸牌上的"王英"即是矮脚虎王英的遗迹。乾隆嘉庆间人汪师韩的全集里收有几种明人的马吊牌。

马吊在当日风行一时，士大夫整日整夜的打马吊，把正事都荒废了，所以明亡之后吴梅村作《绥寇纪略》说明之亡是亡于马吊。

三百年来，四十张的马吊逐渐演变，变成每样五张的纸牌，近七八十年中又变为每样四张的麻将牌。越变越复杂巧妙了，所以更能迷惑人心，使国中的男男女女，无论富贵贫贱，不分日夜寒暑，把精力和光阴葬送在这一百三十六张牌上。

英国的"国戏"是Cricket，美国的国戏是Baseball，日本的国戏是角抵，中国呢？中国的国戏是麻将。

麻将平均每四圈费时约两个钟点，少说一点，全国每日只有一百万桌麻将，每桌只打八圈，就得费四百万点钟，就是损失十六万七千日的光阴，金钱的输赢，精力的消磨，都还在外。

我们走遍世界，可曾看见那一个长进的民族，文明的国家，肯这样荒时废业的吗？一个留学日本朋友对我说："日本人的勤苦真不可及！到了晚上，登高一望，家家板屋里都是灯光，灯光之下，不是少年人跳着读书，便是老年人跪着翻书，或是老妇人跪着做活计，到了天明，满街上，满电车上都是上学去的儿童。单只这一点勤苦就可以征服我们了。"

其实何止日本？凡是长进的民族都是这样的，只有咱们这种不长进的民族以"闲"为幸福，以"清闲"为急务，男人以打麻将为消闲，女人以打麻将为家常，老太婆以打麻将为下半生的大事业。

从前的革新家说中国有三害：鸦片，八股，小脚。鸦片虽然没禁绝，总算是犯法了。虽然还有做"洋八股"与更时髦的"党八股"的，但八股的四书文史过去了，小脚也差不多没有了。只有这第四害，麻将，还是日兴月盛，没有一点衰歇的样子，没有人说他是可以亡国的大害。新近麻将先生居然大摇大摆地跑到西洋去招摇一次，几乎做了鸦片与杨梅疮的还敬礼物，但如今仍旧缩回来了，仍旧回来做东方精神文明的国家国粹国戏！

【后记】《漫游的感想》本不止这六条，我预备写四五十条，做成一本游记，但我当时正在赶写《白话本国史》，忙不过来，便把游记搁下来了，现在我把这六条保存在这里，因为游记专书大概是写不成的了。

十九，三，十，胡适。

1931

我的信仰

一

我父胡珊，是一位学者，也是一个有坚强意志，有治理才干的人。经过一个时期的文史经籍训练后，他对于地理研究，特别是边省的地理，大起兴趣。他前往京师，怀了一封介绍书，又走了四十二日而达北满吉林，进见钦差大臣吴大瀓。吴氏是现在见知于欧洲研究中国学问者之中国的一个大考古学家。

吴氏延见他，问有什么可以替他为力的。我父说道："没有什么，只求准我随节去解决中俄界务的纠纷，使我得以研究东北各省的地理。"吴氏对于这个只有秀才底子，在关外长途跋涉之后，差不多已是身无分文的学者，觉得有味。他带了这个少年去干他那历史上有名的差使，得他做了一个最有价值、最肯做事的帮手。

有一次与我父亲同走的一队人，迷陷在一个广阔的大森林之内，三天找不着出路。到粮食告尽，一切侦察均归失败时，我父亲就提议寻觅溪流。溪流是多半流向森林外面去的，一条溪流找到了手，他们一班人就顺流而行，得达安全的地方。我父亲作了一首长诗纪念这次的事迹，乃四十年后，我在《论杜威教授系统思想说》的一篇论文里，用这件事实以为例证，虽则我未尝提到他的名字，有好些与我父亲相熟而犹生存着的人，都还认得出这件故事，并写信问我是不是他们故世已久的朋友的一个小儿子。

吴大澂对我父亲虽曾一度向政府荐举他为“有治省才能的人”，政治上却并未得臻通显，历官江苏、台湾后，遂于台湾因中日战争的结果而割让与日本时，以五十五岁的寿延逝世。

二

我是我父亲的幼儿，也是我母亲的独子。我父亲娶妻凡三次；前妻死于太平天国之乱，乱军掠遍安徽南部各县，将其化为灰烬。次娶生了三个儿子、四个女儿。

长子从小便证明是个难望洗心革面的败子。我父亲丧了次妻后，写信回家，说他一定要讨一个纯良强健的，做庄稼人家的女儿。

我外祖父务农，于年终几个月内兼业裁缝。他是出身于一个循善的农家，在太平天国之乱中，全家被杀。因他还只是一个小孩子，故被太平军掠做俘虏，带往军中当差。为要防他逃走，他的脸上就刺了“太平天国”四字，终其身都还留着，但是他吃了种种困苦，居然逃了出来，回到家乡，只寻得一片焦土，无一个家人还得活着。他勤苦工作。耕种田地，兼做裁缝，裁缝的手艺，是他在贼营里学来的。他渐渐长成，娶了一房妻子，生下四个儿女，我母亲就是最长的。

我外祖父一生的心愿就是想重建被太平军毁了的家传老屋。他每天早上，太阳未出，便到溪头去拣选三大担石子，分三次挑回废屋的地基。挑完之后，他才去种田或去做裁缝。到了晚上回家时，又去三次，挑了三担石子，才吃晚饭。凡此辛苦恒毅的工作，都给我母亲默默看在眼里，她暗恨身为女儿，毫无一点法子能减轻她父亲的辛苦，促他的梦想实现。

随后来了个媒人，在田里与我外祖父会见，雄辩滔滔的向他替我父亲要他大女儿的庚帖。我外祖父答应回去和家里商量。但到他在晚上把所提的话对他的妻子说了，她就大生气。她说："不行！把我女儿嫁给一个大她三十岁的人，你真想得起？况且他的儿女也有年纪比我们女儿还大的！还有一层，人家自然要说我们嫁女儿给一个老官，是为了钱财体面而把她牺牲的。"于是这一对老夫妻吵了一场。后来做父亲的说："我们问问女儿自己。说来说去，这到底是她自己的事。"

到这个问题对我母亲提了出来，她不肯开口。中国女子遇到同类的情形常是这样的。但她心里却在深思沉想。嫁与中年丧偶、兼有成年儿女的人做填房，送给女家的聘金财礼比一般婚姻却要重得多，这点于她父亲盖房子的计划将大有帮助。况她以前又是见过我父亲的，知道他为全县人所敬重。她爱慕他，愿意嫁他，为的半是英雄崇拜的意识，但大半却是想望帮助劳苦的父亲的孝思。所以到她给父亲逼着答话，她就坚决的说："只要你们俩都说他是好人，请你们俩作主。男人家四十七岁也不能算是老。"我外祖父听了，叹了一口气，我外祖母可气的跳起来，忿忿的说："好啊！你想做官太太了！好罢，听你情愿罢！"

三

我母亲于一八八九年结婚，时年十七，我则生在一八九一年十二月。我父殁于一八九五年，留下我母亲二十三岁做了寡妇。我父弃世，我母便做了一个有许多成年儿女的大家庭的家长。中国做后母的地位是十分困难的。她的生活自此时起，自是一个长时间的含辛茹苦。

我母亲最大的禀赋就是容忍。中国史书记载唐朝有个皇帝垂询张公仪那位家长，问他家以什么道理能九世同居而不分离拆散。那位老人家因过于衰迈，难以口述，请准用笔写出回答。他就写了一百个“忍”字。中国道德家时常举出“百忍”的故事为家庭生活最好的例子，但他们似乎没有一个曾觉察到许多苦恼、倾轧、压迫和不平，使容忍成了一种必不可少的事情。

那班接脚媳妇凶恶不善的感情，利如锋刃的话语，含有敌意的嘴脸，我母亲事事都耐心容忍。她有时忍到不可再忍，这才早上不起床，柔声大哭，哭她早丧丈夫，她从不开罪她的媳妇，也不提开罪的那件事，但是这些眼泪，每次都有神秘莫测的效果。我总听得有一位嫂嫂的房门开了，和一个妇人的脚步声向厨房走去。不多一会儿，她转来敲我们房门了。她走进来捧着一碗热茶，送给我的母亲，劝她止哭，母亲接了茶碗，受了她不出声的认错，然后家里又太平清静得个把月。

我母亲虽则并不知书识字，却把她的全副希望放在我的教育上。我是一个早慧的小孩，不满三岁时，就已认了八百多字，都是我父亲每天用红笺方块教我的。我才满三岁零点，便在学堂里念书。我当时是个多病的小孩，没有搀扶，不能跨一个六英寸高的门槛。但我比学堂里所有别的学生都能读能记些。我从不跟着村中的孩子们一块儿玩。更因我缺少游戏，我五岁时就得了“先生”的绰号。十五年后，我在康奈耳大学做二年级时，也同是为了这个弱点，而得Doc（Doctor缩读，音与dog同，故用作谐称。）的诨名。

每天天还未亮时，我母亲便把我喊醒，叫我在床上坐起。她然后把对我父亲所知的一切告诉我。她说她望我踏上他的脚步，她一生只晓得他是最善良最伟大的人。

据她说，他是一个多么受人敬重的人，以致在他间或休假回家的时期中，附近烟窟赌馆都改行停业。她对我说我惟有行为好，学业科考成功，才能使他们两老增光；又说她所受的种种苦楚，得以由我勤敏读书来酬偿。我往往眼睛半睁半闭的听。但她除遇有女客与我们同住在一个房间的时候外，罕有不施这番晨训的。

到天大明时，她才把我的衣服穿好，催我去上学。我年稍长，我总是第一个先到学堂，并且差不多每天早晨都是去敲先生的门要钥匙去开学堂的门。钥匙从门缝里递了出来。我隔一会儿就坐在我的座位上朗朗念书了。学堂里到薄暮才放学，届时每个学生都向朱印石刻的孔夫子大像和先生鞠躬回家。日中上课的时间平均是十二小时。

我母亲一面不许我有任何种类的儿童游戏，一面对于我建一座孔圣庙的孩子气的企图，却给我种种鼓励。我是从我同父异母的姊姊的长子，大我五岁的一个小孩那里学来的。他拿各种华丽的色纸扎了一座孔庙，使我心里羡慕。我用一个大纸匣子作为正殿，背后开了一个方洞，用一只小匣子糊上去，做了摆孔子牌位的内堂。

外殿我供了孔子的各大贤徒，并贴了些小小的匾对，书着颂扬这位大圣人的字句，其中半系录自我外甥的庙里，半系自书中抄来。在这座玩具的庙前，频频有香炷燃着。我母亲对于我这番有孩子气的虔敬也觉得欢喜，暗信孔子的神灵一定有报应，使我成为一个有名的学者，并在科考中成为一个及第的士子。

我父亲是一个经学家，也是一个严守朱熹的新儒教理学的人。他对于释道两教强烈反对。我还记得见我叔父家（那是我的开蒙学堂）的门上有一张日光晒淡了的字条，写着“僧道无缘”几个字。我后来才得知道这是我父亲所遗理学家规例的一部。但是我父亲业已去世，我那彬彬儒雅的叔父，又到皖北去做了一员小吏，而我的几位哥子则都在上海。剩在家里的妇女们，对于我父亲的理学遗规，没有什么拘束了。他们遵守敬奉祖宗的常礼，并随风俗时会所趋，而自由礼神拜佛。观音菩萨是他们所最爱的神，我母亲是为了出于焦虑我的健康福祉的念头，也做了观音的虔诚信士。我记得有一次她到山上观音阁里去进香，她虽缠足，缠足是苦了一生的，在整段的山路上，还是步行来回。

我在村塾（村中共有七所）里读书。读了九年（1895年—1904年）。在这个期间，我读习并记诵了下列几部书：

1.《孝经》：孔子后的一部经籍，作者不明。

2.《小学》：一部论新儒教道德学说的书，普通谓系宋哲朱熹所作。

3.“四书”：《论语》《孟子》《大学》《中庸》。

4.“五经”中的“四经”：《诗经》《尚书》《易经》《礼记》。

我母亲对于家用向来是节省的，而付我先生的学金，却坚要比平常多三倍。平常学金两块银元一年，她首先便送六块钱，后又逐渐增加到十二元。由增加学金这一点小事情，我得到千百倍于上述数目比率所未能给的利益。因为那两元的学生，单单是高声朗读，用心记诵，先生从不劳神去对他讲解所记的字。独我为了有额外学金的缘故，得享受把功课中每字每句解给我听，就是将死板文字译作白话这项难得的权利。

我年还不满八岁，就能自己念书，由我二哥的提议，先生使我读《资治通鉴》。这部书，实在是大历史家司马光于一零八四年所辑编年式的中国通史。这番读史，使我发生很大的兴趣，我不久就从事把各朝代各帝王各年号编成有韵的歌诀，以资记忆。随后有一天，我在叔父家里的废纸箱中，偶然看见一本《水浒传》的残本，便站在箱边把它看完了。我跑遍全村，不久居然得着全部。从此以后，我读尽了本村邻村所知的小说。这些小说都是用白话或口语写的，既易了解，又有引人入胜的趣味。它们教我人生，好的也教，坏的也教，又给了我一件文艺的工具，若干年后，使我能在中国开始民众所称为"文学革命"（Literary Renaissance，直译当为文艺复兴。译者）的运动。

其时，我的宗教生活经过一个特异的激变。我系生长在拜偶像的环境，习于诸神凶恶丑怪的面孔，和天堂地狱的民间传说。我十一岁时，一日，温习朱子的《小学》，这部书是我能背诵而不甚了解的。我念到这位理学家引司马光那位史家攻击天堂地狱的通俗信仰的话。这段话说："形既朽灭，神亦飘散，虽有剉烧舂磨，亦无所施。"这话好像说得很有道理，我对于死后审判的观念，就开始怀疑起来。

往后不久，我读司马光的《资治通鉴》，读到第一百三十六卷中有一段，使我成了一个无神论者。所说起的这一段，述纪元五世纪名范缜的一位哲学家，与朝众竞辩"神灭论"。朝廷当时是提倡大乘佛法的。范缜的见解，由司马光撮述为这几句话："形者神之质地，神者形之用也。神之于形，犹利之于刃。未闻刃没而利存，岂容形灭而神在哉。"这比司马光的形灭神散的见解——一种仍认有精神的理论——还更透彻有理。范缜根本否认精神为一种实体，谓其仅系神之用。这一番化繁为简合着我儿童的心胸。读到"朝野喧哗，难之，终不能屈"，更使我心悦。同在那一段内，又引据范缜反对因果轮回说的事。他与竟陵王谈论，王对他说："君不信因果，何得有富贵贫贱？"范缜答道："人生如树花同发，随风而散；或拂帘幌，坠茵席之上；或关篱墙，落粪溷之中。堕茵席者，殿下是也；落粪溷者，下官是也。贵贱虽复殊途，因果竟在何处？”

因果之说，由印度传来，在中国人思想生活上已成了主要部分的少数最有力的观念之一。中国古代道德家，常以善有善报，恶有恶报为训。但在现实生活上并不真确。佛教的因果优于中国果报观念的地方，就是可以躲过这个问题，将其归之于前世来世不断的轮回。但是范缜的比喻，引起了我幼稚的幻想，使我摆脱了恶梦似的因果绝对论，这是以偶然论来对定命论。而我以十一岁的儿童就取了偶然论而叛离了运命，我在那个儿童时代是没有牵强附会的推理的，仅仅是脾性的迎拒罢了。我是我父亲的儿子，司马光和范缜又得了我的心。仅此而已。

四

但是这一种心境的激变，在我早年不无可笑的结果，一九零三年的新年里，我到我住在二十四里外的大姊家去拜年。在她家住了几天，我和她的儿子回家，他是来拜我母亲的年的。他家的一个长工替他挑着新年礼物。我们回到路上，经过一个亭子，供着几个奇形怪状的神像。我停下来对我外甥说：“这里没有人看见，我们来把这几个菩萨抛到污泥坑里去罢。”我这带孩子气的毁坏神像主张，把我的同伴大大地吓住了。他们劝我走路，莫去惹那些本来已经濒于危境的神道。

这一天正是元宵灯节，我们到了家中，家里有许多客人，我的肚子已经饿了，开饭的时候，我外甥又劝我喝了一杯烧酒。酒在我的肚子里，便作怪起来。我不久便在院子里跑，喊月亮下来看灯。

我母亲不悦，叫人来捉我。我在他们前头跑，酒力因我跑路，作用更起得快。我终被捉住，但还努力想挣脱。我母亲抱住我，不久便有许多人朝我们围拢来。我心里害怕，便胡言乱道起来。于是我外甥家的长工走到我母亲身边，低低的说：“外婆，我想他定是精神错乱了。恐怕是神道怪了他。今天下午我们路过三门亭，他提议要把几尊菩萨抛到污泥坑里去。一定是这番话弄出来的事。”我窃听了长工的话，忽然想出一条妙计。我喊叫得更凶，好像我就真是三门亭的一个神一样。我母亲于是便当空焚香祷告，说我年幼无知无咎，许下如果蒙神恕我小孩子的罪过，定到亭上去烧香还愿。

这时候，得报说龙灯来了，在我们屋里的人，都急忙跑去看，只剩下我和母亲两个人。一会儿我就睡着了。母亲许的愿，显然是灵应了。一个月后，我母亲和我上外婆家去，她叫我恭恭敬敬地在三门亭还我们许下的愿。

五

我年甫十三，即离家上路七日，以求“新教育”于上海。自这次别离后，我于十四年之中，只省候过我母亲三次，一总同她住了大约七个月。出自她对我伟大的爱忱，她送我出门，分明没有洒过一滴眼泪就让我在这广大的世界中，独自求我自己的教育和发展，所带着的，只是一个母亲的爱，一个读书的习惯和一点点怀疑的倾向。

我在上海过了六年（1904年—1910年），在美国过了七年（1910年—1917年）。在我停留在上海的时期内，我经历过三个学校（无一个是教会学校），一个都没有毕业，我读了当时所谓的“新教育”的基本东西，以历史、地理、英文、数学和一点零碎的自然科学为主。从故林纾氏及其他请人的意译文字中，我初次认识一大批英国和欧洲的小说家，司各提（Scott），狄更司（Dickens），大小仲马（Dumaspereetfils）、嚣俄（Hugo），以及托尔斯泰（Tolstoy）等氏的都在内。我读了中国上古、中古几位非儒教和新儒教哲学家的著作，并喜欢墨翟的兼爱说与老子、庄子有自然色彩的哲学。

从当代力量最大的学者梁启超氏的通俗文字中，我渐得略知霍布士（hobbes）、笛卡儿（Descartes）、卢骚（Rousseau）、宾坦（Bentham）、康德（Kant）、达尔文（Darwin）等诸泰西思想家。梁氏是一个崇拜近代西方文明的人，连续发表了些文字，坦然承认中国人以一个民族而言，对于欧洲人所具有许多良好特性，感受缺乏；显著的是注重公共道德，国家思想，爱冒险，私人权利观念与热心防其被侵，爱自由，自治能力，结合的本事与组织的努力，注意身体的培养与健康等。就是这几篇文字猛力把我以我们古旧文明为自足，除战争的武器，商业转运的工具外，没有什么要向西方求学的这种安乐梦中，震醒出来。它们开了给我，也就好像开了给几千几百别的人一样，对于世界整个的新眼界。

我又读过严复所译穆勒（John Stuart Mill）的《自由论》（*On Liberty*）和赫胥黎（Huxley）的《天演论》（*Evolution and Ethic*）。严氏所译赫胥黎的论著，于一八九八年就出版，并立即得到知识阶级的接受。有钱的人拿钱出来翻印新版以广流传（当时并没有版权），因为有人以达尔文的言论，尤其是它在社会上与政治上的运用，对于一个感受惰性与儒滞日久的民族，乃是一个合宜的刺激。

数年之间，许多的进化名词在当时报章杂志的文字上，就成了口头禅。无数的人，都采来做自己的和儿辈的名号，由是提醒他们国家与个人在生存竞争中消灭的祸害。向尝一度闻名的陈炯明以“竞存”为号。我有两个同学名杨天择和孙竞存。就是我自己的名字，对于中国以进化论为时尚，也是一个证据。我请我二哥替我起个学名的那天早晨，我还记得清楚。他只想了一刻，他就说，“‘适者生存’中的‘适’字怎么样？”我表同意；先用来做笔名，最后于一九一零年就用作我的名字。

六

我对于达尔文与斯宾塞两氏进化假说的一些知识，很容易的与几个中国古代思想家的自然学说连了起来。例如在道家伪书《列子》所述的下面这个故事中，发现二千年前有一个一样年轻，同抱一样信仰的人，使我的童心欢悦：

齐田氏祖于庭，食客千人。中坐有献鱼雁者，田氏视之，乃叹曰：“天之于民厚矣！殖五谷，生鱼鸟以为之用。”众客和之如响。鲍氏之子，年十二，预于次，进曰：“不如君言。天地万物，与我并生，类也。类无贵贱，徒以大小智力而相制，迭相食，非相为而生之。人取食者而食之，岂天本为人而生之，且蚊纳哈肤，虎狼食肉，岂天本为蚊的生人，虎狼生肉者哉？”

一九〇六年，我在中国公学同学中，有几位办了一个定期刊物，名《竞业旬报》——达尔文学说通行的又一例子——其主旨在以新思想灌输于未受教育的民众，系以白话刊行。我被邀在创刊号撰稿。一年之后，我独自做编辑。我编辑这个杂志的工作不但帮助我启发运用现行口语为一种文艺工具的才能，且以明白的话语及合理的次序，想出自我幼年就已具了形式的观念和思想。在我为这个杂志所著的许多论文内，我猛力攻击人民的迷信，且坦然主张毁弃神道，兼持无神论。

一九〇八年，我家因营业失败，经济大感困难。我于十七岁上，就必需供给我自己读书，兼供养家中的母亲。我有一年多停学，教授初等英文，每日授课五小时，月得修金八十元。一九一〇年，我教了几个月的国文。那几年（1909年—1910年）是中国历史上的黑暗时代，也是我个人历史上的黑暗时代。革命在好几省内爆发，每次都归失败。中国公学原是革命活动的中心，我在那里的旧同学参加此等密谋的实繁有徒，丧失生命的为数也不少。这班政治犯有好些来到上海与我住在一起，我们都是意气消沉，厌世悲观的。我们喝酒，作悲观的诗词，日夜谈论，且往往作没有输赢的赌博。我们甚至还请了一个老伶工来教我们唱戏。有一天早上，我作了一首诗，中有这一句："霜浓欺日淡！"意气消沉与执劳任役驱使我们走入了种种的流浪放荡。有一个雨夜，我喝酒喝得大醉，在镇上与巡捕角斗，把我自己弄进监里去关了一夜。到我次晨回寓，在镜中看出我脸上的血痕，就记起李白饮酒歌中的这一句："有人用武力，任出吾身物。"（Some use might yet be made of this material born in me。这一句一时也查不出原文。）我决心脱离教书和我的这班朋友。下了一个月的苦工夫，我就前往北京投考用美国退还庚子赔款所设的学额。我考试及格，即于七月间放洋赴美。

七

我到美国，满怀悲观。但不久便交结了些朋友，对于那个国家和人民都很喜爱。美国人出自天真的乐观与朝气给了我很好的印象。在这个地方，似乎无一事一物不能由人类智力做得成的。我不能避免这种对于人生持有喜气的眼光的传染，数年之间，就渐渐治疗了我少年老成的态度。

我第一次去看足球比赛时，我坐在那里以哲学的态度看球赛时的粗暴及狂叫欢呼为乐。而这种狂叫欢呼在我看来，似乎是很不够大学生的尊严的。但是到竞争愈渐激烈，我也就开始悟这种热心。随后我偶然回头望见白了头发的植物学教授劳理先生（Mr. W.W.Rowlee）诚心诚意的在欢呼狂叫，我觉得如是的自惭，以致我不久也就热心的陪着众人欢呼了。

就是在民国初年最黑暗的时期内，我还是想法子打起我的精神。在致一个华友的信里面，我说道："除了你我自己灰心失意，以为无希望外，没有事情是无希望的。"在我的日记上，我记下些引录的句子，如引克洛浦（Clough）的这一句："如果希望是麻醉物，恐惧就是作伪者。"又如我自己译自勃朗宁的这一节诗：

从不转背而挺身向前，
从不怀疑云要破裂，
虽合理的弄糟，违理的战胜，
而从不作迷梦的，
相信我们沉而再升，败而再战，
睡而再醒。

一九一四年一月，我写这一句在我的日记上："我相信我自离开中国后，所学得的最大的事情，就是这种乐观的人生哲学了。"一九一五年，我以关于勃朗宁最优的论文得受柯生奖金。我论文的题目是《勃朗宁乐观主义辩》。我想来大半是我渐次改变了的人生观使我于替他辩护时，以一种诚信的意识来发言。

我系以在康奈耳大学做纽约农科学院的学生开始我的大学生涯。我的选择是根据了当时中国盛行的，谓中国学生须学点有用的技艺，文学、哲学是没有什么实用的这个信念。但是也有一个经济的动机。农科学院当时不收学费，我心想或许还能够把每月的月费省下一部分来汇给我的母亲。

农场上的经验我一点都不曾有过，并且我的心也不在农业上。一年级的英国文学及德文课程，较之农场实习和养果学，反使我感觉兴趣。踌躇观望了一年又半，我最后转入文理学院，一次缴纳四个学期的学费，就是使我受八个月困境的处分。但是我对于我的新学科觉得更为自然，从不懊悔这番改变。有一科《欧洲哲学史》——归故克莱顿教授那位恩师主持——领导我以哲学做了主科。我对于英国文学与政治学也深有兴趣。康乃耳的哲学院是唯心论的重镇。在其领导之下，我读了古代近代古典派哲学家比较重要的著作，我也读过晚近唯心论者如布拉特莱、鲍森模等的作品，但是他们提出的问题从未引起我的兴趣。

一九一五年，我往哥伦比亚大学，就学于杜威教授，直至一九一七年我回国之时为止。得着杜威的鼓励，我著成我的论文《先秦名学史》这篇论文，使我把中国古代哲学著作重读一遍，并立下我对于中国思想史的一切研究的基础。

八

我留美的七年间，我有许多课外的活动，影响我的生命和思想，说不定也与我的大学课业一样。当意气颓唐的时候，我对于基督教大感兴趣，且差不多把《圣经》读完。一九一一年夏，我出席在宾夕法尼亚普柯诺派思司举行的中国基督教学生会的大会做来宾时，我几乎打定主意做了基督徒。

但是我渐渐的与基督教脱离，虽则我对于其发达的历史曾多有习读，因为有好久时光我是一个信仰无抵抗主义的信徒。耶稣降生前五百年，中国哲学家老子曾传授过上善若水，水善应万物而不争。我早年接受老子的这个教训，使我大大的爱着《登山宝训》。

一九一四年，世界大战爆发，我深为比利时的命运所动，而成了一个确定的无抵抗者。我在康乃耳大同俱乐部住了三年，结交了许多各种国籍的热心朋友。受着像那士密氏和麦慈那样唯心的平和论者的影响，我自己也成了一个热心的平和论者。大学废军联盟因维腊特的提议而成立于一九一五年，我是其创办人之一。

到后来，各国际政体俱乐部成立，我在那士密氏和安格尔的领导之下，做了一个最活动的会员，且曾参加过其起首两届的年会。一九一六年，我以我的论文《国际关系中有代替武力的吗》得受国际政体俱乐部的奖金。在这篇论文里，我阐明依据以法律为有组织的武力建立一个国际联盟的哲理。

我的平和主义与国际大同主义往往使我陷入十分麻烦的地位。日本由攻击德国在山东的领土以加入世界大战时，向世界宣布说，这些领土“终将归还中国”。我是留美华人中唯一相信这个宣言的人，并以文字辩驳说，日本于其所言，说不定是意在必行的。关于这一层，我为许多同辈的学生所嘲笑。及一九一五年日本提出有名的对华二十一条件，留美学生，人人都赞成立即与日本开战。我写了一封公开的信给《中国留美学生月报》，劝告处之以温和，持之以冷静。我为这封信受了各方面的严厉攻击，屡被斥为卖国贼。战争是因中国接受一部要求而得避免了，但德国在华领土则直至七年之后才交还中国。

我读易卜生、莫黎和赫胥黎诸氏的著作，教我思考诚实与发言诚实的重要。我读过易卜生所有的戏剧，特别爱看《人民之敌》、莫黎的《论妥协》，先由我的好友威廉思女士介绍给我，她是一直做了左右我生命最重要的精神力量。莫黎曾教我："一种主义，如果健全的话，是代表一种较大的便宜的。为了一时似是而非的便宜而将其放弃，乃是为小善而牺牲大善。疲弊时代，剥夺高贵的行为和向上的品格，再没有什么有这样拿得定的了。"

赫胥黎还更进一步教授一种理知诚实的方法。他单单是说："拿也如同可以证明我相信别的东西为合理的那种种证据来，那么我就相信人的不朽了。向我说类比和或能是说无用的。我说我相信倒转平方律时，我是知道我意何所指的，我必不把我的生命和希望放在较弱的信证上。"赫胥黎也曾说过："一个人生命中最神圣的举动，就是说出并感觉得我相信某项某项是真的。生在世上一切最大的赏，一切最重要的罚，都是系在这个举动上。"人生最神圣的责任是努力思想得好，我就是从杜威教授学来的。或思想得不精，或思想而不严格的到它的前因后果，接受现成的整块的概念以为思想的前提，而于不知不觉间受其个人的影响，或多把个人的观念由造成结果而加以测验，在理知上都是没有责任心的。真理的一切最大的发现，历史上一切最大的灾祸，都有赖于此。

杜威给了我们一种思想的哲学，以思想为一种艺术，为一种技术。在《思维术》和《实验逻辑论文集》里面，他制出这项技术。我察中不但于实验科学上的发明为然，即于历史科学上最佳的探讨，内容的详定，文字的改造及高等的批评等也是如此。在这种种境域内，曾由同是这个技术而得到最佳的结果。这个技术主体上是具有大胆提出假设，和（加）上诚恳留意于制裁与证实。这个实验的思想技术，堪当创造的智力这个名称，因其在运用想象机智以寻求证据，做成实验上，和在自思想有成就的结实所发出满意的结果上，实实在在是有创造性的。奇怪至极，这种功利主义的逻辑竟使我变成了一个做历史探讨工作的人。我曾用进化的方法去思想，而这种有进化性思想习惯，就做我此后在思想史及文学工作上的成功之钥。尤更奇怪的，这个历史的思想方法并没有使我成为一个守旧的人，而时常是进步的人。例如，我在中国对于文学革命的辩论，全是根据无可否认的历史进化的事实，且一向都非我的对方所能答复得来的。

九

我母亲于一九一八年逝世。她的逝世，就是引导我把我在这广大世界中摸索了十四年多些的信条第一次列成条文的时机。这个信条系于一九一九年发表在以《不朽》为题的一篇文章里面。因有早在幼童时期读书得来的学识，我早就已摒弃了个人死后生存的观念了。好多年来，我都是以一种“三不朽”的古说为满意，这种古说我是在《春秋左氏传》里面找出来的。传记里载贤臣叔孙豹于纪元前五四八年（时孔子还只有三岁。即鲁襄公二十四年）谓有立德、立功、立言三不朽。此三者“虽久不忘，此之谓不朽”。这种学说引动我心有如是之甚，以致我每每向我的外国朋友谈起，并给了它一个名字，叫作“三W的不朽主义”。

我母亲的逝世使我重新想到这个问题，我就开始觉得三不朽的学说有修正的必要。第一层，其弱点在太过概括一切。在这个世界上，有多少人其在德行功绩言语上的成就，其哲理上的智慧能久久不忘的呢？例如哥伦布是可以不朽了，但是他那些别的水手怎样呢？那些替他造船或供给他用具的人，那许多或由作有勇敢的思考，或由在海洋中作有成无成的探险，替他铺下道路的前导又怎样呢？简括的说，一个人应有多大的成就，才可以得不朽呢？

次一层，这个学说对于人类的行为没有消极的裁制。美德固是不朽的了，但是恶德又怎样呢？我们还要再去借重审判日或地狱之火吗？

我母亲的活动从未超出家庭间琐屑细事之外，但是她的左右力，能清清楚楚的从来吊祭她的男男女女的脸上看得出来。我检阅我已死的母亲的生平，我追忆我父亲个人对她毕生左右的力量，及其对我本身垂久的影响，我遂诚信一切事物都是不朽的。我们所做的一切什么人，我们所干的一切什么事，我们所讲的一切什么话，从在世界上某个地方自有其影响这个意义看来，都是不朽的。这个影响又将依次在别个地方有其效果，而此事又将继续入于无限的空间与时间。

正如列勃涅慈有一次所说："人人都感觉到在宇宙中所经历的一切，以及那目睹一切的人，可以从经历其他各处的事物，甚至曾经并将识别现在的事物中，解识出在时间与空间上已被移动的事物。我们是看不见一切的，但一切事物都在那里，达到无穷境无穷期。"一个人就是他所吃的东西，所以达柯塔的务农者，加利芳尼亚的种果者，以及千百万别的粮食供给者的工作，都是生活在他的身上。一个人就是他所想的东西，所以凡曾于他有所左右的人——自苏格拉底、柏拉图、孔子以至于他本区教会的牧师和抚育保姆——都是生活在他的身上。一个人也就是他所享乐的东西，所以无数美术家和以技取悦的人，无论现尚生存或久已亡故，有名无名，崇高粗俗，都是生活在他的身上。诸如此类，以至于无穷。

一千四百年前，有一个人写了一篇论“神灭”的文章，被认为亵渎神圣，有如是之甚，以致其君皇敕七十个大儒来相驳难，竟给其驳倒。但是五百年后，有一位史家把这篇文章在他的伟大的史籍中纪了一个撮要。又过了九百年，然后有一个十一岁的小孩偶然碰到这个三十五个字的简单撮要，而这三十五个字，于埋没了一千四百年之后，突然活了起来而生活于他的身上，更由他而生活于几千几百个男男女女的身上。

一九一二年，我的母校来了一位英国讲师，发表一篇演说，《论中国建立共和的不可能》。他的演讲当时我觉得很为不通，但是我以他对于母音O的特异的发音方法为有趣，我就坐在那里摹拟以自娱。他的演说久已忘记了，但是他对于母音的发音方法，这些年来却总与我不离，说不定现在还在我的几千百个学生的口上，而从没有觉察到是由于我对于布兰特先生的恶作剧的摹仿，而布兰特先生也是从不知道的。

两千五百年前，希马拉雅山的一个山峡里死了一个乞丐。他的尸体在路旁已在腐溃了，来了一个少年王子，看见这个怕人的景象，就从事思考起来。他想到人生及其他一切事物的无常，遂决心脱离家庭，前往旷野中去想出一个自救以救人类的方法。多年后，他从旷野里出来，做了释迦佛，面向世界宣布他所找出的拯救的方法。这样，甚至一个死丐尸体的腐溃，对于创立世界上一个最大的宗教，也曾不知不觉的贡献了其一部分。

这一个推想的线索引导我信了可以称为社会不朽的宗教，因为这个推想在大体上全系根据于社会对我的影响，日积月累而成小我，小我对于其本身是些什么，对于可以称社会、人类或大自然的那个大我有些什么施为，都留有一个抹不去的痕记这番意思。小我是会要死的，但是他还是继续存活在这个大我身上。这个大我乃是不朽的，他的一切善恶功罪，他的一切言行思想，无论是显著的或细微的，对的或不对的，有好处或有坏处——样样都是生存在其对于大我所产生的影响上。这个大我永远生存，做了无数小我胜利或失败的垂久宏大的佐证。

这个社会不朽的概念之所以比中国古代三不朽学说更为满意，就在于包括英雄圣贤，也包括贱者微者，包括美德，也包括恶德，包括功德，也包括罪孽。就是这项承认善的不朽，也承认恶的不朽，才构成这种学说道德上的许可。一个死尸的腐烂可以创立一个宗教，但也可以为患全个大陆。一个酒店侍女偶发一个议论，可以使一个波斯僧侣豁然大悟，但是一个错误的政治或社会改造议论，却可以引起几百年的杀人流血。发现一个极微的杆菌，可以福利几千百万人，但是一个害痨的人吐出的一小点痰涎，也可以害死大批的人，害死几世几代。

人所做的恶事，的确是在他们身后还存在的！就是明白承认行为的结果才构成我们道德责任的意识。小我对于较大的社会的我负有巨大的债项，把他干的什么事情，作的什么思想，做的什么人物，概行对之负起责任，乃是他的职分。人类之为现在的人类，固是由我们祖先的智行愚行所造而成，但是到我们做完了我们分内时，我们又将由人类成为怎么样而受裁判了。我们要说，“我们之后是大灾大厄”吗？抑或要说，“我们之后是幸福无疆”吗？

十

一九二三年，我又得了一个时机把我的信条列成更普通的条文。地质学家丁文江氏所著，在我所主编的一个周报上发表，论

《科学与人生观》的一篇文章，开始了一场用差不多延持了一个足年的长期论战。在中国凡有点地位的思想家，全都曾参与其事。到一九二三年终，由某个善经营的出版家把这论战的文章收集起来，字数竟达二十五万。我被请为这个集子作序。我的序言给这本已繁重的文集又加了一万字，而以我所拟议的“新宇宙观和新人生观的轮廓”为结论，不过有些含有敌意的基督教会，却以恶作剧的口吻，称其为“胡适的新十诫”，我现在为其自有其价值而选择出来：

（1）根据于天文学和物理学的知识，叫人知道空间的无限之大。

（2）根据于地质学及古生物学的知识，叫人知道时间的无穷之长。

（3）根据于一切科学，叫人知道宇宙及其中万物的运行变迁皆是自然的——自己如此的——正用不着什么超自然的主宰或造物者。

（4）根据于生物学的科学知识，叫人知道生物界的生存竞争的浪费与惨酷，——因此叫人更可以明白那“有好生之德”的主宰的假设是不能成立的。

（5）根据于生物学、生理学、心理学的知识，叫人知道人不过是动物的一种；他和别种动物只有程序的差异，并无种类的区别。

（6）根据于生物的科学及人类学、人种学、社会学的知识，叫人知道生物及人类社会演进的历史和演进的原因。

（7）根据于生物的及心理的科学，叫人知道一切心理的现象都是有因的。

（8）根据于生物学及社会学的知识，叫人知道道德礼教是变迁的，而变迁的原因都是可以用科学的方法寻求出来的。

（9）根据于新的物理化学的知识，叫人知道物质不是死的，是活的；不是静的，是动的。

（10）根据于生物学及社会学的知识，叫人知道个人——“小我”——是要死灭的，而人类——“大我”——是不死的，不朽的；叫人知道“为全种万世而生活”就是宗教，就是最高的宗教。而那些替个人谋死后的“天堂”“净土”的宗教，乃是自私自利的宗教。

我结论道：“这种新人生观是建筑在二三百年的科学常识之上的一个大假设，我们也许可以给他加上‘科学的人生观’的尊号。但为避免无谓的争论起见，我主张叫他做‘自然主义的人生观’。

“我们在那个自然的宇宙里，在那无穷之大的空间里，在那无穷之长的时间里，这个平均高五尺六寸，上寿不过百年的两手动物——人——真是一个藐乎其小的微生物了。在那个自然主义的宇宙里，天行是有常度的，物变是有自然法则的，因果的大法支配着他——人——的一切生活，生存竞争的惨剧鞭策着他的一切行为，——这个两手动物的自由真是很有限的了。

“然而那个自然主义的宇宙里的这个渺小的两手动物，却也有他的相当的地位和相当的价值。他用的两手和一个大脑，居然能做出许多器具，想出许多方法，造成一点文化。他不但驯服了许多禽兽，他还能考究宇宙间的自然法则，利用这些法则来驾驭天行，到现在他居然能叫电气给他赶车，以太阳给他送信了。

“他的智慧的长进就是他的能力的增加。然而智慧的长进却又使他的胸襟扩大，想象力提高。他也曾拜物拜畜生，也曾怕神怕鬼，但他现在渐渐的脱离了这种种幼稚的时期，他现在渐渐明白：

空间之大只增加他对于宇宙的美感；时间之长只使他明了祖宗创业之艰难；天行之有常只增加他制裁自然界的能力。

“甚至于因果律之笼罩一切，也并不见得束缚他的自由。因为因果律的作用，一方面使他可以由因求果，由果推因，解释过去，预测未来；一方面又使他可以运用他的智慧，创造新因，以求新果。甚至于生存竞争的观念也并不见得就使他成为一个冷酷无情的畜生，也许还可以格外增加他对于同类的同情心，格外使他深信互助的重要，格外使他注重人为的努力，以减免天然竞争的惨酷与浪费。总而言之，这个自然主义的人生观里，未尝没有美，未尝没有诗意，未尝没有道德的责任，未尝没有充分运用创造的智慧的机会。”

（原载1931年1－2月美国《论坛》月刊，收入1931年上海良友图书印刷公司出版的《中国四大思想家信仰之自述》

1938

民国二十七年七月（1938年7月），胡适刚刚结束在美国的活动，准备前往英法。20日下午，他在巴黎收到纽约转来的电报，蒋介石敦请胡适出任驻美大使，以取代将要卸任的王正廷。胡适自认无党无派，无羁无绊，如果只是以个人身份做“国民外交”，为中华抗战出一分力，自是责无旁贷，但要食官受禄，胡适还是很犹豫的。这时，他的好友、驻法大使顾维钧和驻英大使郭泰祺都相继来电，劝说他就任驻美大使。行政院长孔祥熙也打来电报说：“介公及弟甚愿借重长才，大使一职，拟由吾兄见屈。”

虽如此，胡适还是回电坚辞大使职，理由是：“二十余年疏懒已惯，决不能任此外交要职。”对于这样的决定，其遭到朋友们的一致反对，令胡适处在痛苦的抉择之中。直至7月26日，他终于咬牙跺脚，作出决定。遂发电文如下：

国家际此危难，有所驱策，我何敢辞。惟自审二十余年闲懒已惯，又素无外交经验，深恐不能担负如此重任，贻误国家，故迟疑至今，始敢决心受命。

对于此事，胡适自认是“逼上梁山”，在给夫人江冬秀的信中说：“我在这十几天，遇见了一件‘逼上梁山’的事……我二十一年做自由的人，不做政府的官，何等自由？但现在国家到这地步，调兵调到我，拉夫拉到我，我没有法子逃，所以不能不去做一年半年的大使。我声明做到战事完结为止，战事一了，我就仍旧教我的书去。”9月17日，国民政府正式发布任命令：

驻美利坚国特命全权大使王正廷呈请辞职，王正廷准免本职。此令胡适为中华民国驻美利坚特命全权大使。

对于这样的决定，《纽约时报》载文说：“凡是知道胡适的美国人，都会因为胡适的新使命而欢呼。……胡适的同胞很少能比胡适更宜于代表新旧两派中国文化的精华。很少中国人能如此适于沟通中美两国的情形，促进中美两国人民的友好关系。”从此胡适开始了他的“书生大使”之职。

1938年10月4日，胡适就任驻美大使，初到美国华盛顿，受到美国外交部礼宾司长欢迎。

日本在中国之侵略战

假若有人要我用一句话，概括的说明中国的种种现状，我可以毫不迟疑的答复：中国正流着血死里求生的在抗战。

我们苦战已经十六个多月了。我们所抵抗的侵略者，是世界三大海军国的一个，也是全世界四五个大陆军国之一，我们遭受了一百万的死伤，我们有若干广大的区域被侵略者的军队占领了，沿海沿江的重要城市：北平、天津、青岛、济南、上海、杭州、南京、芜湖、九江、厦门、广州和武汉，都相继沦陷了。实际上凡外人所认为工商的教育文化的交通运输的中心要地，不是被侵略者占领，就是被他们摧残无余，一百一十一所大学，被敌人破毁霸占或损坏的，在三分之二以上。在内地勉强授课的极少数学府，既没有设备，且而时时受到空袭的危险。除作战军队的惨重死伤外，因受战事的影响，以致家破人亡，无衣无食，转辗流徙，贫病交加的平民，现在有六千万之多。各地不设防城市的无辜民众，被日本"皇军"的轰炸机所残杀的每天也都是成千累百。

但最严重的，是从10月中广州沦陷以后，所有的海口通通落到敌人的手里了。换句话说，国外军火的接济全被敌遮断。此后国外军火供给的来源，全靠腹地的三条后方路线维持：就是西北通苏联的陆路，以及通法属安南和英属缅甸的路线。但是这三条路线，都是困难重重，而且不是常常可靠。据说在法属安南方面，因为受了敌人的一再的威胁，曾经不许我们用滇越铁路运输军火。通苏联的陆路汽车线虽是畅道，但由苏联边境到重庆，有三千英里，比较三藩市到纽约还长。路这样远，油站这样少，重兵器的输送，几乎不可能。通缅甸的公路，还没有达到可以使用的时期。由此看来，我们通海口与接济的路线，全被阻断，就是在利用出口贸易以换取外汇方面也发生了绝大的困难。

这是中国的现状。方才我说中国正流着血死里求生的在抗战是不是言过其实呢？

从汉口广州陷落以后，社会上和政府中一部分人不免有短时期的怀疑，犹豫甚至失望；这是很自然的。我曾屡次向美国人士说明，拿人身的血肉和金属制成的优越机械相战，其人力自有一个限度。到了力量罄竭的时候，常不免有弛颓下来的危机。所以我国人民在此时期的怀疑和犹豫，实在是很自然的现象，也无怪在这个时期内，美国各报纸纷传和平谈判的信息；说是中国有放弃抗战的考虑。事实上我们的敌人，同时也曾明白表示渴望和平。

但是这个犹疑的时期，也就是伟大决策的时期，很快的，我们的当局，就得到了结论：认为在目前情况下，中国绝不能企望和平。理由很简单，就是还没有丝毫的迹象，可以产生使中国人民相当接受的和平。他们慎重的考虑过各种困难和民族潜伏力之后，肯定的决定继续抗战的国策，与侵略者周旋到底。

当蒋委员长详细告诉全中国全世界这个新决心的时候，特别注重下列几点：

中国决定继续其持久全面抗战的方针。因为抗战已经真正变成“全面的”了，敌人已经被我们诱入内地了，在地理上和时间上，我们都站在有利的地位。十六个月的抗战，已经达到我们延迟敌人西进的目的。因此我们能够发展广大后方的交通和运输。若干的工业，也能安然的迁到内地。

必须经过绝大的艰难和牺牲，我们才能希望获得最后的胜利。

我们必须认清这次的抗战，是个革命的战争，正像美国的独立战争，法俄的革命战争，土耳其的解放战争一样。在这种革命战争的过程中，民族精神必定获得最后的胜利。

这是中国新决心的郑重宣言。

对于我国人民，冒了无上险阻艰难，决定继续抗战，世界的舆论如何感想？会不会认为这种决定，是绝对的愚昧，仅凭幻想的逻辑做根据呢？

无论世界对我们作什么感想，我可以肯定的向诸位保证，一个已经牺牲一百万人民的国家，为了保持他们的生存独立，决定准备更大的牺牲而抵抗侵略，那就不能妄责他，说他的希望与企愿，是仅凭幻想做根据。我们根据十六个月所得的非常艰苦而富有启发作用的作战经验，才慎重的决定了这个国策。从这艰苦的时期中，我们领悟了，我国的将士，能英勇的抗战，能壮烈的牺牲；我们的人民，忍受了一切的损害和摧残，对政府从没有半句怨言，全国——敌军占领区也在内——民族统一团结的意识，已经毫无疑义的形成了。同时我们知道敌人对于长期战争的负担，确已感觉到不能胜任；敌人的财政逐渐趋于崩溃；对于一个被他认为不堪一击的国家，敌人正在殚精竭虑的集中一切兵力来苦战。更使敌人彷徨不安的，是军实的消耗。这项军实，是他们历年积储起来预备应付更强大敌人的。所以我们只要延长抗战到一个时期，并非不能使敌人疲于奔命，以至于失败的。

从我个人用非历史专家的眼光来看，把我们这次的抗战，认为是一种革命战争，必须用美法俄土革命战争的历史去衬托他才能得到最确切的了解——这句话含有很大的真理。美国的听众对于这个历史的比喻当然最能了解；不久以前，有一位美国朋友写信给我说："目前中国困在福奇山谷中，但我希望不久当可达到约克城。"写这几句话的时候，我还没有读过前面所讲的宣言呢。我现在把这个比喻，再详细说明。

美国第一流科学的历史家约翰费斯克说："华盛顿军队在福奇山谷中所受的痛苦，曾引起历史家无限的同情和赞颂。当1777年12月17日的那天，那些可怜的军队向冬季营房前进的时候，因为士兵们都赤着足，一路上，鲜红的血迹，印在洁白的积雪上面，走过的路线非常清楚。23日，华盛顿向议会报告，他营里有二千八百九十八人，都是不堪作战，因为他们是赤足和没有服装的兵士。又因饥寒交迫，病者日多。挤满了伤病兵的医院里，有些竟因没有稻草铺在冰冻的地上睡眠，硬被冻死的。在这样艰苦状况之下，有时敌人进攻，简直调不出二千士兵来迎战。"（费斯克著《美国革命》第二册第28页至29页）这是1777年冬天福奇山谷的情况。

不久，乔治第三及诺斯爵士领导下的英国政府，提出和议，愿意无条件地废止引起美洲殖民地反抗的一切法律，同时又宣言，英国国会将永久放弃在美洲征税的权利。并且派了若干代表，备具议和的全权，到美洲来和议会谈判。

这确是一个荣誉和平的提议啊。彼时美国的开国者若接受了这个提议，那么以后四年间的血战和牺牲，尽可避免的。但是这样一来，就没有美洲独立的成功和北美合众国的出现了。

那时美国的开国诸公，毅然拒绝1778年的和平条件，继续的再奋斗了四年，终于1781年10月在约克城得到最后的胜利。

我们一定要记得，以后那四年血战的危险和艰难，就几乎没有一时一刻不是和福奇山谷中的情形一样的。军事的挫折，领土的丧失，内部的困难，甚至通敌卖国的事是层出不穷的。那时全美政府还没有组成，联邦宪章，虽经过了三年的讨论，还没有采用。全美议会的名望日减，权力日弱，议会既没有向各邦征税的权力，只有不断加印纸币的一法，以维持抗战。此种纸币的价值因而愈跌愈低。华盛顿说："买一车子的粮食，需要一车的纸币。""1780年的初期，一元纸币的价值，跌到二分。同年年底，十元纸币，仅值一分。不久纸币就停止流通了，债款也无法催收。信用荡然无存，费城一家理发店，把账单裱糊四壁"。"在这样情况之下，军队必需的衣食，几乎无法维持。士兵四个月的饷还不够他家族买一斗麦，有时这点饷还领不到。终日光了赤脚，吃也吃不饱。"（费斯克著《美国革命》第196页至200页）

这是1780年的情形，但是华盛顿和他的同事们，并没有放弃抵抗。一年以后，在约克城终于获得了最后胜利，结束了美国革命的军事阶段。

我详细描述美国革命在1776年至1781年内的种种困苦，不仅是要说明华盛顿统率的美军，其处境并不比今日抗战的中国军队好多少，并且要证明蒋委员长所以把抗日战争称为革命战争，而这种革命战争中民族精神必定获得最后胜利的意义。凡是革命战争，都是武器不全而为理想所激发的民众，和操有装备优越的正规军的压迫者或侵略者作战。结果最后的胜利总是归于笃信主义勇敢牺牲而能征服一切困难的一方面。若果说这是一个幻想，那末也是一种使人非常兴奋使人非常感动的幻想，所以我国成千累万的人民决定拿血和生命来考验一下啊！

在结束我的讲演以前，我还有一个观察，也是根据历史的比喻的。我要问一句话，就是美国的开国者怎样能够逃出福奇山谷走上约克城胜利的路！历史家都同意，不外有两种因素。第一革命军能不顾极大的艰苦，奋斗到底。但是还有一个同样重要的因素，就是那时国际情形是帮助了美国革命的。乔治第三的英国为欧洲各大国所厌恶，他们自然同情于美洲的殖民地。全美议会曾派外交团赴欧，主要目的在联络路易十六的法国朝廷。团员之中，有那位日后出任第一任驻法公使的佛兰克林，他和法国订了商约和军事同盟，非但借到了四千五百万镑的巨款，而且得到法国的重要军事协助——得到那人数众多器械精良的法国远征队，就是主张美洲孤立主义最力的贝密史教授，也不得不承认“法国在美洲的陆军和舰队，与华盛顿军队的协同作战，获得约克城最后的胜利。法国同盟实在是美国独立成功的主要元素。每一个美国人民应该永矢弗忘的”。（贝密史著《美国外交史》第31页）

但是法国的直接援助，并非美国革命成功的唯一原因。那时整个的国际形势，都是直接或间接对于美国有利的。远在1778年的时候，英法两国早已进入不宣而战的状态中。西班牙在1779年向英国宣战。1780年，俄国加塞林女皇宣布了海上自由和中立国权利的原则，立刻就被英国的敌国们接受了。1780年荷兰也向英国宣战。所以当英军在约克城投降的前一年，英国几乎和全欧各国处于敌对地位，他全世界的殖民地，也饱受法国和西班牙两国的威胁。在这样不利的国际环境之下，英政府当然无法增援她在美作战的部队，而予实力比较微弱的华盛顿军队以致命的打击。

这种历史比喻的教训，是非常明显的。中国抵抗侵略战的最后成功，也得靠两种事，第一，中国必须继续抗战。事实上中国除抗战外，也没有别的选择。第二，在中国持久战争中，也许有一天国际情形转变到对中国有利而对日本不利。中国并不希冀同情或友好的友邦，实地拿起枪来，帮同我们对日作战。但是中国确实希望，而并有这权利希望，各民主的及爱好和平国家的男女人士，受了公正观念和人道正义的驱使，阻止武器和重要军需原料这样不人道的继续输入一个国家。要知道这个国家，已经被五十多国一致谴责，为违犯神圣条约，破坏世界和平的国家。我毫不迟疑地再加一句，这一个国家也就是今日国际团体中第一个公敌。

（本文为1938年12月4日胡适在纽约的演讲，中译稿载1939年2月10日、11日重庆《大公报》）

1938年胡适初任驻美大使时所自题诗句。

1939—1962
从华盛顿到台北

1947

民国三十六年（1947年），内战正酣，胡适嗅到了国府面临的危机，要么生存，要么死亡。为此他向国内公众强调了自己的立场。1947年7月6日，胡适写下《两种根本不同的政党》，认为中国虽然没有民主政党，但已有了雏形，“国民党准备结束训政，进行宪政”无疑是个好预兆。从当时胡适的理解看，威权和极权，两害相权取其轻，既然没有纯粹的自由之路可选，那至少要占到自由的愿景那边。8月24日，胡适写下这篇《我们必须选择我们的方向》宣布：我们中国人在今日必须认清世界文化的大趋势，我们必须选定我们自己应该走的方向，只有自由可以解救我们民族的精神，只有民主政治可以团结全民的力量来解决全民族的困难，只有自由民主可以给我们培养成一个有人味的文明社会。

随后的《争取学术独立的十年计划》再次泡汤，从“五四”以来的所有都随着国民党的失败而显得毫无意义，“整理国故，再造文明”更是成了一个梦，破碎在山河分崩之际。

我们必须选择我们的方向

从世界历史上来看世界文化的趋向，那民主自由的趋向是三四百年来的一个最大的目标，一个最明白的方向。最近三十年来反自由，反民主的集体专制潮流，不过是一个小小波折，一个小小的逆流。我们可以不必因为中间起了这一个三十年的逆流，就怀疑或抹杀那三四百年的民主自由大潮流，大方向。

第一，我深信思想信仰的自由与言论出版的自由，是社会改革与文化进步的基本条件。自从四百多年前马丁·路德发动宗教革新以来，争取各种自由的运动渐渐成功，打开了一个学术革新，思想多元化发展，社会革新，政治改造的新世界。如果没有思想信仰言论出版的自由，天文物理化学生物进化的新理论当然不会见天日，洛克，伏尔泰，卢骚，节浮生，以至马克思，恩格斯的政治社会新思想也当然都不会流行传播，这是世界近代史的明显事实。

第二，我深信这几百年中逐渐发展的民主政治制度是最有包含性，可以推行到社会的一切阶层，最可代表全民利益的，民主政治的意义，千言万语，只是政府统治须得人民的同意。这个同意，起初只限于贵族绅士与教会领袖，后来推广到纳税的商人，后来经过了长时期的推广，一切成年的男女公民都有选举权了。这样包括全体人民的政治制度，不须采用残酷的争斗屠杀，可以用和平的方式，做到代表最大多数人民利益的政治。因为这种民主政治可以代表全民利益，所以从历史上看来，社会主义的运动只是民主运动的一部分，只是民主运动的一个当然而且必然的趋势。在这六七十年之中，社会的经济立法逐渐加多，劳工也往往可以用和平方法执掌重要国家的政权，积极推行社会的经济政策。这也是明显的史实，使我们明白了民主政治是可以扩充到包括全民利益，包括社会化的经济政策的。

第三，我深信这几百年（特别是这一百年）演变出来的民主政治，虽然还不能说是完美无缺陷，确曾养成了一种爱自由，容忍异己的文明社会。法国哲人伏尔泰说的最好："你说的话，我一个字也不赞成。但是我要拼命力争你有说这话的权利。"这是多么有人味的容忍态度！自己要争自由，同时还得承认别人也应该享有同等的自由，这便是容忍。自己不信神，要争取自己不信神的自由，当同时也得承认别人真心信神，当然有他信神的自由。如果一个无神论者一旦当权就要禁止一切信神，那就同中古宗教残杀"异端"一样的不容忍了。宗教信仰如此，其他政治主张、经济理论、社会思想，也都应该如此，民主政治作用全靠这容忍反对党，尊重反对党的雅量。

以上说的三点，是我"偏袒"这个民主自由大潮流的主要理由。我承认这个潮流是三四百年来的一个最大的历史潮流，一个明白的文化趋势。学历史的人，当然都知道这个争自由，争民主的潮流曾经遭到无数次的压迫，无数次的摧残。当他在幼弱的时候，这个自由民主的运动往往禁不起武力与战祸的毁坏。这是一个有人味的爱好和平的文明运动，时时刻刻有被暴力摧毁的危险。在这三四百年之中，第一个民主自由运动的中心是在英国，第二个是在北美洲，第三个是在南太平洋的澳洲与纽西兰，这都是海洋保障，不易受到外来武力摧毁的，等到这三四个大中心的民主自由运动力量培养的雄厚了，他们的力量才能成为这个运动的保卫力量。我们在这个时候可以放胆推测，这个民主自由的大运动是站得住的了，将来“一定胜利”的了。

至于那个反自由、反民主、不容忍的专制集团，他自己至今不敢自信他站得住。我们很可以宣告这个反自由不容忍的专制运动只是这三十年历史上的一个小小的逆流，一个小小的反动。因为他是一个反动，一个逆流，所以他在最近十年之中，越走越倒回去了。开历史的倒车，所以说是逆流；不自信，害怕而气馁，所以说是小的反动。

我们中国人在今日必须认清世界文化的大趋势，我们必须选定我们自己应该走的方向，只有自由可以解救我们民族的精神，只有民主政治可以团结全民的力量来解决全民族的困难，只有自由民主可以给我们培养成一个有人味的文明社会。

——1947年8月24日

（原载1948年8月北平独立出版社出版《独立时论》一集）

1948年6月15日，北大校长胡适与出席泰戈尔画展的来宾在孑民堂前留影。
前排右五徐悲鸿，右六胡适，左一季羡林，左二黎锦熙，左三朱光潜；第二排左三饶毓泰，左七郑天挺，左八冯友兰，左九廖静文；第三排左五邓广铭。

1948

争取学术独立的十年计划

我很深切的感觉中国的高等教育应该有一个自觉的十年计划，其目的是要在十年之中建立起中国学术独立的基础。

我说的“学术独立”，当然不是一班守旧的人们心里想的“汉家自有学术，何必远法欧美”。我决不想中国今后的学术可以脱离现代世界的学术而自己寻出一条孤立的途径。我也决不主张十年之后就可以没有留学外国的中国学生了。

我所谓“学术独立”必须具有四个条件：一、世界现代学术的基本训练，中国自己应该有大学可以充分担负，不必向国外去寻求。二、受了基本训练的人才，在国内应该有设备够用与师资良好的地方，可以继续做专门的科学研究。三、本国需要解决的科学问题、工业问题、医药与公共卫生问题、国防工业问题等等，在国内部应该有适宜的专门人才与研究机构可以帮助社会国家寻求得解决。四、对于现代世界的学术，本国的学人与研究机关应该能和世界各国的学人与研究机关分工合作，共同担负人类与学术进展的责任。

要做到这样的学术独立，我们必须及早准备一个良好的、坚实的基础，所以我提议，中国此时应该有一个大学教育的十年计划，在十年之内，集中国家的最大力量，培植五个到十个成绩最好的大学，使他们尽力发展他们的研究工作，使他们成为第一流的学术中心，使他们成为国家学术独立的根据地。

这个十年计划也可以分做两个阶段。第一个五年，先培植起五个大学，五年之后，再加上五个大学。这个分两期的方法有几种好处。第一，国家的人才与财力恐怕不够同时发展十个第一流的大学；第二，先用国家力量培植五个大学，可以鼓励其他大学努力向上，争取第二期五个大学的地位。

我提议的十年计划，当然不是只顾到那五个十个大学，而不要那其余的大学和学院了。说的详细一点，我提议：

一、政府应该下大决心，在十年之内，不再添设大学或独立学院。

二、本年宪法生效之后，政府必须严格实行宪法第一百六十四条的规定，“教育文化科学之经费，在中央不得少于其预算总额百分之十五，在省不得少于其预算总额百分之二十五，在市县不得少于其预算总额百分之三十五。”全国人民与人民团体，应该随时监督各级政府严格执行。

三、政府应该有一个高等教育的十年计划，分两期施行。

四、在第一个五年里，挑选五个大学，用最大的力量培植他们，特别发展他们的研究所，使他们能在已有的基础之上，在短期间内，发展成为现代学术的重要中心。

五、在第二个五年里，继续培植前期五个大学之外，再挑选五个大学，用同样的大力量培植他们，特别发展他们的研究所，使他们在短期内发展成为现代学术的重要中心。

六、在这十年里，对于其余的四十多个国立大学和独立学院，政府应该充分增加他们的经费，扩充他们的设备，使他们有继续整顿发展的机会，使他们成为各地最好的大学。对于有成绩的私立大学和独立学院，政府也应该继续民国二十二年以来补助私立学校的政策，给他们适当的补充费，使他们能继续发展。

七、在选择每一期的五个大学之中，私立的学校与国立的学校应该有同样被挑选的机会，选择的标准应该注重人才、设备、研究成绩。

八、这个十年计划应该包括整个大学教育制度的革新，也应该包括“大学”的观念的根本改换。近年所争的几个学院以上才可称大学，简直是无谓之争。今后中国的大学教育应该朝着研究院的方向去发展。凡能训练研究工作的人才的，凡有教授与研究生做独立的科学研究的，才是真正的大学。凡只能完成四年本科教育的，尽管有十院七八十系，都不算是将来的最高学府。从这个新的“大学”观念出发，现行的大学制度应该及早彻底修正，多多减除行政衙门的干涉，多多增加学术机关的自由与责任。例如现行的学位授予法，其中博士学位的规定最足以阻障大学研究所的发展。这部分的法令公布了十六年，至今不能实行，政府应该早日接受去年中央研究院评议会的建议，“博士候选人之大学或独立学院自行审查考试，审核考试合格者，由该校院授予博士学位。”今日为了要提倡独立的科学研究，为了要提高各大学研究所的尊严，为了要减少出洋镀金的社会心理，都不可不修正学位授予法，让国内有资格的大学自己担负授予博士学位的责任。

这是我的建议的大概。这里面我认为最要又最简单易行而收效最大最速的，是用国家最大力量培植五个到十个大学的计划。眼前的人才实在不够分配到一百多个大学与学院去。（照去年夏天的统计，全国有二十八个国立大学，十八个国立学院，二十个私立大学，十三个省立学院，二十一个私立学院，共计一百个。此外还有四十八个公私立专科学校。）试问中国第一流的物理学者，国内外合计，有多少人？中国专治西洋历史有成绩的，国内外合计，有多少人？这都是大学必不可少的学科，而人才稀少如此。学术的发达，人才是第一要件。我们必须集中第一流的人才，替他们造成最适宜的工作条件，使他们可以自己做研究，使他们可以替全国训练将来的师资与工作人员，有了这五个十个最高学府做学术研究的大本营，十年之后，我相信中国必可以在现代学术上得着独立的地位。

这不是我过分乐观的话，世界学术史上有许多事实可以使我说这样大胆的预言。在我出世的那一年（一八九一），罗氏基金会决定捐出二千万美金来创办芝加哥大学，第一任校长哈勃尔（W.R.Harper）担任筹备的事。他周游全国，用当时空前的待遇（年俸七千五百元），选聘第一流人物做各院系的主任教授，美国没有的，他到英国欧洲去挑。一年之后，人才齐备了，设备够用了。开学之日，芝加哥大学就被公认为第一流大学。一个私家基金会能做到的事，一个堂堂的国家当然更容易做得到。

更数上去十多年，一八七六年，吉尔门校长（D.C.Gilman）创立霍铿斯大学，专力提倡研究院的工作。那时候，美国的大学还都只有大学本科的教育。耶鲁大学的研究院成立于一八七一年，哈佛大学的研究院成立于一八七二年，吉尔门在霍铿斯大学才创立了专办研究院的新式大学，打开了“大学是研究院”的新风气。当时霍铿斯大学的人才极盛一时。哲学家如杜威，如罗以斯（Ropce），经济学家如伊黎（Ely），政治学家如威尔逊总统，都是霍铿斯大学研究院出来的博士。在医学方面，当霍铿斯大学开办时（一八七六），美国全国还没有一个医学院是有研究实验室的设备的，吉尔门校长选聘了几个有研究成绩的青年医学家，如倭斯勒

（Osler），韦尔渠（Welch）诸人，创立了第一个注重研究提倡实验的医学院，就奠定了美国新医学的基础。所以美国史家都承认美国学术独立的风气是从吉尔门校长创立大学研究院开始的。一个私人能倡导的风气，一个堂堂的国家当然更容易做得到。

所以我深信，用国家的大力来造成五个十个第一流大学，一定可以在短期间内做到学术独立的地位。我深信，只有这样集中人才，集中设备……只有这一个方法可以使我们这个国家走上学术独立的路。

——1947年9月18日定稿

（全文载1947年9月28日《中央日报》）

1948年，参加国立中央研究院成立二十周年纪念暨第一次院士会议时全体院士合影。
第一排：竺可桢（左四）、胡适（左八）、饶毓泰（左十）。
第二排：冯友兰（左二）、杨钟健（左三）、汤佩松（左四）、汤用彤（左九）。
第三排：梁思成（左二）、秉志（左三）、严济慈（左六）、叶企孙（左七）。
第四排：伍献文（左四）、戴芳澜（左八）、苏步青（左九）。
第五排：邓叔群（左一）、陈省身（左四）、殷宏章（左五）、冯德培（左七）、贝时璋（左九）。

1948

自由主义是什么

孙中山先生曾引一句外国成语："社会主义有五十七种，不知哪一种是真的。"其实"自由主义"也可以有种种说法，人人都可以说他的说法是真的，今天我说的"自由主义"，当然只是我的看法，请大家指教。

自由主义最浅显的意思是强调的尊重自由，现在有些人否认自由的价值，同时又自称是自由主义者。自由主义里没有自由，那就好像长坂坡里没有赵子龙，空城计里没有诸葛亮，总有点叫不顺口罢！据我的拙见，自由主义就是人类历史上那个提倡自由，崇拜自由，争取自由，充实并推广自由的大运动。"自由"在中国古文里的意思是："由于自己"，就是不由于外力，是从外力裁制之下解放出来，才能"自己作主"。在中国古代思想里，"自由"就等于自然，"自然"是"自己如此""自由"是"由于自己"，都有不由于外力拘束的意思，陶渊明的诗"久在樊笼里，复得返自然"，这里"自然"二字可以说是完全同"自由"一样。王安石的诗："风吹瓦堕屋，正打破我头……我终不嗔渠，此瓦不自由。"这就是说，这片瓦的行动是被风吹动的，不是由于自己的力量，中国古人太看重"自己""自然"的"自"字，所以往往看轻外面的拘束力量，故意回向自己内心去求安慰，求自由。这种回向自己求内心的自由，有几种方式，一种是隐遁的生活逃避外力的压迫，一种是梦想神仙的生活行动自由，变化自由，正如庄子说，列子御风而行，还是“有待”“有待”还不是真自由，最高的生活是事人无待于外，道教的神仙，佛教的西天净土，都含有由自己内心去寻求最高的自由的意义。我们现在讲的“自由”，不是那种内心境界，我们现在说的“自由”，是不受外力拘束压迫的权利，是在某一方面的生活不受外力限制束缚的权利。

在宗教信仰方面不受外力限制，就是宗教信仰自由。在思想方面就是思想自由，在著作出版方面，就是言论自由，出版自由。这些自由都不是天生的，不是上帝赐给我们的。是一些先进民族用长期的奋斗努力争出来的。

人类历史上那个自由主义大运动实在是一大串解放的努力。宗教信仰自由只是解除某个宗教威权的束缚，思想自由只是解除某派思想威权的束缚。在这些方面……在信仰与思想的方面，东方历史上也有很大胆的批评者与反抗者。从墨翟、杨朱到桓谭、王充，从范缜、傅奕、韩愈到李贽、颜元、李恭，都可以说是为信仰思想自由奋斗的东方豪杰之士，很可以同他们的西方同志齐名媲美，我们中国历史上虽然没有抬出“争自由”的大旗子来做宗教运动，思想运动，或政治运动，但中国思想史与社会政治史的每一个时代都可以说含有争取某种解放的意义。

我们的思想史的第一个开山时代，就是春秋战国时代就有争取思想自由的意义。古代思想的第一位大师老子。就是一位大胆批评政府的人。他说：“天下多忌讳，而民弥贫。”“法令滋彰，盗贼多有。”“民之饥，以其上食税之多，是以饥。”“民之难治，以其上之有为，是以难治。”“民之轻死，以其求生之厚，是以轻死。”“天之道，损有余，而补不足。”“人之道则不然，损不足以奉有余。”老子同时的邓析是批评政府而被杀的。另一位更伟大的人就是孔子，他也是一位偏向左的“中间派”，他对于当时的宗教与政治，都有大胆的批评，他的最大胆的思想是在教育方面：有教无类，“类”是门类，是阶级民族，“有教无类”，是说：“有了教育，就没有阶级民族了。”

从老子孔子打开了自由思想的风气，二千多年的中国思想史，宗教史，时时有争自由的急先锋，有时还有牺牲生命的殉道者。孟子的政治思想可以说是全世界的自由主义的最早的一个倡导者。孟子提出的“大丈夫”是“贫贱不能移，富贵不能淫，威武不能屈”。这是中国经典里自由主义的理想人物。在二千多年历史上，每到了宗教与思想走进了太黑暗的时代，总有大思想家起来奋斗，批评，改革。

汉朝的儒教太黑暗了，就有桓谭、王充、张衡起来，作大胆的批评。后来佛教势力太大了，就有齐梁之间的范缜，唐朝初年的傅奕，唐朝后期的韩愈出来，大胆地批评佛教，攻击那在当时气焰熏天的佛教。大家都还记得韩愈攻击佛教的结果是：“一封朝奏九重天，夕贬潮阳路八千。”佛教衰落之后，在理学极盛时代，也曾有多少次批评正统思想或反抗正统思想的运动。王阳明的运动就是反抗朱子的正统思想的。李卓吾是为了反抗一切正宗而被拘捕下狱，他在监狱里自杀的，他死在北京，葬在通州，这个七十六岁的殉道者的坟墓，至今存在，他的书经过多少次禁止，但至今还是很流行的。北方的颜李学派，也是反对正统的程朱思想的。当时，这个了不得的学派很受正统思想的压迫，甚至于不能公开地传授。这三百年的汉学运动，也是一种争取宗教自由思想自由的运动。汉学是抬出汉朝的书作招牌，来掩护一个批评宋学的大运动。这就等于欧洲人抬出《圣经》来反对教会的权威。

但是东方自由主义运动始终没有抓住政治自由的特殊重要性，所以始终没有走上建设民主政治的路子。西方的自由主义绝大贡献正在这一点，他们觉悟到只有民主的政治方才能够保障人民的基本自由，所有自由主义的政治意义是强调的拥护民主。一个国家的统治权必须放在多数人民手里，近代民主政治制度是安格罗撒克逊民族的贡献居多，代议制度是英国人的贡献，成文而可以修改的宪法是英美人的创制，无记名投票是澳洲人的发明，这就是政治的自由主义应该包含的意义。我们古代也曾有“天视自我民视，天听自我民听”“民为邦本”“民为贵，社稷次之，君为轻”的民主思想。我们曾在二千年前就废除了封建制度，做到了大一统的国家，在这个大一统的国家里，我们曾建立了一种全世界最久的文官考试制度，使全国才智之士有参加政府的平等制度。但，我们始终没有法可以解决君主专制的问题，始终没有建立一个制度来限制君主的专制大权，世界只有安格罗撒克逊民族在七百年中逐渐发展出好几种民主政治的方式与制度，这些制度可以用在小国，也可以用在大国。（1）代议制度，起源很早，但史家指一二九五年为正式起始。（2）成文宪，最早的一二一五年的大宪章，近代的是美国宪法（一七八九年）。（3）无记名投票（政府预备选举票，票上印各党候选人的姓名，选民秘密填记）是一八五六年South Australia最早采用的。

自由主义在这两百年的演进史上，还有一个特殊的、空前的政治意义，就是容忍反对党，保障少数人的自由权利。向来政治斗争不是东风压了西风，就是西风压了东风，被压的人是没有好日子过的，但近代西方的民主政治却渐渐养成了一种容忍异己的度量与风气。因为政权是多数人民授予的，在朝执政权的党一旦失去了多数人民的支持，就成了在野党了，所以执政权的人都得准备下台是坐冷板凳的生活，而个个少数党有逐渐变成多数党的可能。甚至于极少数人的信仰与主张，“好像一粒芥子，在各种种子里是顶小的，等到他生长起来，却比各种菜蔬都大，竟成了小树，空中的飞鸟可以来停在他的枝上。”（《新约马太福音》十四章，圣地的芥菜可以高到十英尺。）人们能这样想，就不能不存容忍别人的态度了，就不能不尊重少数人的基本自由了。在近代民主国家里，容忍反对党，保障少数人的权利，久一成了当然的政治作风，这是近代自由主义里最可爱慕而又最基本的一个方面。我做驻美大使的时期，有一天我到费城去看我的一个史学老师白尔教授，他平生最注意人类争取自由的历史，这时候他八十岁了。他对我说：“我年纪越大，越觉得容忍比自由还要重要。”这句话我至今不忘记。为什么容忍比自由还要要紧呢？因为容忍就是自由的根源，没有容忍，就没有自由可说了。至少在现代，自由的保障全靠一种互相容忍的精神，无论是东风压了西风，还是西风压了东风，都是不容忍，都是摧残自由。多数人若不能容忍少数人的思想信仰，少数人当然不会有思想信仰的自由。反过来说，少数人也得容忍多数人的思想信仰，因为少数人要是时常怀着“有朝一日权在手，杀尽异教方罢休”的心理，多数人也就不能不行“斩草除根”的算计了。最后我要指出，现代的自由主义，还含有“和平改革”的意思。

和平改革有两个意义，第一就是和平的转移政权，第二就是用立法的方法，一步步的做具体改革，一点一滴的求进步。容忍反对党，尊重少数人权利，正是和平的社会政治改革的唯一基础。反对党的对立，第一是为政府树立最严格的批评监督机关，第二是使人民可以有选择的机会，使国家可以用法定的和平方式来转移政权，严格的批评监督，和平的改换政权，都是现代民主国家做到和平革新的大路。近代最重大的政治变迁，莫过于英国工党的执掌政权。英国工党在五十多年前，只能选择出十几个议员，三十年后，工党两次执政，但还站不长久，到了战争胜利之年（一九四五），工党得到了绝对多数的选举票，故这次工党的政权，是巩固的，在五年之内，谁都不能推翻他们，他们可以放手改革英国的工商业，可以放手改革英国的经济制度，这样重大的变化，从资本主义的英国变到社会主义的英国，不用流一滴血，不用武装革命，只靠一张无记名的选举票，这种和平的革命基础，只是那容忍反对党的雅量，只是那保障少数人自由权利的政治制度，顶顶小的芥子不曾受摧残，在五十年后居然变成大树了。自由主义在历史上有解除束缚的作用，故有时不能避免流血的革命，但自由主义的运动，在最近百年中最大成绩，例如英国自从一八三二年以来的政治革新，直到今日的工党政府，都是不流血的和平革新，所以在许多人的心目中自由主义竟成了“和平改革主义”的别名，有些人反对自由主义，说它是“不革命主义”，也正是如此。我们承认现代的自由主义正应该有“和平改革”的含义，因为在民主政治已上了轨道的国家里，自由与容忍铺下了和平改革的大路，自由主义者也就不觉得有暴力革命的必要了。这最后一点，有许多没有忍耐心的年轻人也许听了不满意，他们要“彻底改革”，不要那一点一滴的立法，他们要暴力革命，不要和平演进。我很诚恳的指出，近代一百六七十年的历史，很清楚地指示我们，凡主张彻底改革的人，在政治上没有一个不走上绝对专制的路，这是很自然的，只有绝对的专制政权可以铲除一切反对党，消灭一切阻力，也只有绝对的专制政治可以不择手段，不惜代价，用最残酷的方法做到他们认为根本改革的目的。他们不承认他们的见解会有错误，他们也不能承认反对他们的人也会有值得考虑的理由，所以他们绝对不能容忍异己，也绝对不能容许自由的思想与言论。所以我很坦白地说，自由主义为了尊重自由与容忍，当然反对暴力革命，与暴力革命必然引起来的暴力专制政治。

总结起来，自由主义的第一个意义是自由，第二个意义是民主，第三个意义是容忍反对党，第四个意义是和平的渐进的改革。

——1948年8月1日

（原载1948年8月6日《周论》第2卷第4期）

1949

民国三十八年2月12日，面对国民党节节败退的现实，雷震、胡适、王世杰、杭立武等自由主义学者数度在上海集会，讨论时局。大家一致认为，国民党不做改革，不实施民主宪政，不打文化战，就很难维持在国内的合法统治地位。会谈结果是决定办份刊物，宣传自由民主理念。胡适决心仿照第二次世界大战期间，法国沦陷后戴高乐发行《自由法国》的经验，给刊物取名《自由中国》。1949年4月3日，雷震飞往溪口，向已经下野的蒋介石报告《自由中国》的构想和出版计划。蒋介石答应支持并补助经费。4月上旬，胡适起程赴美，在船上，他草拟出《自由中国》的发刊宗旨。

《自由中国》的宗旨

我们在今天，眼看共产党的武力踏到的地方，立刻罩下了一层十分严密的铁幕。在那铁幕底下，报纸完全没有新闻，言论完全失去自由，其他的人民基本自由更无法存在。这是古代专制帝王不敢行的最彻底的愚民政治，这正是国际共产主义有计划的铁幕恐怖。我们实在不能坐视这种可怕的铁幕普遍到全中国。因此，我们发起这个结合，作为《自由中国》运动的一个起点。我们的宗旨，就是我们想要做的工作，有这些：

第一、我们要向全国国民宣传自由与民主的真实价值，并且要督促政府（各级的政府），切实改革政治经济，努力建立自由民主的社会。

第二、我们要支持并督促政府用种种力量抵抗共产铁幕之下剥夺一切自由的集权政治，不让他扩张他的势力范围。

第三、我们要尽我们的努力，援助沦陷区的同胞，帮助他们早日恢复自由。

第四、我们的最后目标是要使中华民国成为自由的中国。

——1949年4月上旬

（原载1949年11月20日《自由中国》第1卷第1期）

1956年胡适寓居美国纽约时摄。

1958

大学的生活（节选）

目前很多学生选择科系时，从师长的眼光看，都不免带有短见，倾向于功利主义方面。天才比较高的都跑到医工科去，而且只走入实用方面，而又不选择基本学科，譬如学医的，内科、外科、产科、妇科，有很多人选，而基本学科譬如生物化学、病理学，很少青年人去选读，这使我感到今日的青年不免短视，戴着近视眼镜去看自己的前途与将来。我今天头一项要讲的，就是根据我们老一辈的对选科系的经验贡献给各位。我讲一段故事。

记得四十八年前，我考取了官费出洋，我的哥哥特地从东三省赶到上海为我送行，临行时对我说，我们的家早已破坏中落了，你出国要学些有用之学，帮助复兴家业，重振门楣，他要我学开矿或造铁路，因为这是比较容易找到工作的，千万不要学些没用的文学、哲学之类没饭吃的东西。我说好的，船就要开了。那时和我一起去美国的留学生共有七十人，分别进入各大学。在船上我就想，开矿没兴趣，造铁路也不感兴趣，于是只好采取调和折中的办法，要学有用之学，当时康奈尔大学有全美国最好的农学院，于是就决定去学科学的农学，也许对国家社会有点贡献吧！那时进康大的原因有二：一是康大有当时最好的农学院，且不收学费，而每个月又可获得八十元的津贴；我刚才说过，我家破了产，母亲待养，那时我还没结婚，一切从俭，所以可将部分的钱拿回养家。另一是我国有百分之八十的人是农民，将来学会了科学的农业，也许可以有益于国家。

入校后头一星期就突然接到农场实习部的信，叫我去报到。那时教授便问我："你有什么农场经验？"我答："没有。""难道一点都没有吗？""要有嘛，我的外公和外婆，都是道地的农夫。"教授说："这与你不相干。"我又说："就是因为没有，才要来学呀！"后来他又问："你洗过马没有？"我说："没有。"我就告诉他中国人种田是不用马的。于是老师就先教我洗马，他洗一面，我洗另一面。他又问我会套车吗，我说也不会。于是他又教我套车，老师套一边，我套一边，套好跳上去，兜一圈子。接着就到农场做选种的实习工作，手起了泡，但仍继续的忍耐下去。农复会的沈宗瀚先生写一本《克难苦学记》，要我和他作一篇序，我也就替他做一篇很长的序。我们那时学农的人很多，但只有沈宗瀚先生赤过脚下过田，是唯一确实有农场经验的人。学了一年，成绩还不错，功课都在八十五分以上。第二年我就可以多选两个学分，于是我选种果学，即种苹果学。分上午讲课与下午实习。上课倒没有什么，还甚感兴趣；下午实验，走入实习室，桌上有各色各样的苹果三十个，颜色有红的、有黄的、有青的……形状有圆的、有长的、有椭圆的、有四方的……要照着一本手册上的标准，去定每一苹果的学名，蒂有多长？花是什么颜色？肉是甜是酸？是软是硬？弄了两个小时，又弄了半个小时一个都弄不了，满头大汗，真是冬天出大汗。抬头一看，呀！不对头，那些美国同学都做完跑光了，把苹果拿回去吃了。他们不需剖开，因为他们比较熟习，查查册子后面的普通名词就可以定学名，在他们是很简单。我只弄了一半，一半又是错的。回去就自己问自己学这个有什么用？要是靠当时的活力与记性，用上一个晚上来强记，四百多个名字都可以记下来应付考试。但试想有什么用呢？那些苹果在我国烟台也没有，青岛也没有，安徽也没有……我认为科学的农学无用了，于是决定改行，那时正是民国元年，国内正是革命的时候，也许学别的东西更有好处。

那么，转系要以什么为标准呢？依自己的兴趣呢？还是看社会的需要？我年轻时候《留学日记》有一首诗，现在我也背不出来了。我选课用什么做标准？听哥哥的话？看国家的需要？还是凭自己？只有两个标准：一个是“我”；一个是“社会”，看看社会需要什么？国家需要什么？中国现代需要什么？但这个标准——社会上三百六十行，行行都需要，现在可以说三千六百行，从诺贝尔得奖人到修理马桶的，社会都需要，所以社会的并不重要。因此，在定主意的时候，便要依着自我的兴趣了——即性之所近，力之所能。我的兴趣在什么地方？与我性质相近的是什么？问我能做什么？对什么感兴趣？我便照着这个标准转到文学院了。但又有一个困难，文科要缴费，而从康大中途退出，要赔出以前二年的学费，我也顾不得这些。经过四位朋友的帮忙，由八十元减到三十五元，终于达成愿望。在文学院以哲学为主，英国文学、经济、政治学之门为副。后又以哲学为主，经济理论、英国文学为副科。到哥伦比亚大学后，仍以哲学为主，以政治理论、英国文学为副。我现在六十八岁了，人家问我学什么？我自己也不知道学些什么？我对文学也感兴趣，白话文方面也曾经有过一点小贡献。在北大，我曾做过哲学系主任、外国文学系主任、英国文学系主任，中国文学系也做过四年的系主任，在北大文学院六个学系中，五系全做过主任。现在我自己也不知道学些什么，我刚才讲过现在的青年太倾向于现实了，不凭性之所近，力之所能去选课。譬如一位有作诗天才的人，不进中文系学作诗，而偏要去医学院学外科，那么文学院便失去了一个一流的诗人，而国内却添了一个三四流甚至五流的饭桶外科医生，这是国家的损失，也是你们自己的损失。

在一个头等，第一流的大学，当初日本筹划帝大的时候，真的计划远大，规模宏伟，单就医学院就比当初日本总督府还要大。科学的书籍都是从第一号编起，基础良好。我们接收已有十余年了，总算没有辜负当初的计划。今日台大可说是“国内”唯一最完善的大学，各位不要有成见，戴着近视眼镜来看自己的前途，看自己的将来。听说入学考试时有七十二个志愿可填，这样七十二变，变到最后不知变成了什么，当初所填的志愿，不要当作最后的决定，只当作暂时的方向。要在大学一、二年级的时候，东摸摸西摸摸的瞎摸。不要有短见，十八九岁的青年仍没有能力决定自己的前途、职业。进大学后第一年到处去摸、去看，探险去，不知道的我偏要去学。如在中学时候的数学不好，现在我偏要去学，中学时不感兴趣，也许是老师不好。现在去听听最好的教授的讲课，也许会提起你的兴趣。好的先生会指导你走上一个好的方向，第一二年甚至于第三年还来得及，只要依着自己“性之所近，力之所能”的做去，这是清代大儒章学诚的话。

现在我再说一个故事，不是我自己的，而是近代科学的开山大师——伽利略（Galileo），他是意大利人，父亲是一个有名的数学家，他的父亲叫他不要学他这一行，学这一行是没饭吃的，要他学医。他奉命而去。当时意大利正是文艺复兴的时候，他到大学以后曾被教授和同学奉誉为“天才的画家”，他也很得意。父亲要他学医，他却发现了美术的天才。他读书的佛劳伦斯地方是一工业区，当地的工业界首领希望在这大学多造就些科学的人才，鼓励学生研究几何，于是在这大学里特为官儿们开设了几何学一科，聘请一位叫Ricci氏当教授。有一天，他打从那个地方过，偶然的定脚在听讲，有的官儿们在打瞌睡，而这位年轻的伽利略却非常感兴趣。于是不断地一直继续下去，趣味横生，便改学数学，由于浓厚的兴趣与天才，就决心去东摸摸西摸摸，摸出一条兴趣之路，创造了新的天文学、新的物理学，终于成为一位近代科学的开山大师。

大学生选择学科就是选择职业。我现在六十八岁了，我也不知道所学的是什么？希望各位不要学我这样老不成器的人。勿以七十二志愿中所填的一愿就定了终身，还没有的，就是大学二、三年也还没定。各位在此完备的大学里，目前更有这么多好的教授人才来指导，趁此机会加以利用。社会上需要什么，不要管它，家里的爸爸、妈妈、哥哥、朋友等，要你做律师、做医生，你也不要管他们，不要听他们的话，只要跟着自己的兴趣走。想起当初我哥哥要我学开矿、造铁路，我也没听他的话，自己变来变去变成一个老不成器的人。后来我哥哥也没说什么。只管我自己，别人不要管他。依着“性之所近，力之所能”学下去，其未来对国家的贡献也许比现在盲目所选的或被动选择的学科会大的多，将来前途也是无可限量的。

——1958年8月5日

（原载1958年6月台北《台湾青年》）

1959年11月20日，胡适参加“自由中国社”成立十周年纪念会，发表演说，题目是《容忍与自由》。右为雷震。

1959

容忍与自由

雷先生！自由中国社的各位朋友！我感觉到刚才有位来宾说的话最为恰当。夏涛声先生一进门就对我说："恭喜恭喜！这个年头能活到十年，是不容易的。"我觉得夏先生这话，很值得作为《自由中国》半月刊创刊十周年的颂词。这个年头能活上十年，的确是不容易的。自由中国社所以能够维持到今天，可说是雷儆寰先生以及他的一班朋友继续不断努力奋斗的结果。今天十周年的纪念会，我们的朋友，如果是来道喜，应该向雷先生道喜；我只是担任了头几年发行人的虚名。雷先生刚才说：他口袋里有几个文件，没有发表。我想过去的事情，雷先生可以把它写出来。他所提到的两封信，也可以公开的。记得民国三十八年三四月间，我们几个人在上海；那时我们感觉到这个形势演变下去，会把中国分成"自由的"和"被奴役的"两部分，所以我们不能不注意这一个"自由"与"奴役"的分野，同时更不能不注意"自由中国"这个名字。我想，可能那时我们几个人是最早用"自由中国"这个名字的。后来几位朋友想到成立一个"自由中国出版社"。当初并没有想要办杂志，只想出一点小册子。所以"自由中国出版社"刚成立时，只出了一些小册子性质的刊物。我于4月6日离开上海，搭威尔逊总统轮到美国。在将要离开上海时，他们要我写一篇《自由中国社的宣言》。后来我就在到檀香山途中，凭我想到的写了四条宗旨，寄回来请大家修改。但雷先生他们都很客气，就用当初我在船上所拟的稿子，没有修改一字；《自由中国》半月刊出版以后，每期都登载这四条宗旨。《自由中国》半月刊创刊到现在已十年了。回想这十年来，我们所希望做到的事情没有能够完全做到；所以在这十周年纪念会中，我们不免有点失望。不过我们居然能够有这十年的生命，居然能在这样困难中生存到今天，这不能不归功于雷先生同他的一班朋友的努力；同时我们也很感谢海内外所有爱护《自由中国》的作者和读者。

原来我曾想到今天应该说些什么话；后来没有写好。不过我今天也带来了一点预备说话的资料。在今年三四月间，我写了一封信给《自由中国》编辑委员会同仁；同时我也写了一篇文章，文章登在《自由中国》第二十卷第六期，信登在第七期。那篇文章的题目是《容忍与自由》。后来由毛子水先生写了一篇《〈容忍与自由〉书后》；殷海光先生也写了一篇《胡适论〈容忍与自由〉读后》都登在《自由中国》第二十卷第七期上。前几天出版的《自由中国》创刊十周年纪念特刊，有二十几位朋友写文章。毛子水先生也写了一篇《〈自由中国〉十周年感言》，内容同我们在几个月之前所讲的话意思差不多。同时雷先生也有一篇文章，讲我们说话的态度。记得雷先生在五年前已有一篇文章讲到关于舆论的态度。所以这个问题很值得我们想一想。今天我想说的话，也是从几篇文章中的意思，择几点出来说一说。

我在《容忍与自由》一文中提出一点：我总以为容忍的态度比自由更重要，比自由更根本。我们也可说，容忍是自由的根本。社会上没有容忍，就不会有自由。无论古今中外都是这样：没有容忍，就不会有自由。人们自己往往都相信他们的想法是不错的，他们的思想是不错的，他们的信仰也是不错的：这是一切不容忍的本源。如果社会上有权有势的人都感觉到他们的信仰不会错，他们的思想不会错，他们就不许人家信仰自由，思想自由，言论自由，出版自由。所以我在那个时候提出这个问题来，一方面实在是为了对我们自己说话，一方面也是为了对政府、对社会上有力量的人说话，总希望大家懂得容忍是双方面的事。一方面我们运用思想自由、言论自由的权利时，应该有一种容忍的态度；同时政府或社会上有势力的人，也应该有一种容忍的态度。大家都应该觉得我们的想法不一定是对的，是难免有错的。因为难免有错，便应该容忍逆耳之言；这些听不进去的话，也许有道理在里面。这是我写《容忍与自由》那篇文章主要的意思。后来毛子水先生写了一篇《〈容忍与自由〉书后》。他在那篇文章中指出：胡适之先生这篇文章的背后有一个哲学的基础。他引述我于民国三十五年在北京大学校长任内作开学典礼演讲时所说的话。在那次演说里，我引用了宋朝的大学问家吕伯恭先生的两句话，就是："善未易明，理未易察。"宋朝的理学家，都是讲"明善、察理"的。所谓"善未易明，理未易察"，就是说善与理是不容易明白的。我引用这两句话，第二天在报上发表出来，被共产党注意到了。共产党就马上把它曲解，说："胡适之说这两句话是有作用的；胡适之想拿这两句话来欺骗民众，替蒋介石辩护，替国民党辩护。"过了十二三年，毛先生又引用了这两句话。所谓"理未易明"，就是说真理是不容易弄明白的。这不但是我写《容忍与自由》这篇文章的哲学背景，所有一切保障自由的法律和制度，都可以说建立在"理未易明"这句话上面。

最近出版的《自由中国》创刊十周年纪念的特刊中，毛子水先生写了一篇《〈自由中国〉十周年感言》。他在那篇文章中又提到一部世界上最有名的书，就是出版了一百年的穆勒的《自由论》（*On Liberry*；从前严又陵先生翻译为《群己权界论》）。毛先生说：这本书，到现在还没有一本白话文的中译本。严又陵先生翻译的《群己权界论》，到现在已有五六十年；可惜当时国人很少喜欢"真学问"的，所以并没有什么大影响。毛先生认为主持政治的人和主持言论的人，都不可以不读这部书。穆勒在该书中指出，言论自由为一切自由的根本。同时穆勒又以为，我们大家都得承认我们认为"真理"的，我们认为"是"的，我们认为"最好"的，不一定就是那样的。这是穆勒在那本书的第二章中最精彩的意思。凡宗教所提倡的教条，社会上所崇尚的道德，政府所谓对的东西，可能是错的，是没有价值的。你要去压迫和毁灭的东西，可能是真理。假如是真理，你把它毁灭掉，不许它发表，不许它出现，岂不可惜！万一你要打倒的东西，不是真理，而是错误：但在错误当中，也许有百分之几的真理，你把它完全毁灭掉，不许它发表，那几分真理也一同被毁灭掉了。这不也是可惜的吗？再有一点：主持政府的人，主持宗教的人总以为他们的信仰，他们的主张完全是对的；批评他们或反对他们的人是错的。尽管他们所想的是对的，他们也不应该不允许人家自由发表言论。为什么呢？因为如果教会或政府所相信的是真理，但不让人家来讨论或批评它，结果这个真理就变成了一种成见，一种教条。久而久之，因为大家都不知道当初立法或倡教的精神和用意所在，这种教条，这种成见，便慢慢趋于腐烂。总而言之，言论所以必须有自由，最基本的理由是：可能我们自己的信仰是错误的；我们所认为真理的，可能不完全是真理，可能是错的。这就是刚才我说的，在七八百年以前，我们的一位大学者吕伯恭先生所提出来的观念；就是"理未易明"。"理"不是这样容易弄得明白的！毛子水先生说，这是胡适之所讲"容忍"的哲学背景。现在我公开的说，毛先生的解释是很对的。同时我受到穆勒大著《自由论》的影响很大。我颇希望在座有研究有兴趣的朋友，把这部大书译成白话的、加注解的中文本，以飨我们主持政治和主持言论的人士。

在殷海光先生对我的《容忍与自由》一文所写的一篇《胡适论〈容忍与自由〉读后》里，他也赞成我的意见。他说如果没有“容忍”，如果说我的主张都是对的，不会错的，结果就不会允许别人有言论自由。我曾在《容忍与自由》一文中举一个例子；殷先生也举了一个例子。我的例子，讲到欧洲的宗教革命。欧洲的宗教革命完全是为了争取宗教信仰自由。但我在那篇文章中指出，等到主持宗教革命的那些志士获得胜利以后，他们就慢慢的走到不容忍的路上去。从前他们争取自由；现在他们自由争取到了，就不允许别人争取自由。我举例说，当时领导宗教革命的约翰高尔文（Johncalvin）掌握了宗教大权，就压迫新的批评宗教的言论。后来甚至于把一个提倡新的宗教思想的学者塞维图斯（Servetus）用铁链锁在木桩上，堆起柴来慢慢烧死。这是一个很惨的故事。因为约翰高尔文他相信自已思想不会错，他的思想是代表上帝；他把反对他的人拿来活活的烧死是替天行道。殷海光先生所举的例子也很惨。在法国革命之初，大家都主张自由；凡思想自由，信仰自由，宗教自由，言论出版自由，都明定在人权宣言中。但革命还没有完全成功，那时就起来了一位罗伯斯比尔（Robespierre）。他在争到政权以后，就完全用不容忍的态度对付反对他的人，尤其是对许多旧日的皇族。他把他们送到断头台上处死。仅巴黎一地，上断头台的即有二千五百人之多，形成法国大革命期间的恐怖统治。这一班当年主张自由的人，一朝当权，就反过来摧残自由，把主张自由的人烧死了，杀死了。推究其根源，还是因为没有“容忍”。他认为我不会错；你的主张和我的不一样，当然是你错了。我才是代表真理的。你反对我，便是反对真理：当然该死。这就是不容忍。

不过殷先生在那篇文章中又讲了一段话。他说：同是容忍，无权无势的人容忍容易，有权有势的人容忍很难。所以他好像说，胡适之先生应该多向有权有势的人说说容忍的意思，不要来向我们这班拿笔杆的穷书生来说容忍。我们已是容忍惯了。殷先生这番话，我也仔细想过。我今天想提出一个问题来，就是：究竟谁是有权有势的人？还是有兵力、有政权的人才可以算有权有势呢？或者我们这班穷书生、拿笔杆的人也有一点权，也有一点势呢？这个问题也值得我们想一想。我想有许多有权有势的人，所以要反对言论自由，反对思想自由，反对出版自由，他们心里恐怕觉得他们有一点危险。他们心里也许觉得那一班穷书生拿了笔杆在白纸上写黑字而印出来的话，可以得到社会上一部分人的好感，得到一部分人的同情，得到一部分人的支持。这个就是力量。这个力量就是使有权有势的人感到危险的原因。所以他们要想种种法子，大部分是习惯上的，来反对别人的自由。诚如殷海光先生说的，用权用惯了，颐指气使惯了。不过他们背后这个观念倒是准确的；这一班穷书生在白纸上写黑字而印出来的，是一种力量，而且是一种可怕的力量，是一种危险的力量。所以今天我要请殷先生和在座的各位先生想一想，究竟谁是有权有势？今天在座的大概都是拿笔杆写文章的朋友。我认为我们这种拿笔杆发表思想的人，不要太看轻自己。我们要承认，我们也是有权有势的人。因为我们有权有势，所以才受到种种我们认为不合理的压迫，甚至于像“围剿”等。人家为什么要“围剿”？还不是对我们力量的一种承认吗？所以我们这一班主持言论的人，不要太自卑。我们不是弱者；我们也是有权有势的人。不过我们的势力，不是那种幼稚的势力，也不是暴力。我们的力量，是凭人类的良知而存在的。所以我要奉告今天在座的一百多位朋友，不要把我们自己看得太弱小；我们也是强者。但我们虽然也是强者，我们必须有容忍的态度。所以毛子水先生指出我在《容忍与自由》那篇文章里说的话。不仅是对压迫言论自由的人说的，也是对我们主持言论的人自己说的。这就是说，我们自己要存有一种容忍的态度。我在那篇文章中又特别指出我的一位死去的朋友陈独秀先生的主张：他说中国文学一定要拿白话文做正宗；我们的主张绝对的是，不许任何人有讨论的余地。我对于"我们的主张绝对的是"这个态度，认为要不得。我也是那时主张提倡白话文的一个人；但我觉得他这种不能容忍的态度，容易引起反感。

所以我现在要说的就是两句话：第一，不要把我们自己看成是弱者。有权有势的人当中，也包括我们这一班拿笔杆的穷书生；我们也是强者。第二，因为我们也是强者，我们也是有权有势的人，我们绝对不可以滥用我们的权力。我们的权力要善用之，要用得恰当。这就是毛先生主张的，我们说话要说得巧。毛先生在《〈自由中国〉十周年感言》中最后一段说：要使说话有力量，当使说话顺耳，当使说出的话让人家听得进去。不但要使第三者觉得我们的话正直公平，并且要使受批评的人听到亦觉得心服。毛先生引用了《礼记》上的两句话，就是："情欲信；辞欲巧。"内心固然要忠实，但是说话亦要巧。从前有人因为孔子看不起"巧言令色"，所以要把这个"巧"字改成了"考"（诚实的意思）字。毛先生认为可以不必改；这个巧字的意思很好。我觉得毛先生的解释很对。所谓"辞欲巧"，就是说的话令人听得进去。怎么样叫作巧呢？我想在许多在座的学者面前背一段书做例子。有一次我为《中国古代文学史选例》选几篇文章，就在《论语》中选了几篇文章作代表。其中有一段，就文字而论，我觉得在《论语》中可以说是最美的。拿今天所说的说话态度讲，可以说是最巧的。现在我把这段书背出来：——定公问："一言而可以兴邦，有诸？"孔子对曰："言不可以若是；其'几'也！人之言曰：'为君难，为臣不易。'如知为君之难也，不'几'乎一言而兴邦乎？"曰："一言而丧邦，有诸？"孔子对曰："言不可以若是；其'几'也！人之言曰：'予无乐乎为君；唯其言而莫予违也。'如其善而莫之违也，不亦善乎！如不善而莫之违也，不'几'乎一言而丧邦乎？"《论语》中这一段对话，不但文字美妙，而且说话的人态度非常坚定，而说话又非常客气，非常婉转，够得上毛子水先生所引用的"情欲信，辞欲巧"中的"巧"字。所以我选了这一段作为《论语》中第一等的文字。

现在我再讲一点。譬如雷先生：他是最努力的一个人；他是《自由中国》半月刊的主持人。最近他写了一篇文章，也讲到说话的态度。他用了十个字，就是："对人无成见；对事有是非。"底下他说："对任何人没有成见。……就事论事。由分析事实去讨论问题；由讨论问题去发掘真理。"我现在说话，并不是要驳雷先生；不过我要借这个机会问问雷先生：你是否对人没有成见呢？譬如你这一次特刊上请了二十几个人做文章：你为什么不请代表官方言论的陶希圣先生和胡健中先生做文章？可见雷先生对人并不是没有一点成见的。尤其是今天请客，为什么不请平常想反对我们言论的人，想压迫我们言论的人呢？所以，要做到一点没有成见，的确不是容易的事情。至于"对事有是非"，也是这样。这个是与非，真理与非真理，是很难讲的。我们总认为我们所说的是对的；真理在我们这一边。所以我觉得要想做到毛先生所说"克己"的态度，做到殷海光先生所说“自我训练”的态度，做到雷先生所说“对人无成见，对事有是非”十个字，是很不容易的。如要想达到这个自由，恐怕要时时刻刻记取穆勒《自由论》第二章的说话。我颇希望殷海光先生能把它翻译出来载在《自由中国》这个杂志上，使大家能明白言论自由的真谛，使大家知道从前哲人为什么抱着“善未易明，理未易察”的态度。

雷先生在那篇文章中又说：“我们要用负责的态度，来说有分际的话。”这就是说，我们说话要负责；如果说错了，我愿意坐监牢，罚款，甚至于封闭报馆。讲到说有分际的话，这也不是容易做到的。不过我们总希望雷先生同我们的朋友一起来做。怎么样叫作“说有分际的话”呢？就是说话要有分量。我常对青年学生说：我们有一分的证据，只能说一分的话；我有七分证据，不能说八分的话；有了九分证据，不能说十分的话，也只能说九分的话。我们常听人说到“讨论事实”。什么叫“事实”，很难认清。公公有公公的事实，婆婆有婆婆的事实，儿媳有儿媳的事实；公公有公公的理，婆婆有婆婆的理，儿媳有儿媳的理。我们只应该用负责任的态度，说有分际的话。所谓“有分际”，就是“有几分证据，说几分话”。如果我们大家都能自己勉励自己，做到我们几个朋友在困难中想出来的话，如“容忍”“克己”“自我训练”等；我们自己来管束自己，再加上朋友的诫勉；我相信我们可以做到“说话有分际”的地步。同时我相信，今后十年的《自由中国》，一定比前十年的《自由中国》更可以做到这个地步。

（本文为1959年11月20日胡适在台北《自由中国》十周年纪念会上的演说词，原载1959年12月1日《自由中国》第21卷第11期）

1960

此文是胡适在华盛顿出席中华教育文化基金会四十九次会议的发言稿，时间是1960年，就在此时，《自由中国》的主办者雷震却被逮捕，并被判以10年徒刑。得知这一消息后，他可动了肝火，拍着桌子，对记者们说："11年来雷震办《自由中国》，已经成为自由中国言论自由的象征，我曾主张为他造铜像，不料换来的是10年坐监，这是很不公平的！"可政治是没有公平可言的。1962年2月24日，胡适主持"中央研究院"院士酒会，席间，当有人提及他的那篇演讲时，隐藏在内心深处的酸疼便发作了"我去年说25分钟引起了'围剿'，不要去管它，那是小体事。我挨了40年的骂，从来不生气，并迎之至"。他的话越来越多，说着说着，便面色苍白，身体倒地，虽经尽救，却因心脏病猝发而长眠不醒，享年72岁。

就这样，胡适倒在了他一生为之努力的"整理国故，再造文明"的路上，倒在了寻找中国传统和开创中国未来的路上。

胡适的"小朋友"，曾整理胡适口述自传的唐德刚教授在《胡适杂忆》中说："胡适之先生的了不起之处，便是他原是我国新文化运动的开山宗师，但是经过五十年之考验，他既未流于偏激，亦未落伍。始终一贯地保持了他那不偏不倚的中流砥柱的地位。开风气之先，据杏坛之首；实事求是，表率群伦，把我们古老的文明，导向现代化之路。熟读近百年中国文化史，群贤互比，我还是觉得胡老师是当代第一人！”可谓一语道尽胡适。

1960年7月10日，在美国西雅图华盛顿大学参加“中美学术合作会议”。
左起：会议主席泰勒教授、胡适、钱思亮、李济、梅谷教授。

中国之传统与未来①

我代表出席会议的中国人说一句话：华盛顿大学主动积极地负责召集筹备这个中美学术会议，我们都要表示很热烈的感谢。最早有关这个会议的想法的人是泰勒先生（George Taylor），然而没有华盛顿大学的奥德伽校长（President Odegaard）、台湾大学的钱思亮热心赞助，会议是开不成的。这个国际学术合作的大胆尝试的几个发起人，几个合力支持的人，都抱着很高的期待，我们盼望这五天会议的收获不至于辜负他们的期待。

我被指定在会议开幕仪式里担任一篇演讲，是我很大的荣幸，我非常感动。但我必须说，指定给我的题目，“中国传统与将来”，是一个很难的题目，中国传统是什么，这个传统的将来又怎样？这两个问题，随便一个对我们的思想都是绝大的考验。可是现在要我在一篇简短的开幕仪式演讲里回答这个问题！我知道我一定失败的，我只盼望我的失败可以刺激会议里最能思想的诸位先生，让他们更进一步，更深刻地想想这个大题目。

一　中国传统

我今天提议，不要把中国传统当做一个一成不变的东西看，要把这个传统当成一长串重大的历史变动进化的最高结果看。这个历

①原稿胡适是用英文写的，本篇是徐高阮先生翻译。

史的看法也许可以证明是一种很有用的办法，可以使人更能了解中国传统——了解这个传统的性质，了解这个传统的种种长处和短处——这一切都要从造成这个传统的现状的那些历史变动来看。中国的文化传统，在我的看法，是历史进化的几个大阶段的最后产物：

（一）上古的“中国教时代”，很丰富的考古资料证明，在商朝已经发展出来一个高度进步的文明，有很发达的石雕骨雕，有精美的铜器手工，有千万件甲骨卜辞上所见的够进步的象形会意文字，有十分浪费的祀祖先的国教，显然包括相当大规模的人殉人祭。后来，到了伟大的周朝，文明的种种方面又都再向前发展。好多个封建诸侯长成了大国，而几个有力量的独立国家并存竞争，自然会使战时与平时用的种种知识技术都提高。政治的方策术略愈来愈要讲求了，有才智的人得到鼓励了。“诗”三百篇渐渐成了通用的课本。诗的时代又渐渐引出来哲学的时代。

（二）中国固有哲学思想的“经典时代”，也就是老子、孔子、墨子和他们的弟子们的时代。这个时代留给后世的伟大遗产有老子的自然的宇宙观，他的无为主义的政治哲学；有孔子的人本主义，他的看重人的尊严，看重人的价值的观念，他的爱知识，看重知识上的诚实的教训，他的“有教无类”的教育哲学；还有大宗教领袖墨子的思想，那就是反对一切战争，鼓吹和平，表扬一个他心目中的“兼爱”的“天志”，想凭表扬这个“天志”来维护并且抬高民间宗教的地位。

中国的古文明在这个思想的“经典时代”的几百年（公元前600年—公元220年）里经过了一个基本的变化，这是无可疑的。中国文化传统的基本特色，多少都是这个“经典时代”几大派哲学塑造琢磨出来的。到了后来的各个时代，每逢中国陷入非理性、迷信、出世思想——这在中国很长的历史上确有好几次——总是靠孔子的人本主义，靠老子和道家的自然主义或者靠自然主义、人本主义两样结合起来，努力把这个民族从昏睡里救醒。

（三）第三段历史的大进化是公元前221年军国主义的秦国统一了战国，接着有公元前206年第二个帝国，汉帝国的建立，以后就是两千多年里中国人在一个大统一帝国之下的生活、经验——这两千多年里没有一个邻国的文明可以与中国文明比，这样一个孤立的帝国生活里的很长很特殊的政治经验，完全失去了列国之间那种有生气的对抗竞争，也就是造成中国思想的“经典时代”的那种列国的对抗竞争——是构成中国传统的特性的又一重要因素。

我们可以举出这两千年的帝国生活的几个特别色彩。（1）中国对于一个大的统一帝国里君主专政的问题始终无法解决。（2）一个有补救作用的特点是汉朝（公元前200年—公元220年）在头几十年里有意采用无为的政治哲学，使一个极广大的帝国在政治规模上有了一个尽量放任，尊重自由，容许地方自治的传统，使这样一个大帝国没有庞大的常备军，也没有庞大的警察势力。（3）再一个有补救作用的特点是逐渐发展出来一个挑选文官人才的公开竞争的考试制度，这就是世界上最早的文官考试制度。（4）汉朝定出来一套统一的法律，这套法律在以后各朝代里又经过一次次修改。不过中国的法制有个缺点，就是不曾容许公开辩护，不能养成律师这种职业。（5）帝国生活的又一个特点是长期继续使用已成了死文字的古文作为文官考试用的文字，作为极广大的统一帝国里通行的书写交通媒介。两千多年里，这个文字始终是公认的教育工具，是作诗作文用的高尚工具。

（四）第四阶段历史的大进化，实在等于一场革命，就是中国人大量改信了外来的佛教。中国古代的固有宗教不知道有乐园似的天堂，也不知道有执行最后审判的地狱。佛教的大力量，佛教的一切丰富想象，美丽的仪式，大胆的宇宙论和形而上学，很容易地压倒征服了那个固有宗教。轮回观念，三生宿业是铁律，很快地代替了旧的简单的福善祸淫的观念。佛教送给中国的不是一层天，而是几十层天，不是一层地狱，而是好多层地狱，一层一层的森严恐怖各个不同。世界是不实在的，人生是痛苦而空虚的，性是不清洁的，家庭是净修的障碍，独生齐化是佛教生活不可少的条件，布施是最高美德，爱要推及于一切有情生物，应当吃素，应当严厉禁欲，说话念咒可以有神奇的力量，——这一切，还有其他种种由海陆两面从印度传进来的非中国的信仰风尚，都很快地被接受了，都变成了中国人的文化生活的一部分了。

这是一场真正的革命。试举一个例说，儒家的“孝经”告诉人，身体是受自父母，不可毁伤的。古代中国的思想家说过，生是最可宝贵的。然而佛教说，人生是一场梦，生就是苦。这种教条又引出种种绝对违反中国传统的风气。用火烧自己的拇指，烧一根或几根手指，甚至烧整条臂，作对佛教一位神的舍身奉献，成了佛门弟子的一种“功德”！有时候，一个和尚预先宣布他遗身的日子，到了那一天，他自己手拿一把火点着用来烧死自己的一堆柴，不断念着佛号，直念到他自己被烧得整个身体倒下去。中国已经印度化了，在一段奇怪的宗教狂热里着了魔了。

（五）再下一段历史的大造化可以叫作中国对佛教的一串反抗。反抗的一种形式就是中古道教的开始和推广。本土的种种信仰和制度统一起来，加上一点新的民族愿望的刺激，想模仿那个外来的佛教的每一个特点而把佛教压倒、消灭，这就是道教。道教徒采取了佛教的天和地狱，给它们取了中国式的名字，还造了一些中国的神去作主宰！整部《道藏》是用佛教经典作范本编造的。好些佛教的观念，例如轮回，前生来世的因缘，都被整个儿借过来当做自己的。男女道士的清规是仿造佛教僧尼的戒律定的。总而言之，道教是一个民族主义的排佛运动，用的方法只是造出一种仿制品来夺取市场，运动的真正目的只是消灭那个外来的宗教，所以几次政府对佛教的迫害，最著名的是公元446年（北魏太平真君七年）和845年（唐武宗会昌五年）两次，都有道教势力的操纵。

中国的佛教内部也起了佛教的种种反抗。这种种反抗的一个共同特点是要把佛教里的中国人不能接受不能消化的东西丢掉。早在四世纪，中国的佛教徒已渐渐看出佛教的精华只是“渐修”与“顿悟”，这两样合起来就是禅法（dhvana或ch’an，日语读作zen），禅的意思是潜修，但也靠哲学上的觉悟。从公元400年到公元700年，中国佛教的各派（如菩提达摩开创的楞伽宗，如天台宗）大半都是禅宗。

禅宗的所谓“南宗”——在八世纪以后禅宗成了南宗的专有名字——更进一步宣告，只要顿悟就够了，渐修都可以不要。说这句话的是神会和尚（公元670年至公元762年，据我的研究，是南宗的真正开创人）。整个儿所谓“南宗”的运动全靠一串很成功的说谎造假。他们说的菩提达摩故事是一篇谎，他们的西天二十八祖故事是捏造的，他们的袈裟传法故事是骗人的，他们的“六祖”也大部分完全是假的。但是他们最伟大的编造还是那个禅法起源的故事：如来佛在灵山会说法。他只在会众面前拈了一朵花，没有说一句话。没有人懂得他的意思。只有一个聪明的伽叶尊者懂得了，他只对着佛祖微微一笑。据说这就是禅法的源头，禅法的开始。

最足以表示禅宗运动的历史意义的一句作战口号是：“不著语言，不立文字，直指本心。”篇幅多得数不尽的经卷，算得8世纪的中文翻译保存下来已有五千万字之多（不算几千万字中国人写的注疏讲说），全没有一点用处！这是何等惊人的革命！那些惊人的编谎家、捏造家，真正值得赞颂，因为他们只靠巧妙的大谎竟做到了一个革命，打到了五千万字的神圣经典。

（六）中国传统的再下一段大进化可以叫作“中国的文艺复兴时代”或“中国的几种文艺复兴时代”。因为不只有一种复兴。

第一个是中国的文学复兴，在八九世纪已经蓬蓬勃勃地开始，一直继续发展到我们当代。唐朝的几个大诗人——八世纪的李太白、杜甫，九世纪的白居易——开创了一个中国诗歌的新时代。韩愈（死在824年）做到了复兴古文，使古文成为了以后八百年里散文作品的一个可用而且很有力量的利器。八九世纪的禅门和尚最先用活的白话记录他们的谈话和讨论。十一世纪的禅宗大师继续使用活的文字。十二世纪的理学家也用这种活文字，他们的谈话都是用语录体记下来的。普通男女唱歌讲故事都只是他们自己懂得的话，也就是他们自己说的话。有了九世纪的木板印刷，又有了十一世纪的活字版印刷，于是民间的、“俗”的故事、小说、戏曲、歌词，都可以印给多数人看了。十六、十七世纪有些民间故事和伟大的小说都成了几百年销行很广的作品。这些小说把白话文写定了。这些小说就是白话的教师，就是推广白话的力量。假如没有这些伟大的故事和小说，现代的文学革命绝不会在短短几年里就得到胜利。

第二是中国哲学的复兴，到十一、十二世纪已经进入了成熟期，产生了理学的几个派别，几个运动。理学是一个有意使佛教进来以前的中国固有文化复兴起来，代替中古的佛教与道教的运动。这个运动的主要目的只是恢复孔子、孟子的道德哲学和政治哲学，并且重新解释，用来代替那个为己的、反社会的、出世的佛教哲学。有一个禅门和尚提到，儒家的学说太简单太没有趣味，不能吸引国中第一等的人。因此，理学的任务只是使先佛教期的中国的非宗教性的思想变得像佛教像禅法一样有趣味有吸引力。这些中国哲学家居然能够弄出一套非宗教性的、合理的理学思想，居然有了一套宇宙论，一套或几套关于知识的性质和方法的理论，一套道德与政治哲学。

理学也有好几个派别，大半是因为对于知识的性质和方法的观点不同而发生的。经过一段时间，理学的各派也居然能够吸引最能思想的人了，居然使他们不再成群的追随佛门的禅师了。而最能思想的人一旦对佛教不再感兴趣，那个伟大过来的宗教就渐渐衰落到无人理会的地步了，几乎到了死的时候不见一声哀悼。

第三，中国文艺复兴的第三方面可以叫作学术复兴，是在一种科学方法——考据方法——刺激之下发生的学术复兴。“无证则不信”，是孔子以后一部很早的名著里的一句话，孔子也曾郑重说，“知之为知之，不知为不知，是知也。”然而淹没了中古中国的宗教狂热与轻信是很有力量的大潮，很容易卷走那些求真求证的告诫。只有最好的讯案的法官还能够保持靠证据思想的方法和习惯，但是有些第一流的经学大师居然也能够有这样的方法和习惯，这是最可庆幸的。要等到有了印刻书的流行，中国学者才容易有比较参考的资料，容易校正古书的文字，容易搜求证据，批判证据。

有书籍印刷以来的头二三百年里，金石学的开创，一部根据仔细比较审定的资料写成的大历史著作的出现，都可以看得出有考证或考据的精神和方法。又有一派新的经学起来，也是大胆应用这种精神和方法去审查几部儒家的神圣经典。朱子（公元1130年—公元1200年）就是这一派新经学的一个创始人。

考证或考据的方法到了十七世纪更走上有意的发展。有一位学者肯举出一百六十条证据来论定一个单字的古音，又有一位学者化了几十年工夫找证据来证明儒家一部大经书几乎一半是很晚的伪作。这种方法渐渐证明是有用处的，有收获的，所以到了十八、十九世纪竟成了学问上的时髦。整三百年的一个时代（公元1600年—公元1900年）往往被称为考据的时代。

二　大对照与将来

以上的历史叙述已把中国传统文化带到了历史变动最后阶段的前夕，——这个最后阶段就是中国文明与西方文明对照、冲突的时代。西方与中国和中国文明的第一次接触是十六世纪的事。但是真正对照和冲突的时代到十九世纪才开始。这一个半世纪来，中国传统才真正经过了一次力量的测验。这是中国文化史上一次最重要的力量的测验，生存能力的测验。

在我们谈过的历史纲要里，我们已经看到古代中国的固有文明，因为有了经典时代丰富的滋养和适当的防疫，足可以应付佛教传入引起的文化危机。不过因为本土的宗教过于单纯，中国人在一段时间里被那个高度复杂又有吸引力的佛教压倒了，征服了。差不多整整一千年，中国几乎接受了印度输入的每一样东西，中国的文化生活大体上是“印度化”了。但是中国很快的又觉醒过来，开始反抗佛教。于是佛教受了迫害、抵制，同时又有人认真努力把佛教本土化。有了禅宗的起来，佛教的内部也做到了一种革命，公开抛弃了不止五千万字的全部佛教经典。因此，到了最后，中国已能做到一串文学的、哲学的、学术的复兴，使自己的文化继续存在，有了新生命。尽管中国不能完全脱掉两千年信佛教与印度化的影响，中国总算能解决自己的文化问题，能继续建设一个在世的文化，一个基本上是“中国的”文化。

早在十六世纪的末尾几年和十七世纪的头几十年，有一个新奇的但又是高度进步的文化来敲中华帝国的大门。最初到中国来的那些耶稣会士都是仔细挑选出来的，都是有准备的。他们的使命是把欧洲文明和基督教开始介绍给当时欧洲以外最文明的民族。最初的接触是很友善又很成功的。经过一段时间，那些伟大的教士已不止能把欧洲数学、天文学上最好最新的成就介绍给中国头脑最好的人，而且凭他们圣人似的生活榜样介绍了基督教。

中国和西方的强烈对照和冲突是大约一百五十年前开始的。对着诸位这样有学问的人，这样特别懂得近代历史的人，我用不着重说中国因为无知、自大、自满，遭了怎样可悲的屈辱。我也用不着提中国在民族生活各个方面的改革工作因为不得其法，又总是做得太晚，遭了怎样数不清的失败。我更用不着说中国在晚近，尤其是民国以来，这样认真努力对自己的文明重新估价，又在文化传统的几个更基本的方面，如文字方面、文学方面、思想方面、教育方面，怎样认真努力发动改革。诸位和我都是亲眼看见了这种种努力和变化的，我们中国代表团年长些人都是亲身参与这些活动的。

我今天的任务是请诸位注意“中国传统的将来”这个题目直接或间接有关的几件事。我想我们要推论中国传统的将来，应当先给这个传统在与西方有了一百五十年的对照之后的状况开一份清单。我们应当先大致估量一下的中国传统在与西方有了这样的接触之后，有多少成分确是被破坏或被丢弃了。西方文化又有多少成分确是被中国接受了？最后，中国传统还有多少成分保存下来？中国传统有多少成分可算禁得住对照还能存在？

我在好些年前说过，中国已经确实热心努力打掉自己的文化传统里种种最坏的东西："短短几十年里，中国已经废除了几千年的酷刑，一千年以上的小脚，五百年的八股……"我们还要记得，中国是欧洲以外第一个废除君主世袭的民族。中国的帝制存在了不止五千年之久，单单"皇帝也要走开"这一件事对广大国民心理的影响就够大了。这些以及其他几百件迅速的崩溃或慢慢的消蚀，都只是这个文化冲突激荡时期的自然的牺牲。

这些文化的牺牲都不值得惋惜哀悼。这种革除或崩溃都应当看作中国从孤立的旧文明枷锁之下得到解放的一部分现象。几千年来中国的政治思想家没有解决一个大一统帝国里君主专制的问题，然而几十年与西方民主国家的接触就够提出解决的方法了："赶掉皇帝，废除帝制。"其他许多自动的改革也是一样。八百年的理学不能指出裹小脚是不人道的野蛮行为，然而几个传教士带来了一个新观点就能唤起中国人的道德意识，能够把小脚永远废了。

中国从西方文明自动采取吸收的又有多少成分呢？这个清单是开不完的。中国自动采取的东西——无论是因为从来没有那些东西，或者没有相当的东西，还是因为虽有相当的东西但要差一等——确实总有几千件。中国人采取了奎宁、玉蜀荞、花生、烟草、眼镜，还有论千种别的东西，都是因为以前没有这些东西。所以愿意要这些东西。用钟表是很早的事，不要多久滴漏就被淘汰了。这是一个高一等的机械代替一个次一等的东西的最明显的例。从钟表到飞机和无线电，论千件的西方科学工艺文明的产物都可以列在我们的清单上。就智识和艺术的范围而论，这份清单可以从欧几里德起一直开到当代的许多科学家、音乐家、电影明星。这个单子真是开不完的。

然后还有一个问题——从旧文明里丢掉冲刷掉这一切，又从近代西方文明自动采取了这上千个项目，然后中国传统保留下来的成分又还有多少呢？不止四分之一世纪前，在一九三三年，我有一回演讲，专论中国与日本文化反应的不同形态，我指出日本的现代化可以叫作“中央统制型”，而中国，因为没有一个统治阶级，所以中国的现代化是文化反映的另一个形态，可以叫作“长期暴露与慢慢渗透造成的文化变动”。我接着说：这样，我们实在是让一切观念、信仰、制度很自由地与西方文明慢慢接触，慢慢接受感染，接受影响，于是有时起了一步步渐进的改革，也有时起了相当迅速或激烈的变动。……我们没有那一件东西封闭起来，我们也不武断禁止那一样东西有这样接触和变化。……过了几年，我又抱着差不多同样的看法说：中国的西方化只是种种观念渐渐传播渗透的结果，往往是先有少数几个人的提倡，渐渐得着些人赞成，最后才有够多的人相信这些观念是很合用或很有效验的，于是引起来一些影响深远的变化。从穿皮鞋到文学革命，从用口红到推翻帝制，一切都是自动的，都是经过广义的“理智判断”的。中国没有一件东西神圣到不容有这样的暴露和接触，也没有一个人，或一个阶级，有力量防止哪一种制度受外来文化感染侵蚀的影响。

我从前说过的话的要点只是：我认为那许多慢慢的但是自动的变化，正好构成一个可以算是民主而又可取的文化变动形态——一个长期暴露，自然吸收的形态。我的意思也是要说，那种种自动的革除淘汰，那种种数不清的采纳吸收，都不会破坏这个站在受方的文明的性格与价值。正好相反，革除淘汰掉那些要不得的成分，倒有一个大解放的作用；采纳吸收进来新的文化成分，只会使那个老文化格外发辉光大。我决不担忧站在受方的中国文明因为抛弃了许多东西，又采纳了许多东西，而蚀坏、毁灭。我正是说：慢慢地、悄悄地，可以是非常明显地，中国的文艺复兴已经渐渐成了一件事实了。这个再生的结晶品看起来似乎使人觉得是带着西方的色彩。但是试把表面剥掉，你就可以看出做成这个结晶品的材料在本质上正是那个饱经风雨侵蚀而更可以看得明白透彻的中国根底——正是那个因为接触新世界的科学民主文明而复活起来的人本主义与理智主义的中国。

这是我在一九三三年说的话。我在当时可是过分乐观了吗？随后这十年来的事变可曾把我的话推翻了吗？然而将来有怎样呢？“中国根底”“人本主义与理智主义的中国”，现在成了什么样子呢？在整个中国大陆经过十一年的共产统治之后，这个中国根底又将要变得怎样呢？铁幕统治绝不容许接触自由世界的毒素影响，绝不容许受这种影响的感染，当然更绝不容许“长期暴露”，试问那个“人本主义与理智主义的中国”，长期受了这样的统治，是不是还能继续存在呢？

预料将来总是一件冒险的事。但是，我近几年来看了不止四百万字的“清算”文献。每一篇清算文献都告诉我们，中国共产党和他们的政府所怕的是什么，他们费尽了心机想要连根消灭的是什么？看了这种大量的清算文献，我深信我有根据可以说：今日控制大陆的那些人还是怕自由精神，怕独立思想的精神，怕怀疑的精神或方法，怕考据的功夫。作家胡风被判了罪，因为他和追随他的人表示了自由精神，表示了独立思考，而且竟敢反抗党对文学艺术的控制。梁漱溟，我的朋友，也是老同学，逃不掉整肃，只因为他表示了可怕的怀疑精神。“胡适的幽灵”也值得用三百万字讨伐，因为胡适对传统经学大师的考据精神和方法的传布负的责任最大，更因为胡适有不可饶恕的胆量说那种精神和方法就是科学方法的精华。

看了这许多整肃文献，我才敢相信我所推崇的那个“人本主义与理智主义的中国”在中国大陆还存在着，才相信那个曾尽大力量反抗中古中国那些大宗教，而且把那些宗教终于推倒的大胆怀疑、独立思考、独立表示异议的精神，即使在最不可忍的极权控制压迫之下，也会永久存在，继续传布。总而言之，我深信那个“人本主义与理智主义的中国”的传统没有毁灭，而且无论如何没有人能毁灭。

（原载1960年7月21日至23日台北《中央日报》）